3

杂文卷

柏杨全集

人民文学出版社

图书在版编目(CIP)数据

柏杨全集:限量版.3/柏杨著.—北京:人民文学出版社,2010

ISBN 978-7-02-008000-7

Ⅰ.柏… Ⅱ.柏… Ⅲ.①柏杨(1920~2008)-全集 ②杂文-作品集-中国-当代 Ⅳ.C52

中国版本图书馆CIP数据核字(2010)第049020号

责任编辑:常雪莲　马玉梅　装帧设计:翁　涌
责任校对:段志坚　责任印制:张文芳

柏杨全集

3 杂文卷

牵肠集

蛇腰集

剥皮集

目　　录

牵肠集

蛇腰集

剥皮集

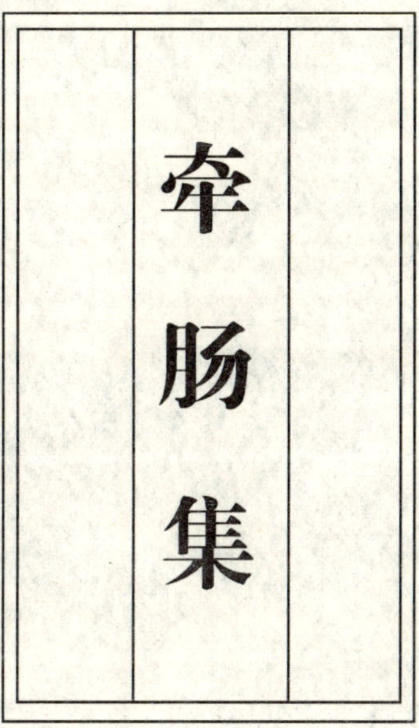

牵肠集

提 要

《牵肠集》延续《红袖集》的主题再谈婚姻和女人，所不同者，《红袖集》列出的是管教女人的《妒律》，而本集所附录的《闺律》却是出自女人之手。从大男人打老婆演变而为洋式的老婆打老公耳光，所谈论的除了“管、教、养、卫”以及“慧丽兼具”的驯夫术之外，尊重妇女权益的思想亦已包含其中。与此相关的，尚有柏杨针对当时社会对“饿死事小，失节事大”此一传统教条所做的深度思考，以及他从男性的角度上对女子应如何预防和应对性侵扰的看法。

序

古人形容瓶颈状态曰“骑虎难下”，这个形容词当初不知道是谁第一个想出来的，入骨到二十三天。夫一个人骑到虎老爷背上，那才真叫作难。继续骑吧，试想一想那玩意儿既无鞍镫，又翻山越岭，谁晓得它跑到啥地方？而且，骑到最后还是得下——多半是忽冬一声，跌了个狗吃屎。可是下啦反而更糟，虎老爷回头一口，尊头就进其尊牙。

柏杨先生写杂文写到今天，已出版了大著《倚梦闲话》《西窗随笔》《云游记》，每写一集就等于在虎老爷背上骑了一年，抓住虎鬃，汗出如浆，泪落如雨，又疲又累，又急又怕，连尿都顺着裤裆直流。一面不断向观世音菩萨赌咒曰：“以后永不敢再写啦，如不革面洗心，定遭横报。”一面抽冷子往下跳，也曾跳过了几次，可是脚底板刚挨了地，一个鹞子翻身，又纵了上去，非是舍不得虎背，而是一旦稿费断绝，老妻幼孙，啼饥号寒，比吃了我还惨。这就是文人的嘴脸，悲夫，进也不得，退也不得，停也不得，往旁边让让也不得，怎不牵肠欲断，永无时乎？

是为序。

戊申年春王正月于台北柏府

1. 闲来看书

本专栏糊里糊涂又中断了半月之久,有两个原因在焉。一是肚胀难忍。敝御肚真是奇怪之肚,坐着不胀,躺着不胀,但一站起来,就好像上帝塞了 ·块大石头进去,有时候简直非用麻绳七缠八缠,勒而兜之,便寸步难行。一度也死马当活马医,看遍了医生,仍弄不清是怎么回事。我就索性自动自发不再看啦,盖医药费太贵,一趟就得二三百元,而且有些医生老爷的嘴脸实在难以入目,瞧我衣鞋不整,又复是徒步上门,简直恨不得先问一句:"你有没有钱买贵药?"花钱受气,又治愈不了我的尊恙,何苦来哉。于此我就预先立下遗嘱,等柏杨先生千秋万岁之后——也就是伸腿瞪眼之后,务把我的尊尸卖给台大医院,解剖解剖,瞧瞧到底是怎么回事。不过特别吩咐的,一定要赚他几文,以便润润肠胃,吃顿油大。(附注:价钱便宜没关系,但不给钱不卖,宁可拖到野地喂狗。)

这是内在的原因,还有外在的原因。柏杨先生最近颇做了一些不可告人的糗事,不要说三更半夜有人敲门,能吓出尿来;就是光天化日之下,三作牌在柏府门口走路的脚步声稍微重一点,我的屁股就会发烧。要不是生活逼迫,为了弄几个钱过日子,我既不呆,也不傻,这是什么年头,读者老爷就是集体自杀以谢国人,我都不写一字。

不过半个月来,闭门思过,却读了不少的书。呜呼,我最大的嗜好,除了看女人外,就是读书啦。吃饭也读,睡觉也读,拉屎也读,坐公共汽车也读,走路也读,真是读得晕头转向,两眼漆黑。说到这里,一定有人曰:"柏老,柏老,你真伟大呀,也真圣人呀,天上少有,地下少见呀。"非也,非也,这么一说就见外啦。盖无论天上地下,最坑人的事,莫过于读书,这不是说凡书都是陷阱,专门引诱人往里跳。假如你阁下读的是理工医农，那算是祖坟上冒了青烟，读得越多，消化吸收得越多，越前途如锦。问题是你阁下走投无路，读的竟是文法哲史，而又吸收之消化之，就铁定地要天天去打听巴拉松的价钱。

尤其柏杨先生读书，更没啥可取的。以“吃饭也读”为例吧，就说来话长。年轻夫妻们恩恩爱爱，永远不知道老人家的苦经。夫一对老伴日夜相对五十年，太太纵然天女下凡，也都瞧腻了矣。何况老妻言语乏味，面目可憎，除了传传邻居闲话，造造对门那个漂亮小娘们的谣言外，简直没啥可谈的。所以我的唯一适应之策，就是一面吃饭，一面弄一本书乱翻。古书若《封神榜》，近书若《妹妹我爱你》，土书若《论语》，洋书若《小妇人》，一卷在手，就是菜差劲一点，也就算啦。

一面吃饭一面读书，功用有二：一则可以挡住三心牌的广播肉台；二则书以当肴，看得津津有味时，咸菜萝卜都会有海参的异香。盖说实在的，柏府的卫生环境不好，卫生设备又不够，却偏偏地有卫生常识，于是糟啦，一旦太太端上一碗“豆腐猪肝汤”——白的是豆腐，黑的是苍蝇，那才叫进退维谷。吃既吃不下，扔掉又舍不得。如果读书读上了瘾，一口吞之，真是人不知鬼不觉，天下太平。

睡觉读书者，不是一面睡觉一面读书，柏杨先生有那么大的本领就好啦。二十世纪二十年代，四川军阀作乱时，深夜逃难，我能一面走路一面睡觉，当时被乡下人视为异禀，无不起敬。可是迄今尚不能闭着眼睛读书，实在遗憾。一面睡觉一面读书者，严格地说，只是临睡前读书——这仍不太切合情况，更严格地说，只是躺到床上看书，即欧阳修先生“枕上”功夫是也。

躺到床上看书，好处是免得胡思乱想，柏杨先生最大优点：除非债主逼门，从不动用尊脑。白天忙忙碌碌，不是哇啦哇啦讲，就是忽冬忽冬跑，为了喂饱一家五口，胁肩谄笑，奴颜承欢，根本无暇去想。一直要等到半夜人静，躺到床上“三省吾身”，想到受的委屈，忍不住要跳。想到惹出的祸，又忍不住浑身淌汗。有时候天良发现，想起来连五十年老朋友我今天都坑了他，简直更睡不着。

唯一的治疗之法，是一躺下来就顺手拉一本《七侠五义》，拜读一阵五鼠大破君山，游魂逐渐接近梦乡。盖世界上竟有这般行侠仗义之人，塞在胸中的气也就消了不少。气既泄矣，自然容易入睡。而且有一书遮面，也躲开了柏杨夫人刚吃过大蒜的嘴。尤其是她阁下已经那么大岁数啦，临睡前还在其皱脸上东抹一块，西抹一块，白的如癣，红的如猴先生的屁股，实在难以过目。如果转过身子吧，她会说我已经不爱她啦，厌恶她啦，三更半夜打起架来，又劳邻居们“干你老母”。如今我开夜车读书，读的又是圣人之书，便免了看她之灾矣。前天晚上，我一读就读到午夜一点，她阁下干涉曰：“关灯关灯，照得我睡不着，明天唐太太一早就来啦。”我曰：“那死婆娘来干啥？”柏杨夫人曰：“来干啥，当然是摸纸牌。”我大怒曰：“我看圣贤之书不行，你们摸纸牌倒成了第一，还有天理乎？还有天理乎？”她也大怒曰：“啥子圣贤之书，还不是武侠小说。”柏杨先生得理不让人，马上抽出一本洋书，指一行到她眼上曰：“阁下请看，这是洋圣人打狗脱威尔逊说的，天之将明也，狗打猫儿拧。”

柏杨夫人虽然气质不高，识字不多，但对洋圣人的敬意，却不亚于时下最流行的那些学者专家，故一瞧我手指洋书，口吐洋文，就心服口服。可是那天晚上我一直到天亮都没合眼，盖怎么想都想不起来洋圣人打狗脱威尔逊是谁？

2. 太乐和太愁

一个人要想舒舒服服睡个甜蜜的觉，有赖心情平静。心情如果不平静，纵然请牛鼻子老道念咒都没有用。有心事时固睡不着，太高兴也睡不着，过分忧愁时同样也睡不着。

一肚子心事的朋友铁定要失眠，有一个大商人焉，就是一个榜样。医生告诉他简单得很，躺到床上不要东想西想，南想北想，只要"一只羊，二只羊，三只羊……"拼命数羊就行啦，盖单调的刺激可使思绪麻痹，自然就会合上尊眼矣。当天晚上，大概是后半夜光景，医生床头电话铃响啦，大商人曰："没法度，没法度，照样睡不着。"医生问曰："你数了羊没有呀？"大商人曰："当然数啦，一直数到一万一千只，想起来我去哪里找这么大的牧场呀，就不由急了起来。"这种人心事太多，天老爷注定他要在床上翻来覆去。

太高兴啦也不行，俗不云乎："人逢喜事精神爽。"精神一爽，心脏跳动加速，脑细胞也分外膨胀。我有位朋友，一听说上级要派他去美国考察一年，当天晚上就在房间里唱京戏唱了一夜，第二天晚上又要唱，他太太喂了他一大把安眠药才算把他迷糊过去，可是身虽睡啦，心固清澈如水。柏杨先生刚来台湾时，在彰化某国民学堂当教习，有天校长把我叫去，告诉我决定升我为教导主任。我是何等有修养之人，对升官发财，一向视之蔑如，所以回到家里，也不动声色，晚上照样就寝，可是怎么也难入梦，想起来从明天开始，我就是一人之下，百人之上的官崽，心花就不断怒放。姓赵的那小子不顺眼，我就说他教得不好，调他教一年级。姓张的那小子送过我一盒饼干，再排课表时我就叫他当毕业班的导师。此谓之"一朝权在手，便把令来行"。而且印起名片来，又可以亮出官衔，也是一乐。于是乎盘算了一夜，"不知东方之既白"。呜呼，我常想，幸亏我升的不过是教导主任，如果我升的是校长大人，恐怕三年都合不上眼。据说更大的官也有同样情形，读者老爷可以会意，不必柏杨先生再言传矣。

太高兴啦固然不行，过度发愁也难以安枕，有句俗话曰"愁闷瞌睡多"，似乎只是相对的真理，小愁小闷可能把人搞得昏昏沉沉，但大愁大闷恐怕严重万分。吾友伍子胥先生想当年过昭关，就是一夜间把头发都急白了的。又有句俗话曰："不做亏心事，不怕鬼叫门。"似乎也是相对的真理，历史上千千万万三更半夜从被窝中被拖出去的小民，难道他们一个个毫无例外地都做过亏心事乎！

做亏心事而怕鬼叫门，没啥稀奇。稀奇的是，你并没做亏心事，照样也怕鬼叫门。盖你虽没做亏心事,修理庙老板却英明地说你做亏心事啦,也就等于你做了亏心事。于是乎有人问曰:“天下哪有这种怪理乎?”这不是怪理,而是正理,年纪大一点的朋友知道这种正理多得很哩。一个人一旦到了被修理庙老板摸头皮的地步,恐怕实在是睡不着觉,愁云重重,一夜间眉毛都能掉光。治疗之策,莫过于读书矣,找一本《薛仁贵征东》瞧瞧,说不定有哪个大人物做梦,梦见俺跟薛仁贵先生一样,也是一表人才,不但可以免了祸,还有得官做也。神经一松,可能马上就打起呼来,明天是不是有米下锅,也不管他娘的啦。有人说躺在床上千万不可看书,看书老眼容易昏花。我想不仅是“容易”而已,简直非昏花不可。只不过两害取其轻,还是看书为妙。老眼昏花还可以配个眼镜,而一旦因睡不着而弄成精神分裂,医生能把它缝起来乎耶?

吃饭读书,睡觉读书,都是迫不得已的焉。只有厕所读书,才是人生最大乐趣。嗟夫,人心不古,世道衰微,臭男人在家庭中的地位日渐低落。一进大门,三心牌就轻移莲步,先搜口袋。屁股还没有挨着板凳,儿子女儿就要车钱,要书钱,要恋爱经费。如果有更小的家伙,还要爬到你尊肩上骑马。等到一一打发完毕,三心牌立刻把黄脸伸过来曰:“拜托你擦擦窗子好不好?”“拜托你洗洗小妹的尿布好不好?”当然好,只不过脊梁和腰不好,酸痛交加,有苦难言,言了也没人同情。

厕所是家庭中唯一的一片干净土,只要把门一关,便算到了西天极乐世界——这极乐世界非殡仪馆的极乐世界,而是佛家的极乐世界。往马桶上一蹲,外边天塌啦都不动心。俗曰:“管天管地,不能管拉屎放屁!”三心牌再凶,总不能叫老公不拉屎吧;儿女再皮,也总不能不叫老爹拉屎吧。

不过要想安安稳稳拉屎,也得有点学问,柏杨先生有时拉出瘾来,一拉能拉两个小时,拉得老妻在外面叫曰:“我要报警去啦,我们家有人死到茅坑里啦。”孙女也叫曰:“老头公公,婆婆说你连肠子都拉出来啦。”我最初还理直气壮跟她们分辩,后来发现秀才遇着兵,有理说不清，就改为无言的抗议，任凭她们在门外声嘶力竭，我都沉住尊气，一声不响，埋头苦读我的《东周列国志》。而柏府厕所是蹲式的，两个钟头蹲下来，双腿又麻又痛，乱针刺骨，好像刚被三作牌修理过，要扶着门框哎哟半天，才能慢慢移动。

3. 拉屎的自由

厕所可分为两类，一曰茅坑式的焉，一曰马桶式的焉。茅坑式最大的特征是脏而且臭，到过四川的朋友恐怕只记得四川的榨菜、担担面，而记不得高架茅房矣。该高架茅房普通有两个汽车间那么大，连个隔板都没有，拉屎朋友一字排开，逐坑而蹲，一个个摇头摆臀，苦脸相望。俯首从洞中下眺，远在坑底之处，粪尿汪洋，蛆虫翻动，蔚为奇观。然最引人入胜的还是脚下那些木板，茅房乃用竹搭成，本来已经咯吱咯吱得眼看要散啦，众木板又不牢靠，万一一脚踏空，来一个倒栽葱，栽到坑底，粪尿没顶，那才叫惨不忍睹也。

这种大众化的茅坑，当然都是穷苦人家用的，有钱的朋友自有他的一套。晋王朝王敦先生有一天串门（谁家已忘之矣），急着要拉，进得厕所，一位漂亮的婢女递给他两个发亮的红枣。王敦先生心里一想，这家待客真周到呀，不但管拉，还管吃哩，遂嚼而咽之，当下小姑娘就笑弯了纤腰。盖该枣不是吃的，而是用来塞鼻孔，以避臭气的焉。

这则故事载于《世说新语》（不知道哪个该死的朋友，到柏府参观，顺手牵羊把该书牵走，迄今不还），事情应该是真的。问题是如果用枣塞鼻，臭味虽然闻不到，却怎么呼吸乎？势必靠张开嘴巴矣。把脏而臭的气味用嘴巴吸到肚子里，似乎高级不到哪里去。好在那样的家庭，其厕所可能是不臭的。这里又有一则故事，大概也发生在王敦先生身上（如果不是，敬请原谅），他本来要拉大便的，连裤子都解开啦,一脚跨进去,忽然一声尖叫,狼狈逃出,面红耳赤地向主人致歉曰:“对不起,我走到阁下闺房里去啦。”原来他一进得门来,只见四边全是锦帐,几个穿三点游泳装的中国小姐在里面拿纸的拿纸,端水的端水,打扇的打扇,香喷喷而喷喷香,俨然希尔顿大饭店的头等房。主人急慰之曰:“你没走错,那就是厕所。”王敦先生只好再硬着头皮进去。心神紧张之余,到底拉了出来没有,书上没有报导,真是遗憾。

这是两个极端,穷人家太陋,有钱人家太奢。太陋的实在窝囊,太奢的普通人家办不到。在这上面,我又要崇拜洋大人矣。抽水马桶不知道是谁发明的,真是了不起头脑,也是了不起功德。二十世纪二十年代,柏杨先生初到波士顿时,第一天拉屎,就几乎拉到裤子里,盖进门一瞧,雪白的盆焉,雪白的墙焉,简直摸到医院里去啦。而且再仔细一瞧,就更心惊肉跳。自从盘古立天地,还没有听说过洗脸洗澡拉屎是可以挤在一个房间里的。当下就用起内功,小腹紧缩,一直缩到一个同学出来系裤带,确定了那间小屋确实是供拉屎之用,才敢进去拉之。然而一个星期后,又出了典故,舍监老爷把我“请”去告诫曰:“阁下以后拉过大便,请顺手把它冲去,如何?”呜呼,原来茅坑边上有一个铜板,只要一踏,大水就出来啦。夷人不知道希圣希贤之大道,只在这些小玩意儿上,逞其奇技淫巧,我当时虽不得不表示接受,但心里固有点瞧他们不起。

我所以心里有点瞧他们不起,完全是义和团主义。等到后来,趁没人在场时溜进去一试,发现该玩意儿果然奥妙无穷,只听哗啦哗啦一阵响亮,屎尿全被冲光,都叫龙王爷吸到深洞去啦。噫,抽水马桶真是人类文明一个划时代产物,没有抽水马桶,五层以上的楼房永远不能建筑,试想一想住在十三层楼的胖太太忽然泻肚子,该怎么办吧?不特此也,厕所因有臭味的缘故,势必独立在卧房之外,一家平均有一坪面积的厕所,台北市如有三十万户,就得挤出三十万坪地皮来挖茅坑。又不特此也,每天水肥队朋友逐门掏粪,本来已经够污浊的空气,再加上粪便的异味,就更糟蹋人矣。

一个人如果没有用过抽水马桶，真是白活了一辈子，死了连鬼老爷也不叫你上望乡台。穷朋友府上如果没有这种设备，不妨到台北火车站厕所拉他一次，也算开开洋荤，不虚此生。欧阳修先生用的说不定就是这种抽水马桶，即令没有抽水马桶，恐怕也有其他销魂装备，否则他的文章便无法从"厕上"得来也。据说古时大号二抓牌的茅坑都是垫着鹅毛的，大便直堕其上，无声无息。——写到这里，才恍然大悟，四川厕所板坑之间，为啥要那么高耶？盖太低时遇到拉硬屎橛的朋友，忽冬一声，屎尿溅了一屁股，便悲伤不迭矣。

刚才建议穷朋友去火车站享受享受抽水马桶，只不过聊胜于无，以便死后瞑目而已。其实公共厕所最蹲不得，你刚拉下裤子，正开始往外努力，外边已有人猛敲啦。还没有拉出两截，外边那个该死的家伙简直能把门当成大鼓擂，擂得你魂飞魄散，说不定当时就得下便秘之疾。当然，我们也不能全怪那个该死的家伙，他或许已被屎憋得七窍生烟，偏偏有人闭关自守，拉个没完，他不弄个石头砸进去，还算有教养的哩。

柏杨先生誓死主张，"人类有拉屎的自由"。第二次世界大战时，吾友罗斯福先生曾提出四大自由，加上柏杨先生"人类有拉屎的自由"，共为五大自由。可能有人一脸正经，说我提倡这种自由简直是一种亵渎。好吧，等你拉得正起劲的时候，硬把你拖出来，你就知道其中滋味矣。我为了维护此一自由，冒险犯难，与恶势力搏斗，垂五十年。年轻时火气茂盛，柏杨夫人每次乱喊乱叫，我就跟她打架。后来儿女长大，盲目地跟她站到一条战线，我就威胁着要吃巴拉松。呜呼，头可断，血可流，此志不屈。后来她们总算深知撼山易，撼柏杨先生拉屎难，所以现在也不再管我啦。于是我在厕所读书，一读就是一本，像《儿女英雄传》《今古奇观》等，一泡屎就能从头看到尾，学问就是这般大起来的也。

在公共厕所不容易拉出屎，就是蹲在自家茅坑，没有一卷在手，也拉不出屎。有时候我猛然跳起来，东翻西翻，努力找书，柏杨夫人就知道老头要拉屎啦。知夫莫若妻，信有已哉。

4. 学问来源

柏杨先生提倡人类有拉屎的自由,一位小朋友问曰:“好啦,明天我就去火车站蹲上两个小时,候拉者在门外憋死我都不管。”这就误解拉屎自由的意思矣,阁下如此发扬你的拉屎自由,万一门外那个跳高朋友,也同样发扬他的拉屎自由,破门而入,恐怕要拉到尊头上矣。

我真佩服有些人拉屎的速度,刚蹲下不到一分钟,还没听他哼哩,已大事完毕。对这种人心中就颇有戚戚焉。盖大丈夫做事,不做则已,要做就得认真地做;不拉则已,要拉就拉个彻底,草草结束,岂是正人君子应有的态度哉。夫拉屎这玩意儿最耽误时间,而且一个人拉屎拉得再快再漂亮,对国家民族也没啥贡献。所以有一面拉屎一面读书的必要,一则可以帮助你继续工作,二则可以进德修业。尤其是有些尊臀不是一下子就拉出来的,则读书还有兼通便秘之用,医学院学生老爷不可不知也。

柏杨先生既然到处都读书,公共汽车也不能例外。说到公共汽车,台北乘客朋友等二十分钟不见车来就开国骂,真是没见过世面。我等公共汽车从不觉得不耐烦,不要说二十分钟没车我不在乎,纵然四十分钟没车我都谈笑自若。有一次,一个小子带着他的女朋友等车,该小子其貌不扬,而女朋友如花似玉,我一瞧气就大啦,再加上还没等二十分钟哩,他就怨天恨地,我的气遂更猛增。这年头后生小子真不懂事,记得四十年代抗战时的重庆公共汽车,一个小时能等上一部,已算祖宗有德;有些人老谋深算,等公共汽车索性带上小板凳,有的还加打一把破阳伞,名之曰“长期抗战”,这就不怕站得两腿发酸矣。

凭天地良心说，台北公共汽车要比重庆公共汽车好得多，我如果建议乘客也带小板凳破阳伞，似乎故意跟台北市公车处捣蛋，届时像对付警察电台节目科长王化臻先生一样，派几个司机老爷，把我隆重地揍上一顿，何苦来哉；因之我就发明代替之物，那就是无论如何，不妨带本书在身上，立而看之，时间就容易打发啦，而且稍微用点脑筋，书还有钓妻妙用。该书最好是洋文的，若英文的焉、若日文的焉，更高级的当然是阿拉伯文的焉、泰文的焉。盖英文日文太普遍，人人都会两句，叫座力不太强，法文德文西班牙文，曲曲弯弯，别人不易分辨，只有阿拉伯文、泰文，另有一套，如果你正走桃花运，说不定旁边就有一位出国心切的漂亮老奶，咦，这个臭男人有前途呀，即令不应美国国务院之邀，也会去埃塞俄比亚当外交大臣。于是那么一搭讪，再那么郎有心妾有意，说不定第二天就到地方法院公证结婚啦。——我把此妙方传授给阁下，届时你总不好意思不送我一块钱，以表谢忱。

柏杨先生所以在等公共汽车时读书，并不是有心要惹美人注意，家贫身老，不再有此雄心矣。而完全是为了杀时间，一旦看得入神，就管不了车子姗姗来迟。不但等车时读书，就是上车之后，也是照读。盖台北太大，不坐则已，一坐总要坐上十分二十分钟，才能到达目的地。这十分二十分钟实在难以打发，如果吉星高照，挤了一个座位，还可闭目养神；偶尔精神饱满，则东瞧西望，看看女人，固属一乐；但一旦无座位可挤，而这年头知道尊老敬贤的年轻小伙子又不多，盼他们让座还不如盼天主往下丢面包。于是乎僵立如尸，实在痛苦难挨。我的对付之策是：一手拉住横杆，一手掏出一本洋书，书上说的是啥，我不知道，而且前面已声明过，我并不打算钓妻，所以仍读洋书也者，只不过想钓一个座位，希望后生小子抬头一瞧，这老头学问真大呀，说不定就是柏杨先生，当下欠欠屁股，我也就可以歇歇腿矣。

不过，根据我宝贵的经验，靠唬不行，盖自实行以来，并没有因看我读洋书而让座的现象。只有一次，也是一个老头，瞧了一下我的尊脸，再瞧一下我的洋书，瞧了半天，拉我坐下，咬耳朵曰："老哥，这种书拿到公共场所,似乎不太适合。"我想他谈吐不俗,必有道理,就没有抗辩。回家后查了半天字典,原来是一本专供臭男人看的黄色玩意儿。呜呼,从此我就改变作风,不看洋书啦,看土书啦,为了表示我并不落伍,看的乃文艺腔甚浓的新派小说。有时看得晕晕忽忽,猛一抬头,已过了两站,免不得仓皇下车,回头就跑,这属于公共汽车上读书最大的危险,不可不知。

柏杨先生不但坐公共汽车读书,简直走路也读书。我不是有一辆脚踏车乎,这半年来因害肚胀之故,有些医生判断我患了消化不良之疾,劝我走路——说"劝"是客气的,其实是命令。前天大胀特胀,无可奈何,借了几文,又去求医,医生老爷曰:"你不可吃牛奶,不可吃水果。要多走路,假使你不能跟医生合作,你的病我木法度。"这真是一个礼貌的世界,"跟医生合作",实际上就是囚犯跟刽子手合作,医生叫你吃泥巴你就吃泥巴,医生叫你翻斤斗你就翻斤斗,不过"合作"两个字听起来清心悦耳,真是舒服。我当然"合作",也就是当然听话。牛奶我根本不吃,一瓶两元五角,我宁可喝开水;水果更非主食;至于走路,第一件事我就把脚踏车卖掉,卖了五百元,扣除牌照税跟存车费,剩下四百二十元,两服药就灌到肚子里矣。

不过我倒真是步行,步行上班,步行回家,唯恐怕有些朋友疑心到我已穷到如此地步,所以害得我见人就解释曰:"医生非叫我走路不可,累死我啦。"意思就是说,我只不过朕躬违和而已,千万别门缝看人,把我看扁了也。

5. 治泡秘方

步行走路,据说是最好的运动,我们家乡有句话云:"饭后百步走,活到九十九。"盖人到老年,最先衰败的是消化系统,柏杨先生年轻时看《红楼梦》上贾母，只要多吃半碗燕窝，就能病上三天，真是无福之人，如果换了我，一口气吃它五十加仑，都面不改色。可是岁月逼迫，现在也不行啦，明明香喷喷的东西，口水流了一大摊，却不能下咽；不是嚼不动，就是不敢吃。一个人的消化系统一完蛋，不能充分吸收营养，身体还有不跟着完蛋的哉？而走路的功用正针对肠胃。说起来肠胃，也真可怜，整天埋在暗无天日的尊肚里，完全靠自己努力蠕动，主人想挺身而出帮个忙都不行。一旦消化不良，唯一的办法只有多走点路，靠腹部肌肉收缩，增加它们的弹性。

然而步行走路也不简单，上了年纪，连走也走不动啦。抗战时我老人家在太行山打过几个月游击，常常稀里哗啦，狼狈而逃，翻山越岭，如履平地，一天能走一百公里。呜呼，现在不要说一百公里啦，十公里都能累出盲肠炎来。不过我却在走路中得到一个治疗泡的秘方，百试百验，顺便传授传授。正在服兵役的学生老爷，应切记在心，你们娇生惯养的嫩脚，碰上急行军，恐怕免不了要燎泡丛生。夫燎泡是行路的大敌，治之不得其法，连一寸都别想再走，而且化脓生疮，后患无穷。上星期日有位朋友的儿子，从军营中放假回台北，前来看我——他从他那位好虚张声势的老爹那里，听说我害了砍杀尔，要死啦。进得门来，一瘸一瘸，跟他那雄赳赳气昂昂的身材，简直不太相称，询问之下，毛病就出在燎泡上。

燎泡多发生在脚趾之间，脚掌或脚侧也会有，不过不多乎焉。盖行路太久或太急，两趾摩擦，表皮和皮下组织棒打鸳鸯两离分，于是黄浆充斥，表皮像气球一样被灌胀了起来，遂成为一个可敬的燎泡。——从燎泡的形成，可会意出古帝王时代的剥皮之刑，剥皮就是剥下表皮。据说开始剥时，先把头发剃光，在头顶轻割一刀。这一刀有学问，不重不轻，重则割到了肉，轻则割不破皮，必须恰到好处，割破了皮而又没有伤到了肉，然后用点细盐，揉入伤口，盐跟内分泌一结合，黄浆如注，就可像剥洋芋皮一样慢慢往下剥之矣。凡剥过皮之处，全是黄水，三天都死不了。人权，人性，悲乎，惨哉。

我们用剥皮说明皮和肉的关系，太过凄凉，抱歉抱歉，但阁下对燎泡的印象,希望也因之更为深刻,就容易接受我的秘方矣。

治燎泡的秘方简单得很,把你的臭脚丫举将起来,用一根针从燎泡当中穿过。注意的是,要穿出两个针眼才行。穿了针眼之后,千万别忙着往外挤黄浆,一挤就砸锅啦。而要用一根长一点的头发(假使你怀里揣有女朋友送给你的纪念秀发,拿出用之,就更美不可言),把该头发顺着针眼穿过,穿过后在燎泡外面打一个结,最好是死结,这时候你再往外挤黄浆(不挤也可),把该燎泡挤干瘪了之后,就可倒头睡你的矣。第二天一瞧,包管跟从前没燎泡时一样,而且该处不久就化成老茧,核子弹头都打它不动。

往往有些聪明一世的朋友,不肯相信天下竟有如此简单的妙法,你阁下如果也不相信的话,就不妨照你相信的科学手段去做。不过要声明的是,如果仅穿针眼而不穿头发,第二天准原封又是一个大泡,盖黄浆把针眼封闭,又鼓了起来矣,头发的功用就是要黄浆顺着它流出来。如果泡主人大发神威,把皮撕掉,那就糟啦,不要说抹红药水,就是抹白药水都没有用。盖泡里并没有细菌,有的只是内分泌物而已。只要使它干瘪,皮和肉自然破镜重圆。——凡照我的秘方治愈尊泡的年轻小子,于治愈之后,务必寄一块钱来,柏杨先生穷极要疯,恭候恭候。

谈了一阵燎泡,一则是卖弄学问,二则也是卖弄老资格。话说柏杨先生自从卖掉脚踏车后,每天至少要走四十分钟的路(这两天太阳太烈,下班就改搭公共汽车,特此向阁下备案,别以为柏杨先生真垮到了底,连大汽车也坐起来啦),这四十分钟实在是一段漫长的途程。好久不走路,一旦猛走,泡倒没走出来,却是两腿抽筋。俗云:“行百里者半九十。”前三十分钟还不觉得,后十分钟简直自怜自艾,最近打算攒几个钱买把阳伞,或许好一点。但最使我讨厌的是,每天都要穿过一条长长的贫民窟小巷,该巷是台北建国北路某巷,巷子宽度连三轮车都挤不过,一根竹竿,一头放到自己屋檐上,另一头放到对门屋檐上,上面搭着各种破烂不堪的衣服裤子,我就在下面钻来钻去;而且家家用的是生煤,进了该巷好像进了迷眼阵,小孩子又特别多,就在门口拉屎玩尿。这情形等于麻子脸照镜子,不照还可安心,一照之下,半天不乐。本来打算改道别的巷子,偏偏柏府也住在该巷子里,怎么改都改不掉,唯一的自慰之策是拿一本书边走边读,既可忘掉抽筋,又可不瞧镜子。

柏杨先生一向瞧不起穷人,而巷中众户——包括柏府在内,三年不下雨而卧房地上的湿潮都不退。尤其是中有一家焉,迎门放着一张竹桌,靠墙放着一张竹床,一个蓬头垢面的家伙蹲到床上,爬到桌上,一面吸烟,一面往纸上乱写。看样子也是一个卖文为生的朋友,我就更觉得恶心。一卷在手,卷上全是些叫人看了舒服的话,就把该穷家伙远远隔开矣。最近有人向我兜售了一部日本版的古本《金瓶梅》,我就找了一本《论语》,撕下封面,裹而包之,边走边看,好不过瘾。不知道内幕的小子,瞧我这么大岁数啦,还如此求知若渴,真是活圣崽一个,其实我固有我的典故也。盖别人读书是求学问,柏杨先生读书是求麻醉,一则是麻醉腿,一则是麻醉眼。

不过一边走路一边读书,有撞上电线杆的危险,也有一脚跌进污水沟被摔个狗吃屎的危险。坐公共汽车读书,顶多读花了眼,读过了站,而走路读书,则可能撞瞎了眼,跌断了腿。有一次我正努力读《飘》,郝思嘉小姐打算要嫁第三嫁,嫁得我心如火焚,料不到一辆该死的载着一卷铁丝网的脚踏车,天晓得它是怎么搞的,在我前面走着走着,停了下来,而我固不知也,于是哎哟一声,尊肚就跟该铁丝网惨烈接触,香港衫也被戳烂啦,还有鲜血从裤带处往外直冒。那个骑士不但不把我抢送医院,反而吼曰:"老头,你怎么不好好走路,存心要害我呀!"一会工夫围上一大群人,大家原来是同情我的,猛派该骑士的不是,后来弄清楚是我自动自发撞上去的,就哄堂大笑,有个不开窍的小子还曰:"学生们为了应付考试,走路看书,倒听说过,却没听说过老头走路看书的,准是个神经病。"一言未了,大概怕我接着表演发疯,就一哄而散。该骑士也跳上脚踏车,跑他娘的啦。

那次猛撞节目,并没有撞掉我走路看书的优美习惯。但却使我发现,眼睛不单是用来看书的,也是用来看路的。好在我天赋异禀,花样甚多,可以一只眼看书,而另一只眼看路,所以有几次都吉人天相,化险为夷,戛然而停,躲过风驰电掣般的大小卡车。后生小子如果想效法先贤,也要一面走路一面读书的话,千万先自己瞧瞧有没有柏杨先生这两下子,如果阁下其笨如牛,没有我这两下子,还是老老实实躲到厕所里蹲着读吧。

6. 人类危机

柏杨先生日夜都在愁城之中,一则是我欠人的债,怎么还都还不完;一则是我的肚,久胀不愈,好像吃了胖大海,以手弹之,作金石声,不知道是啥祥瑞也。最近又害了感冒,一个老头一旦害了感冒,实在可敬可畏,鼻涕乱流,口水直淌,叫人看了油然而生不如死了算啦之感。

这些时感冒流行,大概和气候有关,忽热忽冷,而尤其怪的是,十分钟前还冷得非加衣服不可哩,十分钟后燠热起来,没走三步就一身臭汗;刚把衣服脱下,一会儿工夫,连打三个伟大喷嚏,急找衣服,已经病入膏肓了矣。老妻经常曰:"老头,想不到你真是金枝玉叶,弱不禁风呀。"非也,实在是气候作怪,作怪得连体壮如牛的人都挡不住。

秋天应该是晴空万里,天高气爽的日子,秋天的天比春夏冬的天,更显得高,更使人心旷神怡。台湾的春天,短得等于没有,风又奇大,只有秋天最为开朗。可是万万想不到,今年(1965)的秋天,不但不爽,反而成了黄梅天,冷热不定已经够反常的啦,而竟然"返潮",被子褥子,以及身上的衣服,都是湿湿的,这在人类历史上恐怕都得大书特书。

去年(1964)的秋天也怪,八月以后,就一直下雨,白天下,晚上下,下得没完。从1959年起,秋天的天气就有点变。一连来了那些多台风,以后每年花样翻新,去年多雨,今年返潮,不知明年又要有啥节目,岂真的要一年不如一年欤?

有人说天气不正常与核子试爆有关,我们相信这种说法,而且不特此也,恐怕也跟人类不断探索宇宙的奥秘有关。呜呼,宇宙到底是个啥,谁都弄不清。人类固然是有灵性的动物,也同时是最浅薄的动物。君不见一位大汉焉,爬到了珠穆朗玛峰,停了一分钟,踉跄而归,拍巴掌曰:“俺征服高山啦!”君不见另一位大汉焉,钻到海底捞了一把野草,冒出水面,也拍巴掌曰:“俺征服大海啦。”君又不见,又另一位大汉焉,在太空舱外游荡了一会,急急折返,更是拍巴掌曰:“俺征服太空啦。”

这叫作啥征服哉?柏杨先生现在书桌上就有一位蚂蚁先生游来游去,偶尔还爬到我尊手上参观,它能算征服书桌了乎?更能算征服柏杨先生了乎?可是,说不定它阁下回到它的巢里,也向其同类拍巴掌曰:“俺征服人类啦!”

蚂蚁先生还是高级的,像蜉蝣先生,朝生而暮死,可是它也有它的折腾,偶尔有位胆大的家伙跳到热水瓶上,张目四顾,大声喊曰:“只要能把它咬破,咱们就暖和啦。”于是努力奋发,有那么一天,果然把热水瓶咬了个稀烂,只好全窝烫死矣。

人类跟蚂蚁先生蜉蝣先生有啥分别?地球不过太阳系中一个小球,太阳系不过银河系中一堆小球,银河系不过宇宙中一堆小球,而在我们这个宇宙之外,还有千万宇宙;千万个宇宙组成一个星座,千万个星座组成一个庞大星群集团,而这些庞大的星群集团之外又有些啥?没人知道矣。这个庞大星群集团是钉在太空中乎?抑吊在太空中乎?如果没有把太空塞满,则其他地方,一定也有什么东西也。

谈宇宙能把人谈得泄气,而且充满了玄妙,人类现在就在解答这个玄妙。一会儿工夫,弄个火箭;一会儿工夫,弄个卫星,热闹得不得了。稍微得到一点玩意儿,就沾沾自喜,也像蜉蝣先生一样,拼命咬核子、咬原子、咬中子。恐怕终有一天,咬着咬着,把热水瓶咬破,沸腾的滚水汹涌四流，大家同时寿终正寝——临死时还不知道为啥死哩。

大自然有一种自然的平衡。人体上盲肠是最没有用的啦，若干年前，大家一窝蜂割盲肠，以示他是时代青年，结果发现盲肠也有盲肠的作用，它在内分泌上能调整大肠的蠕动功能。李白先生诗曰"天生我才必有用"，大自然的布置，都有它的适当位置，在复杂配合的运动中，人类才可以存在，如果用人力把其中一项咬破，其他齿轮转动起来就要出毛病矣。

地球四周被空气密密包围，在空气与太空之间，有一种看不见摸不着的界限，好像一层透明的薄膜，跟鸭蛋壳一样，把地球包在当中。无线电焉、电视焉，发射出去，被这层薄膜弹回，然后大家才有收音机可听，才有电视可看。可是现在人类却拼命想冲破这层薄膜，而且已经戳了几个窟窿啦，想一想真是毛骨悚然。说不定哪天那薄膜被戳了个稀烂，甚至被啥子弹烧得熔化啦，届时全世界的电讯全都停止。也说不定空气会漏了个净光，大家活活闷死。

核子试爆最大的影响恐怕是使空气的组合重新分配，秋高气爽变成了黄梅天，是不是就是这种影响的结果，我们不知道。但有一点是知道的，一旦核子大量的热源把南北极的冰雪都融化掉，天气恐怕要大寒特寒，大家要过零度以下的日子。至于海水暴涨，大地陆沉，更不在话下。

最主要的，谁也不知道其他星球上有些啥，更不知道其他太阳系，其他宇宙，其他星群上有些啥。一旦真的咬破了热水瓶，碰到可怕的对头，那才叫惨哩。

7.《亚当先生》

美国有位作家弗兰克先生，写了一本长篇小说，曰《亚当先生》，抗议科学家们乱咬核子——也是抗议众蚂蚁乱咬热水瓶。小说是以喜剧结局的，但我们可以得到不少警惕。

话说美国密西西比州波尔镇原子能工厂发生爆炸，波镇完蛋，整个密西西比州也烧成焦土。爆炸的火光，全北美洲都可看得到。政府公报上只简单地说工厂正在制造铀二三五之类的稀有放射性物质，却闭口不谈爆炸的原因。科学家们虽然面无人色，可是也只有硬着头皮说，灾情虽然惨重，总比想象中要轻得多啦，大家就放了一百二十个心。可是过了几个月之后，一位记者老爷无意中发现一桩怪事，全美国所有妇产科医院，都开始没有了生意，产房空空如也，平常忙得像砍了头的公鸡似的妇产科医生，一个个急得跳高。打电报去欧洲询问，回电来啦，欧洲也是如此；打电报去亚洲询问，回电来啦，亚洲也是如此；再打电报去非洲询问，回电更是悲哀，几个月来，任何雌性动物的肚子都没大过。这消息使记者老爷汗流浃背，就在报上发表了新闻。

第二天，世界像发了疯，"绝嗣"、"灭种"，把人类搞得失了理性。巴黎暴动；莫斯科混乱；西班牙发表宣言，指出这是犹太科学家的阴谋；英国女王亲自广播，说政府已采取了适当的步骤；美国总统呼吁国人镇静；各地少妇们群起用石头往科学家们的头上砸；波士顿一位牧师不经过大脑，就努力斥责这项报导完全是荒诞无稽的谣言。

紧张了一阵之后，终于证实，那次大规模爆炸，使放射线笼罩全球，其中有伽玛线焉，有阿尔法线焉，有倍他线焉，以及其他神话一样的这个线那个线焉，把男人的生殖细胞全部烧死，而且连一点恢复的希望都没有。不过对女人倒没有什么影响，月汛依然，输卵管依旧。盖人类是一个奇怪的化学体，一般说来，男人比女人容易受放射线的打击。（当一个男人似乎永远比女人苦，平常日子养家，非常日子打仗，遇到放射线，也先遭殃。有志逃脱灾难的朋友，要动手术变性的话，请早。）密西西比工厂是9月21日爆炸的，到第二年6月21日，报上只好悲悲惨惨地刊登大字标题："明天开始，人类开始步向灭绝！"整个世界像死囚一样，面对着厄运的来临。美国总统立刻颁布紧急动员令，动员了全国科学权威，组成"人类重新生育委员会"，要求那些闯了祸的科学家们，一定要研究出来挽救之道。而报纸上也开始讨论，再过一百年，人类灭绝了之后，地球上谁是主人。鱼类乎？抑昆虫乎？而它们再进化成为人类时，又要多少年？满怀惆怅的人，开始把文件刻到不锈钢上，埋入地下，以便千万年后，那些新进化成的人类，发掘出来，知道上一批人是怎么绝种的，嗟夫。

可是，就在十二个月之后，也就是在密西西比爆炸周年纪念的那一天，有一个产科医生给该记者老爷来了电话，曰："陀里镇有人要生小孩啦。"记者老爷曰："别开玩笑。"医生曰："这小孩确确实实是在密西西比爆炸三个月后受孕的，纪录上记得明明白白。"记者老爷曰："那你以前为啥不说？"医生曰："从前还以为她是过了期的胎儿呀。"

反正是，这件事说明世界上还有一个男人的生殖力没有被破坏，该臭男人就是书中的男主角亚当先生。他阁下一头红头发，两腿细长，瘦得像一匹三天没吃草的老马。在大学堂里读过地质，毕业后在纽约地质调查所工作，因为身体不合格，想当兵也没人要，最后穷追地质调查所的一位女秘书，女秘书受不了他的纠缠，只好嫁了他。这是一个平凡得要命的小人物，他如果在平常日子死啦，地方报纸连三行的消息都不会有。

可是他现在却成了人间的活宝，立刻把女孩子们芳心中的电影明星位置，占据过来。照片出现全国深闺中，妇女杂志恭维他是最性感最有魅力的男人，太太小姐们蜂拥到陀里镇，如果不能跟他睡一觉，摸他一把也是舒服的。于是美国宪兵开来，把玫瑰别墅严密封锁（这时候该活宝已被小心翼翼地送到玫瑰别墅珍藏），美国陆军接着也参加防卫，联合参谋总部特地把亚当先生列为主要的战略物资，派了一位上校，率领大军，把亚当先生看守起来，并且告之曰："这是为了国防的缘故，陆军已经拨了一笔专款，你太太和孩子的生活全部不用发愁啦，现在陆军负责你的安全，一直到国会传询你时，再决定下一步。"亚当先生抗议妨碍他的自由，上校笑曰："老哥，还算你的运气好，陆军原来想把你关到诺克斯堡金库里，幸而军医署长说那样会把你闷死。"

诺克斯堡金库是美国政府藏金所在，驻有重兵把守，与外界水泄不通。经这么一说，亚当先生出了一身冷汗，没敢再继续挣扎。然而，他的太太却被送到另一个地方去啦，盖亚当先生已成为人类的公器，不能归一个女人私有也。

最初国会决定要选派年轻貌美，而又经过医生检查，确实可以受孕的太太小姐，前往跟亚当先生交配。可是医生们反对，那样会把亚当先生配垮，而且速度也太慢，即令天天颠鸾倒凤，十拿十准，一年也不过有三百六十五个孩子降生，十年才三千六百五十个，不行不行。最后研究的结果，决定人工受孕。

自从这个消息发表出来，各地申请书雪片一样涌向华盛顿，于是美国特别成立一个委员会，专门负责亚当先生人工受孕工作。

8. 人工受孕

实行人工受孕的消息传到外国之后，俄国首先争取，说俄国人对人类文化和平的贡献太大啦，第一个受孕的可以让给美国，第二个就必须让给俄国，否则你们就是"反人民"。法国也不谦虚，德国更是紧张,但亚当先生一番好心,却要把第一个受孕的机会悄悄地送给那位记者老爷的太太,他曰:"你们夫妇对我是如此之好,这是我唯一能做的对你们的酬谢。"但记者老爷却拒绝啦,因为那是自私行为,犹如管金库的人不能把银子搬到自己家一样。可是其他人却没有这位记者老爷这种守法精神,成千成万的漂亮小姐太太,向亚当先生猛攻,用种种黄色绝招,诱他上钩。如果换了柏杨先生,准是来者不拒,多多益善,可是亚当先生是天生的呆头鹅兼柳下惠,他有一种被玩弄的感觉,硬是不肯。但他仍挡不住好莱坞一位绝色女明星的手段,竟跟她私奔啦,后来被抓了回来,国防部遂即接收了过去,把他"囚"在一座有重兵把守的花园里。

亚当先生被囚之后,健康逐渐退步,全国医生联合会经过几天讨论,发现他的病源在想他的太太和女儿,为了保护人类资源,只好让他跟太太同住,但报上马上攻击这是卖国的行为。俄国人善于扯谎,乘机就说外蒙古也有两个人,跟亚当先生同样的,在密西西比爆炸的那一天,也在地下勘察地质。这消息使美国人疯狂了一阵,好呀,分一个出来传种没问题吧。结果大家一场空欢喜,根本没有那么一回事。

最后,抽签的时候来临,由总统御手亲抽。问题就发生在这里,抽到谁都好,偏偏抽到女参议员菲诺小姐,又丑又凶,又俗又脏,连男人味都没有,更别说女人味啦。亚当先生一听之下,胃口全倒,宁可吃巴拉松,也不让那死女人碰他一碰。于是他就开了小差,不干他娘的啦,临走时留下一张文情并茂的签呈,提出辞职。这当然是辞不掉的,谁听说过"铀二三五"辞职的怪事乎哉?不久就再被抓了回来。并且由总统颁布命令,重加规定,把"公民荷马·亚当",这位"美国国防有关最主要的战略物资之一",在参谋首长联席会议许可,在不妨碍亚当先生的健康及生殖能力大前提下,准予利用他实施试验。

亚当先生像被爬了满身蚂蚁的蛆虫一样,翻转挣扎。他要求"休假",上校吼曰:"休假,做你的梦吧,你要再不守规矩,就把你送去受军事训练,改正你的生活习惯。"亚当先生气得要绝食,绝食也没有用,还是被"扭"送到国家研究院,仔细研究。

《亚当先生》是一部对科学家,和对美国所谓政治家充满了幽默讽刺的长篇巨著,每一句话都有一个深度的内涵。我们不是"书摘",不能详细介绍,十分抱歉。该书的结尾是这样的焉,亚当先生受不了摆布,就自己让放射线破坏了自己的生殖机能,当然大家大失所望,恨不得把他吊死到国会的旗杆上。幸好科学家们不断研究,及时地研究出来一种海藻草,臭男人大量吃了,就又可以生小孩啦。

——且插一段该书对美国政府官僚作风的调侃,当"重育委员会"组织成立,接管了亚当先生之后,有下面一连串的对话:

"亚当怎么样啦?"记者老爷曰,"我想先看看他。"

重育委员会副主任克勒斯先生诧异地瞧了记者一眼,从口袋里抽出活动铅笔,开始在桌上画表格,"最上面,当然是总统,"他曰,不理会记者的问题,"下面是——"他画了一个方块,填上名字,"各部会评议委员会,重育政策便在那里决定。"

"啥政策?"记者老爷禁不住曰,"只要把亚当身体弄好,能生小孩就行啦。"

"非也,"克勒斯先生曰,"生小孩不过是我们工作中最微小的一环,亚当在最底下这里,"他指着桌布下面的一个小方块,"属于生产股。"

"你看,"克勒斯先生的笔尖飞动曰,"评议委员包括总统、国务卿、内政部长、国防部长、军医署长、国家研究院长和重育委员会的主任。"

说到这里,克勒斯先生的眼睛突然充满着光辉,他画上更多的方块,用线条横横直直地连接了起来,然后曰:"下面才是国家重育委员会。我的位置在主任之下,主管总务处、财务处、交通处、电讯处和房屋地产处。关于政策、计划和生产,都在我的职权之外。"

然后又曰:"主任和评议委员会之间还有许多各部会派来的联络官——替他们找房子真头痛——直接隶属于主任的还有一个项目小组。"

“天老爷！啥项目小组？”记者老爷曰。

“最高决策由主任转交项目小组负责执行，小组由各处长组成。跟项目小组平行的还有一个顾问委员会，全国医学界和生理学权威，都网罗到里面啦。”

克勒斯先生说得起劲，继续开腔曰：“项目小组之下，还有我们自己派出去各部院联络的联络员，其中一个是专门向国会疏通的。我们还有国际问题顾问，直接跟国务院联系，向项目小组随时提供有关国际情报的报告。你看，这一切岂不都完备欤？”

“当然很完备！”记者老爷生气曰。

克勒斯先生得意曰：“副主任之下是各处，如研究、资料、新闻、执行等。处之下是科。”

于是记者老爷问曰：“重育委员会既然如此庞大，我也不必弄清它啦，我只问我干些啥？”

“阁下知道我们已请了尼特·盖保门当新闻处长乎？”

“知道。”

“他从前在战时生产局管新闻，后来到动员委员会，又后来到宣传部，然后进了国务院。是我们把他从国务院拉过来的。他这一部扩张得快极啦，占了一个很大的办公室。”

“废话少说，”记者老爷曰，“我到底干啥？”

“对不起，这是个问题，新闻处长既然有了人，只好请你屈就特别助理。别发脾气，你是主任的特别助理，不是新闻处长的特别助理，”克勒斯先生说罢，就在主任和项目小组之间画了一条线，加上一个方框，方框里填上该记者老爷的名字，然后正色曰，“你的地位跟各处平行乎？抑跟项目小组平行乎？要等主任决定。”

“这地位太高，我受不了。”

“没有关系。”

“亚当和我在一起的吧？”

“非也，你是大头目，亚当算什么东西，他属于最低那一级生产股。”

记者老爷大怒，号曰："我所以到此地来，不是谋一官半职的，唯一目的是想照顾亚当先生。要是你们另有安排，我就趁早滚我的蛋。报馆里忙得很，我根本不想来，完全是白宫的意思。"

一听"白宫"，克勒斯先生肃然起敬，马上咽了一口吐沫，温温柔柔曰："请阁下原谅，我不知道你别有指令。"

"亚当到底怎么办？"

"阁下，"克勒斯先生解释曰，"关于亚当的所有权，上面并没有明确规定。原来国防部说，总统的命令只给予我们以使用亚当的权力，但亚当的安全还是由他们负责。争执的结果，我们只好妥协，成立了一个委员会。"

"又是他妈的委员会。"记者老爷曰。

"这个委员会只是决定对亚当本身政策的机构，和如何利用亚当无关，我是最高委员会的代表，那个菲力斯上校代表——"

"去那个狗娘养的。"

克勒斯先生一听记者老爷开了美国国骂，面色苍白，跳起来曰："菲力斯上校代表国防部，我和他已取得谅解，阁下也可以参加这个委员会。"

结果记者老爷用最简单通俗，但却不便排印出来的粗话，发表了他对这个委员会的意见，然后拔腿就走。

9. 好不怕人

拜读之后，可见"外国也有臭虫"，以美利坚之大之强，其政府和其官员，固也是那种嘴脸。重育委员会是专门为亚当先生而设的，却把亚当先生放到叠床架屋荒谬绝伦的庞大机构中最下一个"生产股"里。最后，记者老爷对克勒斯先生一听"白宫"浑身都酥了之后，下了一个总括的描写,文曰——

克勒斯是那种在他面前没有平辈的公务员,别的人不是他的上司,便是他的下属,他的鼻子紧靠着他上司的尾巴,他的脚跟则牢固地踏在他属下的头上。只要他能保持常衡,三十年后便可以领到一笔退休金,回家养老。

这是一个活官崽轮廓,在我们台湾,只要把后面那两句略微改一下,就太面熟啦。

这本书介绍到这里为止,我们还是回到"科学"上。人类丧失生殖能力是文学家的哀鸣,也是科学发展到万一自己控制不住的阶段,可能产生的灾难之一。当初原子弹发明时,许多科学家曾经反对过,盖恐怕原子一经撞破,引起了连锁反应,地球都会爆炸,化为点点片片,成为千万个陨星,在太空消失。那时候宇宙中根本没有这个星球啦,把不锈钢埋到地下,又有屁用哉。

夫太阳系共有十个行星,一直到今天,科学家们都没法证实这十个行星是怎么形成的。可能在亿万年前,还有别的行星,该行星上也有人类,也有极高的文化程度,也在努力研究,最后搞来搞去,搞得该行星生生瓦解,碎粒弥漫太空,构成现在仍在太空中存在的宇宙尘。

月球上没有人类,已经确定矣,其他行星上有没有人类,还在搜索中。而其他太阳系、其他宇宙、其他星群中有没有人类,谁也不知道,说不定其他行星上竟有比我们更高明的朋友,一旦被惹得发了脾气,射出一个什么可怕的玩意儿,我们就吃不消矣。如果说其他星球上没有氧气就没有生物,我想这种判断有点自作聪明。焉知没有另一种生物,他是靠氮气生活的乎哉。在他们看来,地球上人类靠氧气生活,那才是他妈的怪事哩。而且,即令没有人类,是不是也像密西西比事件一样,被科学杀光了耶?难说难说。

我们并不反对科学研究,也不迷信什么,但我们担心如此发展下去,科学会为人类带来些啥?呜呼,战国时代,杞人忧天,唯恐怕天要塌下来,现在我们又要忧科学矣,惟恐怕科学把人类弄没有啦,或把地球弄没有啦。天气变得如此失常,不过是一个小小的预告,思想起来,好不怕煞人也。

10. 变不出新把戏

很多事情,想象的比真实的往往美丽得多。柏杨先生自从发了神经,停笔以来,自以为必定朝野大震,连太阳都会蚀上一蚀,至少也应有读者老爷写封信给报馆老板,打听打听行情。斯时也,报馆老板那么向我一提,我就自然而然地顺天应人,继续每天爬一次方格纸矣。想不到光阴似箭,日月如梭,天下似乎仍太平如故,没有一点末日的现象。我老人家有几次特地到老板家串门,希望听一听慰留的话,但他阁下喉咙里就好像塞着老痰,竟然啥都不说,真是天作孽,犹可违,自作孽,不可活,后悔不迭。早知今日,当初怎肯端那种咯吱咯吱的架子也。特地表出,一则叹叹人心不古,二则顺便告诫后生小子,以此为戒,如果不能十拿十稳,千万别虚晃一枪。吾友某某先生,在某某衙门当科员(我如果说出他的名字,准吃老拳),当科员当了十五年之久,眼看着那些比他小的官都升过了他,只他仍坚坐不动,未免虚火上升,就写了一个辞职签呈,拿给我老人家,请求指示机宜。我当时就问他曰:"老弟台,对着灶王爷发誓说真心话,你到底真辞假辞?"他脸红耳赤了半天,嘴噘得像个茶盅,我就训之曰:"你如果以退为进,恐怕准退到屎坑里。没有升你,就是表示有你也行,没你也行,不踢你已是厚道啦,你再自己撅起屁股拜托别人动脚,恐怕结果不妙,你要多想一想。"他多想一想的结果,却似乎是肯定大家伙非留他不可,结果签呈上批了多发三个月的薪津,两山相加,曰"出"。

柏杨先生颇有时代的毛病,对别人一举一动,看得清清楚楚,对自己搞的名堂，却始终老糊涂。停笔之后，老板既死也不开尊口，编辑老爷更像没事人一样，上不上，下不下，就僵在那里。好在我老人家是有名的天才儿童，自有奇计横生——说出来也没啥，不过红包攻势罢啦，过中秋节那天，买了两盒月饼，到了“有关单位”，分别打了一炮，这才勉强答应再写。（谁要说我老人家不是勉强答应，而是自己活动的，谁就是神经病，一有机会，我可就要栽赃。）不过有个条件，写啥都行，就是不能再写“倚梦闲话”，更不能再写“西窗随笔”。

自从“应美国国务院之邀”以来，就脑筋大动，不写“倚梦闲话”就不写“倚梦闲话”，不写“西窗随笔”就不写“西窗随笔”，那么，写“挑灯杂记”总可以吧。盖“挑灯”，乃记实也，爬格纸动物差不多都是晚上干活的，现在虽然都用电灯，无法往灯芯上乱“挑”，但这错不在我而在灯，它如果仍是油灯，那就非“挑”不可。“杂记”更是记实得厉害，贵阁下说吧，我老人家大笔如飞，不是杂记是啥？难道是中央研究院那些高级知识分子搞的学院派乎哉？

我想读者老爷一定要问曰：“老头，名称都改啦，内容是不是也要进化进化？”呜呼，是何言欤？敝大作已到了至善至美之境，哪个洋大人观光之后，不在飞机场赞扬两句，还有啥可进化的？所以内容还是照旧。不过说句咬耳朵的话（贵阁下可千万别到处乱嚷），实在也是老狗变不出新把戏，我这么大岁数啦，你叫我变啥？好在现在非常流行“换汤不换药学”，就是多我这一罐用原渣煮出来的口服液，也没啥大惊小怪的。

柏杨先生虽然奇计横生，看起来很是光彩，实际上不过一片凄凉。这几天，我老人家一直忙着到处宣传说，编辑老爷亲临柏府，简直要下跪，非请我继续猛写不可，而我总不能见死不救，只好答应啦。有些朋友老实过度，信以为真，就着实佩服一阵。但大多数都在官场打过滚，一眼就洞烛其奸，乃点头叹曰：“老头，老头，古人不云乎，适可而止，你已写了七年之久，虽然出过小错，总算没闯过大祸，应该见风转舵啦。要知道久在河边站，怎能不湿脚，万一飞出黑拳，忽冬一声，水花四溅，就活活淹死了矣。”

呜呼，柏杨先生有名的干屎橛，对任何不顺耳朵的话，统统以反调分子视之，一向是记恨在心，伺机报复的。所以对这种使我芳心不悦的言论，就颇为大怒。但等到午夜梦回，想来想去，真能连心都想凉啦。盖柏杨先生的危机，不仅仅是闲在家中坐，祸从天上来而已，即令没有祸从天上来，就是自己也会埋葬自己。世界上有多少英雄好汉，应该收拾摊子的时候不收拾摊子，结果弄得身败名裂。吾友拳王乔·路易先生，想当年名满天下，钞票多得三天三夜都数不完，有人劝他早一点退休，他自己也聪明如镜，决心洗手。可是，问题在于一些靠他吃饭的喝尿分子，和一些靠他热闹的大哥二哥麻子哥，硬是抓住他不放。咦，退休？简直是天大的玩笑，你至少可再打二十年。拗不过这股沉重的压力，他只好打下去，打下去的结果是啥，用不着算卦矣。前些时台北上演过一部电影，就是以他阁下为影子的，打到最后，一个嘴啃地爬不起来，妻子把小行李一卷，酒肉朋友也另投明主，只剩下他孑然一身，背了几百万美金的欠税，沦落到三流班子里，给人拿手套，悲哉。

这只是一个例子，柏杨先生一想起这例子就心口痛。体力如此，智力更是如此。有一位鼎鼎有名的音乐家（可惜忘了名字，但音乐界的朋友一定知道他），在他声誉最高峰时，忽然不见啦，给世人留下无穷的怀念。大概三年之后，重新出现，贡献出比从前更为惊人的作品，盖他隐居到海滨一个荒凉的小镇里，潜心修炼，精益求精。

——这里得发表一则严重声明，我可不是说我老人家有啥“高峰”，更不是说有人对我老人家会有啥怀念。凭天地良心，我还没有这种资格——要有的话，也只有挨修理的资格。而只是说，一个人长期地一意孤行，自己内身就孕育着要丢人砸锅的因素。

（柏老按：写此文的五个月后，就入了狱兼坐了牢，“昔日戏言身后事，而今都到眼前来”，不但湿了脚，简直掉到河里，几几乎差一点真的淹死。）

11. 新家法

《芙蓉外史》上有一篇《闺律》,集管丈夫之大成,且原文照抄,以便参考。(读者老爷中如有血压高的,千万别看,看啦恐怕你能气得倒栽葱。)

原文曰——

一、凡青楼女子,无论色艺若何,概不准来往,违者照官员私通外国例,杖一百,发房门充当苦差。

判曰:凤子寻芳,易入迷香之洞。鸨儿爱钞,轻抛买笑之钱。一登歌舞之场,遂陷风流之阵。章台柳任人攀折,大堤花惹尔癫狂。须防恶疾缠身,冉伯牛空歌苯苢;最恨穷途落魄,郑元和竟唱莲花。律以通寇之条,允当眠香之罪。杖惩既决,戈荷难宽。磨玷有期,赐环不吝。

一、凡男子有事出门,归家以日暮为限,逾时不至,照违限例治罪,若未经禀白,留宿他所,先杖八十,再问有无宿娼情弊,审实另拟。

判曰:花间短晷,盼尽金乌。楼上寒更,烧残银烛。妾向空闺待燕,却如歧路亡羊。悔将羁锁轻开,遂使樊笼巧脱。试问青楼捉醉,何处追欢;且言翠被熏香,谁人伴寝。楚岫之间雪暗度,秦台之明镜高悬。既贪良夜之游,合听公庭之谳。供如不实,法定加严。

一、凡遇闺人谴责,宜低首恭听,不得迁怒小鬟,违者照虐害平民律,笞八十,罚跪一炷香。

判曰:唾面自干,岂复有丈夫之气;翻羹不怒,亦断无宰相之怀。乃我方献其箴规,而彼反遭乎捶楚。秉性依然执拗,借题偏易发挥。身辱泥中,毕竟伊罹乎罪;肉登几上,岂容郎虐无辜。徒因逆耳之言,故作龂牙之势。薄惩不贷,长跪奚辞。

《闺律》总共有四十条(大概是这个数目,有考据癖的朋友千万别根据这跟别人抬杠),柏杨先生只抄了三条,忽然发现,如果继续抄下去,一天抄六条的话,至少也要抄七天。在我老人家说,既不用费大脑,又可拿银子,真是喜不自胜,可是万一编辑老爷翻脸曰:"柏老,你啥时候向孔老二看齐,述而不著啦。"就影响前途矣。而且,《芙蓉外史》那个时代,打官司比现在更要说不准,要输要赢,更只在法官一念之间的自由心证,所以判决书就成了文学作品。呜呼,成了文学作品已够糟啦,再加上该文学作品又是文言文写成的死文学作品,四六一骈,狗屁交集,全国同胞,就没有几个人看得懂。像前面抄的三条,请看得懂的读者老爷举手(可得凭良心举,不能瞎举)。不要说别人,即以柏杨先生之尊,我就弄不清"凤子"是啥,"大堤花"是啥,"冉伯牛"是啥,"郑元和"又是啥。当然啦,要知道是啥也不是没有办法,可是那就难免要累得满头大汗。与其费那么大的劲,还不如去看蚂蚁上树。

我们打算把它现代化,定名为"新家法",公布于后,以便全国军民人等,一看就深入骨髓。以期父以教子,母以教女,妻子以教丈夫,小姐以教男友,互切互磋,共勉共励,实行于全国,而宏扬于世界,全体人类,就各得其所矣。

律曰:

第一条　凡妓女、酒女、舞女、歌女以及其他类似之女,一概不准来往。违者照胡子脸猛打三嘴巴。

女法官曰:妓女小姐不用说啦,臭男人跟妓女小姐一旦礼尚往来,连太白金星都不敢开清白保单。酒女小姐固然有只陪酒不陪身的,可是大多数恐怕都身兼数要职。现在最流行裸体陪酒节目,连柏杨先生到时候都忍不住拼命往下拉假面具,何况普普通通凡夫俗子乎?舞女小姐和歌女小姐,跟妓女小姐酒女小姐列在一起,仿佛鱼目混珠,可是仔细那么一研究,也一言难尽。玉洁冰清的当然有之,趁着年轻,捞几文算几文的,似乎更有之。不管怎么吧,反正都是剃刀边缘,如不立刻纠正,必有后患无穷,猛打三个嘴巴,乃聊示薄惩,教臭男人戒慎恐惧,也是刑期无刑之意。

第二条　臭男人出门应酬,说啥时候回家,就得啥时候回家,逾十分钟,照胡子脸猛打三嘴巴。逾半小时,照胡子脸猛打五嘴巴。该臭男人如果未经事前请准,竟在外面住了一夜,则除照胡子脸猛打十嘴巴外,处“无妻”徒刑十天。如果有跟女朋友开旅馆情事,处“无妻”徒刑十年。

女法官曰:“无妻”徒刑者,四大皆空,光棍如初的一种刑法也。可能有些臭男人,一见贤妻卷起行李回娘家,正遂了龙心,她刚出大门,他就欢天喜地去找野女人。所以“无妻”徒刑必须执行彻底,一经判决,在服刑期间,连看女人一眼都不行。盖偶尔跟舞女小姐之类礼尚往来,都要照胡子脸打严重的嘴巴,而竟然无法无天,开了旅馆,简直比黑手党还要心狠手辣,怎能饶之也。

12. 猛打胡子脸

第三条　凡贤妻心血来潮,骂个狗血喷头,臭男人应就地立正,毕端毕庄,洗耳恭听,稍有不耐烦表情者,照胡子脸猛打两嘴巴。嘟嘟囔囔,逞强分辩者,照胡子脸猛打五嘴巴。如果迁怒到仆人仆妇身上或儿女身上,吆喝跺脚,拍桌子摔茶盅者,则照胡子脸猛打十嘴巴。

女法官曰:现在流行的是“听话学”,要想飞黄腾达,必先在闺房之内,接受严格训练。贤妻不过发一点小小脾气,竟露出反调嘴脸,这种臭男人可称之为不开窍,几个嘴巴下来,或有益于名教。

第四条　凡跟贤妻在一起,不管是平常日子侍从在侧,或到街上买东西尾随于后,均应满面堆笑,媚态可掬,不得唉声叹气,作委屈之状。违者照胡子脸猛打三嘴巴,处“无妻”徒刑一月。

女法官曰:臭男人所以咳声叹气,委屈万状,其原因有二焉:一曰有野女人在牵肠挂肚;一曰小家子气,舍不得银子。呜呼,无论是哪一项,其罪都不可逭,三个嘴巴兼一个月光棍,还是轻的,臭男人盍不勉乎哉?

第五条　臭男人上班出差,每隔两至三个小时,都应打一电话回家,向贤妻嘘寒问暖,报告行止。违者照胡子脸打两嘴巴。

女法官曰:有些心术不正的家伙,一脸正经,说上班去啦,或出差去啦,却硬是找野女人鬼混。上班则固定不动,还易瓮中捉鳖,出差则必须讲明身在何处,以便追踪查证。如不按时报到,显然包藏祸心,不得假装"忘啦"、"太忙"打马虎眼,如不遵行,重重打之,以观后效。

第六条　贤妻有事外出,像回娘家等等,臭男人不得打漂亮仆女的主意。违者照胡子脸猛打五嘴巴至十嘴巴,处"无妻"徒刑十年。

女法官曰:漂亮仆女都有冲天本领,凡美者差不多都慧,很难引诱到手,但仍死皮赖脸,足证野心可惊,揍之罚之,以伸家法。如果甜言蜜语生了效果,竟然升了堂而上了床,那就非拳足交加,不足以发扬女权也。

第七条　贤妻女同学女同事,均神圣不可侵犯,只许起敬起畏,不许挨身近体,动手动脚。违者照胡子脸打五嘴巴,处"无妻"徒刑一月。

女法官曰:挨近身体,实胡乱摸索之前奏,动手动脚,更狗皮倒灶之先声,与其事后闹得不可开交,不如先行防范。盖臭男人天生贱种,见了贤妻大人的漂亮女伴,总是虎视眈眈。一不小心,黑帽就要乱飞。噼里啪啦,只不过为了打掉他的歪主意。如仍执迷不悟,另行严惩。

第八条　贤妻妆奁首饰,如戒指、项链、别针、发夹、香水等等,不准任意送人。违者照胡子脸猛打十嘴巴,处"无妻"徒刑五天,罚跪一支烟,原赃追回。

女法官曰:臭男人在外乱七八糟,已罪不容诛,再回到窝里吃草,更属穷凶极恶,人神共愤。呜呼,要送礼就得悄悄自掏腰包,出此下三滥手段,如不法办,天理难容。

第九条　凡庭院中栽的花草,或花瓶内插的花卉,不准擅自赠送别的女人。违者照胡子脸打三嘴巴,罚玻璃丝袜十双。

女法官曰:摘花插花,出自太太小姐之手,袅袅婷婷,风韵盖世。臭男人饱食终日,不务正业,以彪形大汉,作娇滴滴状,往野女人头上乱戴,不但包藏祸心,也肉麻难忍,三个耳光,十双丝袜,还是轻的。

第十条　贤妻私人箱柜信件,非事先奉准,不得翻动拆阅。违者照胡子脸猛打五嘴巴,处"无妻"徒刑三天。

女法官曰:夫妇虽然一体,财产却各自分开,民法上有明文规定,臭男人岂可假装瞎子?夫不告而取,非盗即窃。至于贤妻大人信件,不仅私人财产,还是人格秘密,万一是男朋友来的情书,落入臭男人之手,马上就要天摇地动。故打之宜重,能把其尊牙打掉两个,更是普天同庆。

第十一条　臭男人每天回家,贤妻应全身抄查,如有可疑物件,如手帕、照片、口红印,或闻到香水唇膏之味,照胡子脸猛打三至三十嘴巴,罚跪一支烟,赃物丢入茅坑。

女法官曰:手帕三嘴巴即可,照片就得十嘴巴,香水严重,盖不挤挤擦擦,怎能传到身上?口红印更是可恨,至少也有三贴之嫌。视情况轻重,而定嘴巴数目,如打三十嘴巴仍不能解心头之恨,则本大法官自由心证,特许追加三十,共打六十嘴巴。

13. 更糟的处罚

第十二条　臭男人怕贤妻怕得要死,却翻过来猛吹贤妻怕他,照胡子脸猛打三嘴巴,扎别针三下,以出血为度,扎时臭男人不得乱喊哎哟。违者罚跪一支烟。

女法官曰：臭男人天生好高骛远，死要面子，在贤妻大人跟前，乖得像孙子，刚一转脸，就成了阎王爷，在人多的地方吹曰："哼，俺刚揍了老婆一顿！"足证尚未心服。用别针扎出鲜血，试其皮厚如何，扎时宜用全力，勿因哎哟之声，误动妇人之仁。

第十三条　臭男人被严密管束，跃跃欲动，心生奇计，一口咬定有人挑拨离间，造他谣言。故意耸动听闻，以便疏于防范。照胡子脸猛打五嘴巴，罚给贤妻洗脚。

女法官曰：明明一身毛病，却把责任往别人身上一推，此谓之死不认错；嫁祸于人，更是心狠手辣；好像贤妻不是大傻瓜，就是软耳朵。打后再罚，以儆效尤。

第十四条　臭男人跟亲友聊天，不准宣传太太短处。违者打胡子脸四嘴巴，处"无妻"徒刑二十天，罚喝洗脸水一茶盅。

女法官曰：臭男人自以为一肚委屈，见了亲戚朋友，就像小孩见了亲娘，看他吐苦水吧，贤妻是醋大王啦，脾气不好啦，好做衣服啦，喜欢打牌啦，甚至口不择言，说她丑人多作怪啦，等等等等，把贤妻大人说得一文不值，无非是争取同情，以便乘机叛变。使之喝喝吕宋汤，洗洗肠胃，清清虚火，谁曰不宜。

第十五条　凡遇贤妻差遣做事，不得推三推四，更不得先行开溜。违者照脚拐骨猛踢三高跟鞋，罚跪一支烟。

女法官曰：铺床叠被，端茶拿鞋，固然是臭男人的本分，就是叫臭男人上街买买香粉，四邻约约赌伴，也应欣然应命。贤妻还没张口叫他捶背哩，臭男人就直喊臂酸，贤妻还没把话说完哩，臭男人就忽然头痛。更有甚者，贤妻正在梳妆打扮，臭男人一瞧，知道要叫他陪她去拍卖行买貂皮大衣啦，先发制人，作恍然大悟状曰："啊呀，忘啦，忘啦，有个重要会议非马上参加不行。"既懒又吝，煞尽风景，踢三高跟鞋还算轻的。特加罚跪一支烟，以戒来兹。

第十六条　臭男人有几个臭钱，便自命不凡，风流自赏，在外另置香巢，跟野女人同居。照胡子脸猛打二十嘴巴，处"无妻"徒刑十年，褫夺夫权终身，房屋家具、衣服首饰，均没收入官。亲友知情不报,罚各喝洗脚水一茶盅。

女法官曰:臭男人有个情妇,零碎幽会,虽属大逆不道,但贤妻如果恩重如山,一定要原谅的话,也可原谅。竟然另筑碉堡,长期抗战,就恩绝义断,须服上刑。或亲或友,早已得知消息,却十足"德之贼也",既不肯通风报信,又不肯巧言暗示,甚至问到他头上,还假装糊涂曰:"不知道呀!"不过欲博忠厚之名,忍看黑帽横飞,典型乡愿,要这种亲友干啥?

第十七条　臭男人有事离家,须先行奉准,方可出门,如抽冷子脚底抹油,照胡子脸猛打三嘴巴,处"无妻"徒刑一月。

女法官曰:士兵私出营房,有军法审判,丈夫私出家门,自应家法问罪。好容易熬个星期例假,丈夫不在家中从事家务,洗衣抱娃,却毫无心肝,云游四方,真是贱而又贱。如确有要事,应检具开会通知单、出差证明等等文件,送请贤妻大人批准。外出后更应随时报告行止,以便循声查勤。不此之图,来个一晃就不见啦,准跟野女人干不可告人之事,任其百般分辩,全当耳旁之风,照罚不误。

第十八条　凡卧房里的节目,不得跟外人谈论。如违照胡子脸猛打五嘴巴,处"无妻"徒刑五年,褫夺夫权终身。

女法官曰:夫妻在卧房之内,一时心血来潮,啥花样都有,只能自己欣赏,岂可公诸大众。一旦把床上功夫都和盘托出,真是他妈的兼婊子养的,这种臭男人乃半吊子之辈,智力商数徘徊在十至十五之间。嫁了这种丈夫,也算三生倒霉,如不赶紧把小包袱一卷,丢人砸锅的事,还在后头哩。

第十九条　臭男人下班回家,或应酬归来,贤妻如有查问,应一五一十,据实招供,不准隐瞒。违者照胡子脸猛打五嘴巴,罚喝洗手水一茶盅。

女法官曰:女人天性多疑,男人天生多贱。臭男人在外应酬,谁晓得他搞些啥子名堂,本是狗皮倒灶,却编得天花乱坠,经贤妻大人三查四问,寻根追底,用不了三分钟,就漏洞百出啦。如想不挨嘴巴而又不喝洗手水,唯有洁身自好,老实到底。

第二十条　贤妻从远地返家，臭男人应伫立机场车站，等候芳驾，不得借口“表慢啦”、“没有接到你的信呀”，有所延误。等候期间，应眼观鼻，鼻观心，不得乱看女人，更不得面露不耐烦之色。违者照胡子脸猛打五嘴巴，处“无妻”徒刑三天。

女法官曰：贤妻大人爱夫心切，恨不得插翅飞回，来一个小别胜新婚，不料臭男人忘恩负义，疏情寡恩，竟认为大祸临头，能躲就躲，能溜就溜，真是蛇蝎其心，略施家法，以表天理。

14. 跪及其他

第二十一条　贤妻偶尔动极思静，枕畔灯前，做做针线，织织毛衣，读读小说，看看电视，听听收音机，臭男人须兴高采烈，在旁陪伴，不得直打呵欠，更不得倒头便睡。违者照胡子脸猛打三嘴巴，罚跪一支烟。如属真病，缓刑两月。

女法官曰：贤妻既没有去跳舞，又没有去打牌，更没有东串门西串门。而静若处女，挑灯辛苦，真是贤而且慧，几世修来。有此佳偶，臭男人不但不杀身图报，反而辜负良宵，一朵鲜花插到牛粪上，对这一堆牛粪，有啥客气的。如说有病，应呈缴公立医院诊断证明书凭核。

第二十二条　臭男人在外交游，只准交正人君子，不准交酒肉朋友，更不准狐群狗党，花天酒地。违者照胡子脸猛打三嘴巴。

女法官曰：俗不云乎：“在家靠父母，出门靠朋友。”交朋友当然应交朋友，但不能交酒肉朋友，更不能交狐群狗党。文人酸且儒，无事时拍胸脯，有事时先绝交，少交为宜。商人俗且贪，一脑筋都是算盘，钱在人情在，钱完人情完，也少交为宜。官场之人势利眼，拿出赤胆忠心，他还以为你巴结他哩，更属不可来往。其他若柏杨先生者流,有名的老不正经,见人就想借钱,更应严重戒备。丈夫者,妻子的长期饭票也,能不爱护交加,随时纠正,以免误入歧途,而保继续有效哉?

第二十三条　臭男人因工作关系,必须与其他女人打交道,则应面目严肃,态度端庄,不得牵衣拽袖,摸头摸手,更不得效法洋派,打屁股揩油。违者照胡子脸打十嘴巴,罚钻戒一只。

女法官曰:臭男人一直在男人圈中谋生,算是贤妻祖宗有德,不幸当了导演演员,或不幸当了舞女领班,女车掌管理员,左也女人,右也女人。或者当了医生,护士小姐如朵朵鲜花,围着他阁下承望颜色。呜呼,猫临鼠穴,狗卧鱼砧,臭男人借口活泼幽默,以表风流潇洒,久而久之,花样出矣。宜用严刑,以期阻吓。

第二十四条　臭男人聚在一起,不得对女人评头论足,更不准言出无状,使用黄色名词。违者照胡子脸猛打三嘴巴,罚睡地板三天。

女法官曰:臭男人见面,说不了三句,一定谈到女人,只要一谈女人,立刻就神姿焕发,眉飞色舞。某小姐乳房有多大啦,某太太有多骚啦,某小姐跟他三贴过啦,某太太有几个姘头啦。说到紧张之处,还手脚齐上,东比西画,不但下流,而且言为心声,可能乱生主意。必须随时严加管束,才能防止黑杏出墙。

第二十五条　凡贤妻身体不适,害了大小之病,或躺床不起,闭门修养;或哎哟哎哟,进了医院;臭男人应不分昼夜,在侧照料,并奴颜承欢,说些趣事,博取一笑。违者照胡子脸猛打五嘴巴,处"无妻"徒刑一年。

女法官曰:想当初臭男人猛求猛追,女朋友一声咳嗽,他就急得乱蹦乱跳,女朋友偶尔卧病,他就如丧考妣。结婚之后,却人心大变,一看贤妻朕躬违和,就认为天下就要大赦,任凭她阁下一人,孤苦伶仃,辗转反侧。思及前情,能不人神共愤乎?

第二十六条　臭男人为贤妻买东西,应挑选最最上等质料,不得以次货塞责。违者照胡子脸打三嘴巴,重新再买。

女法官曰:臭男人给女朋友、野女人买东西时,唯恐花钱太少,不够精致,其英勇大方,好像钢铁大王就是他爹。可是为了贤妻,却花一文都心痛半天。呜呼,妻子漂亮,丈夫光彩,妻子成了黄脸婆,丈夫岂不含羞难当,连这种道理都不懂,自应打之,以使开窍。

第二十七条　贤妻柔情蜜意,赠送丈夫的礼物,若手帕焉,若手表焉,若袖扣焉,若领带夹焉,若其他等等焉,应严重保管,不准遗失,更不准送人。违者照胡子脸猛打五嘴巴,罚跪一支烟,原物追回。接受礼物之人,罚喝洗澡水一茶盅。

女法官曰:贤妻爱夫心切,才有此赠,臭男人不知珍惜,转送他人,真是拿珍珠喂猪,对猪还有啥客气的。受礼之人连带处罚,乃是恢复古代瓜蔓抄之刑,以求杀一儆百。后生女娃,以后遇到臭男人赠送礼物时,务必问个仔细,如果来历不明,千万婉拒,否则洗澡水就要下肚,不可辩称不知者不罪也。

第二十八条　贤妻生日,臭男人应谨记在心,两月之前,就应积极筹备,送礼宜厚,贺情宜切。违者照胡子脸猛打三嘴巴,罚大型蛋糕一个,碧玉戒指一只,纯金手镯一对,耳环一双,项链一条,陪跳舞或陪看电影三次。

女法官曰:贤妻越是要你忘了她的生日,你就越不可忘;越是不要你普天同庆,你就越要普天同庆,才能合其心意。臭男人志大心粗,恍恍惚惚,竟然当成真的,那是土产地瓜兼阿木林;或为了节省几个屁钱,打马虎眼假装忘啦,更是存心不良,罪不容诛。

第二十九条　贤妻如另谋高就,提出离婚,臭男人应长跪哀求,三日后仍无法挽回芳心,应面露笑容,欣然同意,不得恶言相加,亦不得稍打折扣。违者照胡子脸猛打一百嘴巴,罚喝巴拉松一茶盅。

女法官曰:二十世纪以来,男女平等,男的固可富易妻,女的当然也可美易夫。呜呼,一个臭男人连贤妻的芳心都抓不住,一定毛病丛生,不可救药。贤妻主意既定,自应兴高采烈,恭送飞往别枝。如贤妻要带孩子啦,分财产啦,均应满口应允。不此之图,反而做出可怜兮兮之状,以博取廉价同情,或露出凶相,这也不肯,那也不舍,存心妨碍贤妻光明前途。这种臭男人要他干啥,立诛不贷。

第三十条　贤妻不幸驾返瑶池——那就是说，死啦。丈夫应悲从心来，以头撞墙，流血五斗，终身不得再娶，更不得交女朋友，就是乱看女人都不行。违者照胡子脸猛打一百嘴巴，处"无妻"徒刑终身，褫夺夫权一辈子，发交柏杨先生尊府为奴。

女法官曰：贤妻在世时，臭男人海誓山盟，甜言蜜语，说没有她他就不能活，结果没有她啦，他不但照样活，还活得更有意思哩。真乃公开诈欺，人格扫地，势将引诱良家父老，纷入歧途，诚害群之马也。重责之后，罚使终身为奴，以为不忠不义者戒。

新家法到此为止。有几位读者老爷来信，要瞧瞧《芙蓉外史》的《闺律》，这几位大概对"古"很有好感，而且看语调似乎还疑心柏杨先生拿着别人的金往自己脸上贴，要捉贼捉赃啦。呜呼，在《红袖集》上，我老人家介绍过《妒律》；在《越帮越忙集》上，我老人家介绍过《棋律》，从没碰到这么门缝看人的。想不到人心大变，用手指直往脓包上戳。问题是，如果真的再照抄一遍，前已言之，编者老爷的脸色难看，而且说不定叫我老人家卷铺盖。柏杨先生宁可丢人砸锅，也不肯自敲饭碗。所以决定不再抄啦，等专书出版时，当作为附录刊出，敬请参观。

不过，无论是古闺律也好，今家法也好，都是"怕太太律"，跟《妒律》针锋相对。在《妒律》之下，当贤妻的惨矣。而在《闺律》、"家法"之下，臭男人真是求生不得，求死不能。一旦真有这么一天，横行天下，全体人类共遵共守，则太太小姐真能欢喜得像吃了屁豆。

15. 前途有限·回头无岸

音乐家和拳王是两个典型，一个典型"吾善养吾浩然之气"，深刻地了解自己的才智有限。所谓声誉也者，只能锦上添花，不能雪里送炭。另一个典型则是被错误的自信心,活生生地压扁——他阁下虽然有意退休,但抬轿的朋友不让他下轿,就又恍兮惚兮地觉得自己名副其实地真伟大呀!

柏杨先生的智力商数,据正史上说,高达四百零八,对这种道理,真是懂得既透又彻。呜呼,七年以来,天天努力爬格纸,出版了二十二本大作,一本大作平均十二万字的话,也二百六十二万字。不要说一个活人,肚子里的本钱有限,纵是一口水井,也抽干矣。必须等上若干时日,等到水慢慢涌满时才能再抽,甚至还得再凿个泉源才能再抽,否则的话,抽着抽着,抽出的就是泥浆;如果仍不服气,认为只要勇气百倍就行,那么立竿见影,恐怕抽出来的就是臭狗屎矣。届时读者老爷一拳捣到心窝上,那才叫惨不忍看。

然而问题也就发生在这里,音乐家躲起来,苦苦修炼,当然妙不可言,可是,他却必须有一个大前提,那就是,他口袋里一定装着足够他躲起来的银子,使他在躲起来的漫长岁月中,不致肚子咕噜咕噜乱叫。如果他跟柏杨先生一样,一个月不爬格纸就饿得两眼发黑,他恐怕无法躲起来,早跑出来猛唱矣。明知跑出来非糟不可,也只有任凭它糟。盖与其当时饿死,宁可过一天算一天,三年后再饿死也。

古时候读书人,大多数都有三间破屋,十亩旱田,即令衣不蔽体,总可维持肚子不瘪。可是现在光景全非,一天不折腾,就一天没钱买米下锅。不是去年就是前年,曾有读者老爷来信劝我不要写啦,当时曾据实招供,在我们这个低待遇政策的社会,十年猛写不富,一天不写便穷。这种穷可是真穷——乃一种绝望的穷,永难翻身的穷。三十元一千字是十五年前的老价钱,万物都涨,只稿费没涨,一天三十元,一月不过九百元,阁下知道台北第五街商店的皮鞋乎?九百元不够买一双的。用一双皮鞋的钱养家活口,不要说再过几年,老得提不动笔啦,就是现在正在"高潮",万一隆重地害上一场大病,连个医院都抬不进去,真是前途有限,回头无岸,哀哉,哀哉!

敝老头有时候急啦,也曾想抢一次银行。可是抢银行也不简单,第一得有一把枪,第二得胆大如斗,这两件我都不沾边。其次则只好努力买爱国奖券，不过青年守则"有恒为成功之本"，对买爱国奖券可用不上。柏杨先生真是买爱国奖券大王，数十年如一日，结果所有的银子全爱了国，大概晦运一直不退之故，剩下的唯一生路，就只有写写杂文矣。

好啦，吐了这么多苦水，只是盼望各位读者老爷慈悲为怀，遇到泥浆太多，或连臭狗屎都端到桌面上，千万担待。实在憋不住心头之气，非踢不可，千万请往墙头上踢，别往我老人家屁股上踢，踢得急啦，我可要发泼。

嘉义县县长何茂取先生，最近曾在嘉义县政府，把他的贤妻张花女士揍了一顿，成了报纸上的花边新闻。经过情形，好像是张花女士到县政府找她的丈夫，三言两句，就大吵特吵，吵的结果是从楼上打到楼下。张花女士带着光荣的伤——两条腿上的白绷带，到法院告她丈夫伤害。何茂取先生当仁不让，扬言也要告她，告她妨害公务。这场官司经过亲友劝解，现在还没有打成，可能也就拉倒。否则的话，夫妻二人，分别坐在班房里，流泪眼望流泪眼，断肠人看断肠人，这出戏就唱得更热闹矣。

何茂取先生暨夫人，是老夫老妻啦，为了啥事升格到热战，我们不知道，也不打算知道。盖清官难断家务事，局外人乱插嘴，反而使家务事更为复杂。我们这么说可不是"德之贼也"，难道夫妇间要往碗里下巴拉松啦，局外人也要袖手旁观乎？不要说到了下巴拉松，便是到了非离婚不可，局外人也以参加进去为宜，免得他们闹得像摔到石板上的一摊鸡蛋。我们只是说，普普通通的家务小小纠纷，还是让他们自行解决，事实上他们也会自行解决。吾友林番王先生当基隆市长的时候，林夫人曾狠狠地折腾了一阵，据说其中有政治因素，是不是如此，是另一个问题，但等到林夫人恍然大悟，把局外人都赶出大门，他们的家务也跟着风平浪静矣。所以我们对何茂取先生的家务没意见，而只对他阁下打太太，而且从楼上打到楼下有意见。

1941 年春天，柏杨先生在彰化某国民学堂当教导主任，有位同事，平常文质彬彬，人缘很好。可是一天中午，他太太给他送便当，不知道为了啥，就在走廊上，他阁下扬起尊手，照他太太脸上，就是一耳光，其声清脆，十分悦耳。等到大家把头伸出窗子观光时，他大概觉得良机难再，就又给了他太太第二个耳光。打太太已经很威武啦，而更威武的还是他太太，竟然毕恭毕敬站在那里，像呆头鹅一样任凭他打。当下惹起了公愤，大家一拥而出，就要开揍，如果不是他跑得比兔子都快，我想至少要躺到医院里哼上三天。

有人说这种打太太的节目是日本文化的遗毒，大概虽不中不远矣。日本是一个有高度文明的国家，处处值得效法，偏在这一点上差劲，真使人抱歉。盖日本文化中，女人没有独立人格，也没有受人尊重的人权，所以当一个日本臭男人，真是金不换。丈夫回家，妻子和女儿，像两个马上就要砍头的囚犯，妈妈在前，女儿在后，一字长蛇阵，可怜兮兮，跪在玄关。伺候已毕，然后再鬼鬼祟祟，用小碎步跑到房门，重新下跪，伺候到底。可是男孩子却不在一跪二跪之列，好像当权派皇帝，连老娘都得看他的颜色。臭男人如果一高兴，把妓女小姐带回家，太太连脸色都不改变。在这种情形下，丈夫打太太两个耳光，简直比打两个喷嚏还稀松平常，大家一窝蜂要揍那个教习先生，不过土豹子罢啦。

16. 文明与野蛮的分野

俗不云乎："文明人怕太太，野蛮人打太太。"夫文明也好，野蛮也好，跟知识水平无关。有些人连三角代数都懂，参加考试时，每一次都考第一名，但他的人生境界可能连最末名也坐不上。何茂取先生贵为一县之长，而且又是一位以救人为口号的医生老爷，要说他没知识，恐怕得吃诽谤官司；但他却在大庭广众之下，对太太张牙舞爪，这就叫我们难以为他分类啦。

“打”本身就是一种兽性的冲动,属于拜拳主义,认为拳头可以解决一切。偏偏拳头有时候真能解决一切,遇到有理说不通的家伙,一顿臭揍,也能天下太平。不过问题是,在大多数情形下,它往往只能使自己出一口后患无穷的气——把仇人踢倒地下,揍得他直喊你祖宗,当然浑身舒泰,不过事情能到此为止乎哉?美国黑社会初出道的小子,最向往的场面是,一手执枪,一手驾车,风掣电驰,跟三作牌血战三百回合。盖那既够威风,又够刺激,大丈夫当如是也。可是真正的大头目,却从不干这一套,危急时宁可被生擒活捉,而在法律条文中拯救自己。盖血的经验增加了他的智慧,无论啥事,一旦只求一时威风和一时刺激,准招来更难缠的灾祸。

太太打不得,不是说女人真是有福啦,怎么翻斤斗都不会吃瘪。柏杨先生倒是主张真到不可开交时,打打也无妨。不过,这话可不是开会时的话,而只是关着门时的话,不足为外人道也,你要是想破坏我的英名,宣传我说过这种话,我可有官崽之风,发誓说我没有说过。但要打也只能在没有外人在场的时候打,而且也只能打三围中的一围——屁股,而且也不得超过三巴掌,超过三巴掌就是犯上作乱,人人得而诛之。何茂取先生打了太太啥地方,不得而知。但彰化那个学堂教习,却是打他太太脸的,今天想起来仍憋不住要念台湾省骂三字经。呜呼,有一天你阁下要打我老人家(当然,最好别打),打到腰窝上,多年老友,我就奉送。可是你如果打我的尊脸,我可要咒你长疔疮。尤其是太太小姐,玉脸是最最贵重之处,摸一下都不行,而擅自打之,不仅是一种痛苦,也是一种侮辱,非没个完不可。

柏杨先生说不可打太太,不是哗众取宠,希望全国太太联谊会给我献一面锦旗,而是男女的体力太不平衡啦。洋大人赛拳,有重量级、中量级、轻量级之分,盖英雄好汉,刀下不死无名之鬼,要打就得找同分量的对手打。我老人家如果一朝发出神威,把巷口卖西瓜老板的那个八岁小子打得奄奄一息,你能歌颂我大无畏乎哉?专门找软柿子捏的朋友,只不过下三滥罢啦。——我可不是说何茂取先生是下三滥,而只是说打太太是下三滥。

张花女士闹到县政府,对不对是另一个问题,何茂取先生显然的认为她伤害了他的尊严。不过,一个丈夫似乎不能靠拳头来保卫他的尊严,而必须还靠点别的,一旦堕落到非用暴力不可,他的尊严也就没有啦,而且越打越没有。

重量级选手应找重量级选手打,轻量级选手应找轻量级选手打,男人应找男人打,县长应找议长打,输啦也不丢人,赢啦才够光荣。如果重量级找巷口那个卖西瓜的老汉打,轻量级找三个月的婴儿打,臭男人找太太小姐打,县长找囚犯打,便是打赢啦,又如何哉?何茂取先生不要说把他太太从楼上打到楼下,就是从楼下打到楼上,他祖坟也不会欢声雷动。上帝当初造人,把女人的力气造得奇弱,实在小家子气,但这种体力上的差异,上帝却用臭男人的爱心去填补,也用人类所独有的"教养"去填补。不能像狗先生一样,管你是不是狗太太狗小姐,只要你衔了一根骨头,它就汪汪汪汪地猛抢。呜呼,男人强壮的胳膊是用来保护太太的焉,不是用来打太太的焉,人之异于禽兽者,其分际在此——人不打太太,禽兽打太太。

前些时有位发了洋财的朋友请我老人家到观光饭店开眼界,只见台上美女林立,正在表演叠罗汉。一位千娇百媚站在台子中央,左手一个人,右手一个人,左膝一个人,右膝一个人,左肩一个人,右肩一个人,头上一个人,玉口咬着一根铜棒,棒上又是一个人。这还不算,她还像被孙悟空先生念了咒,在团团转哩。看得我直出冷汗,朋友曰:"柏老,你怕她们跌下来砸着你的头呀?"非也,而是我忽然想起,谁要是娶了该千娇百媚,可得小心小心,要是一言不合,不要说打她啦,她只要一动脚,臭男人恐怕都得从楼上滚到楼下,再从楼下滚到楼上。柏杨先生之反对乱打,实在是深谋远虑,最近太太小姐们学习柔道的风气甚为流行,主要的目的是防备色狼朋友。有些急吼吼的角色,专欺暗室,一瞧四下无人,节目就出来啦。想不到太太小姐柔道九段,还没近身哩,只听忽冬一声,小子已狗吃屎,连门牙都跌掉两个。不过柔道固然防备色狼,其副作用可能会放射到丈夫身上,当丈夫的如果天天头肿脸青,哭哭啼啼到警察局告状,未免有点太煞风景。所以严格规定不准乱打,也是防患未然之道。

打太太如果是日本文化遗毒的话,这遗毒现在也到了末梢,老一辈人受的日本教育,一时溶解不开,打也就打啦。而年轻一代受的是西洋民主教育,中国社会虽然千疮百孔,可是却有一个优点,硬是不流行打太太的焉,等到年轻的这一代老了之后,当可为后生小子立下一个好榜样也。

不过,就是在日本,臭男人的黄金时代也过去矣,随着大东亚共荣圈一去不复返矣。盟国占领军——实际上只是美国占领军,给日本输入了正统的民主。这民主包括把天皇从神降到人,和赋给日本一部反战的宪法。但这些将来都有可能乱变的,过了些时,来个天摇地动,可能天皇又变成了神,宪法又变成了黩武的矣。只有一点却是深入人心,成了生活内容,难以乱变的,那就是,日本女人和日本女孩子,已获得了独立人格,和自觉的人权尊严。臭男人就是刚抬起手,太太小姐就会暴跳如雷,无怪老一辈的日本同胞,一个个气得翘八字胡。

17. 邓太太脱裤子

世界上所有的国家都有怕老婆的故事,只日本没有,这应是日本人最大的羞辱。好在这最大的羞辱,随着光荣的"终战",逐渐消除啦。呜呼,险哉,如果第二次世界大战时日本打了胜仗,他们那种打太太的文化实行于中国,宏扬于世界,臭男人真是一步登上青云。报上说,每逢广岛挨炸的那一天,日本人都要游行示威,表示恨透了原子弹老板美国佬,示威群众中,妇女占了一半。想起来这些死女人真是忘恩负义,如果不是美利坚那么一炸,她们能有今天这种穿着迷你裙东跑西跑的场面乎?早被男人抓回,关到厨房里做"杀其米"

去啦。

日本人也是死要面子，明明被盟军打得口吐鲜血，倒地不起，哀哀上告，“无条件投降”的，却偏硬着嘴叫“终战”。好像妓女不叫妓女，叫花姑娘一样，脸上磨不开而已焉。尤其不好意思的是，“无条件投降”口号，还是日本老爷提出的，想当初，山下奉文先生率领皇军百万下南洋，围攻新加坡，就向英军发出无条件投降通牒。那种小人得志嘴脸，真可以用油画画下来。想不到时运不济，不到三年，就颠之倒之。嗟夫，一个人做事彻底是对的，但嘴脸千万不可太绝，太绝啦就会自己入瓮，而由别人瓮中捉鳖。

张花女士跑到县衙门找丈夫的麻烦，可能她以为她丈夫受过高等教育，一定会像别的受过高等教育的朋友一样，怕她一怕；即令不怕，总不致龇牙咧嘴吧，结果使她大大地吃了一惊。这说明她虽跟丈夫过了一辈子，对他仍判断错误，判断错误就得付出判断错误的代价，那就是从楼上打到楼下，身负内外之伤。她阁下挨了打，我们同情她。她阁下判断错误，我们也同情她。但她认为丈夫怕她就可找到丈夫必须维持尊严的地方去伤害他的尊严，我们就不同情她啦。

有一种太太，却是颇善于这一套的，四川大军阀邓锡侯先生，就对他那位麻子脸太太怕得要命。有一天，太太大人听说他在外面有一个如花似玉的情妇，这还得了，立刻率领娘子军，飞奔前往。邓锡侯先生一听说太太驾到，吓得紧闭辕门，下令卫兵，不准任何人进去。好吧，麻子脸太太一跳多高，拉开嗓门，啥脏话都骂了出来，骂到最后，还要脱裤子，叫他比比她比那小老婆哪一点差。邓锡侯先生的部下，那些师长团长参谋长者流，急忙到辕门外死劝活劝，才算没表演特技，但裤带已解开了矣。

这个故事有启发性，太太小姐们恐怕最欣赏啦。当然不是欣赏她脱裤子，而是欣赏她竟能把丈夫像捏面条似的捏得如此服服帖帖。芳心一想，壮哉，玉手伏虎，老奶们当如是也。骂辕门似乎有点太野，为窈窕淑女所不取，但打打胡子脸，却非常文明，丈夫稍微有点不对，玉手一扬，就是一个耳光。

似乎每一个太太小姐都有打臭男人耳光的冲动,有些正在热恋中的女孩子,一往情深地望着臭男人的胡子脸,迷迷傻笑,真使旁观者又气又羡。但我老人家却颇为疑心她阁下目不转睛地那么直瞅,固然是爱他爱得发紧,但是不是也同时想找一个恰当位置,以便将来下巴掌欤?各位读者老爷见过刀斧手乎?老头可能见过,后生小子见过的恐怕不多。夫刀斧手者,刽子手也,这些时台北正上演英国历史剧《良相佐国》,就有刀斧手的场面。可怜的托马斯先生把肩膀伏到一个凹形的木墩上,刀斧手高举利斧,喀嚓一声,一代忠魂,径往西天。观众朋友看到这里,满场发出叹息。不过唯一不同的是,洋人砍头,是伏到木墩上,中国人砍头,却是颓然下跪;洋人砍头,用的是斧,中国人砍头,用的却是刀。呜呼,就在砍头这件奇遇上,外国的月亮就比中国圆,盖斧要重得多,伏着砍下,正对准脖子,万无一失。刀就有点轻飘飘的啦,而且横着削去,如果没有真实本领,一刀可能削到脑袋瓜上,也可能一刀削到背上,死者的痛苦就更大矣。古书上常有这种记载,没有砍中关节,而正砍中颈头,则立刻成了"锯人"的惨剧。所以死者的家属不得不含着眼泪,给刀斧手致送红包,求他一刀两断。否则的话,到时候给你砍下一半,下一半他就猛"锯",家属们只有泣血断肠矣。

所以中国的刀斧手必须有更严格更长期的训练,才能一刀正中关节。正因为如此,他的朋友就日渐减少。不是他连这种血淋淋的钱都要,大家瞧他不起,也不是嫌他这一行职业低贱,而是刀斧手跟你在一起,总是瞧你的脖子,端详端详啥地方可以下刀。有谁愿意当这种模特儿乎?这是一种职业兴趣的习惯反应,张铁嘴总是乱望气色,堪舆家总是乱看风水,柏杨先生见人总想开口借钱,柏玛丽小姐到街上总是站在玩具橱窗前不走,刀斧手则总是在计算你的脖子。凭良心说,也是一种研究发展精神。

太太小姐含情脉脉地直瞅臭男人的胡子脸,跟刀斧手直瞅别人光光的脖子,固异其曲而同其工。盖太太小姐对于照胡子脸上啪的一声飞过去一巴掌,实在是心向往之。没有机会,算该男人前世有德,一旦有了机会,则没有一个穿高跟鞋的会放过这种天赐良缘也。

18. 打耳光文化

女孩子打臭男人的胡子脸,完全是西洋文化,中国文化从没有听说过有这种干法的。盖中国的一套似比洋大人更为凶猛,不动手则已,动手就是“抓”。贵阁下听说过一则故事乎?一个小官,晚上被太太修理了一顿,弄得遍体鳞伤。遍体鳞伤没有关系,穿上衣服,谁也看不见,可是胡子脸横七竖八地鲜血淋淋,却无法弄个唐·吉诃德先生的头盔戴戴,只好露到外面,任人观光矣。该小官第二天一早,到大官那里听训,大官一瞧他阁下的模样,晓得他犯了家法,整人为快乐之本,就问曰:“老哥,你脸上怎么啦?”小官面红耳赤曰:“禀大人,昨晚在后花园乘凉,一不小心,葡萄架倒啦。”大官曰:“胡说,明明是你太太抓的,怎敢撒谎。阁下身为朝廷命官,帷薄不修,天乎,天乎,成何体统?”大官太太在后堂一听,老家伙又在装蒜,而且还对女人不敬,立即祖宗三代都骂了出来。大官颜色大变,急曰:“快走,快走,我家后花园的葡萄架也要倒啦。”

抓脸已经很糟,而且有时候还祸延考妣。我小时候在家乡读私塾,教习奇严。有一天,他脸上左也一道,右也一道,小学生不知道那是太太手指甲创下的奇迹,不禁瞪着眼直看,看得他老人家发了脾气,每人就赏了三戒尺。呜呼,当丈夫的如果有选择权的话,还是洋女人的巴掌好,至少比中国女人的指甲好,打耳光差不多一下就完,幸而没人在旁参观,臭男人嘴一硬,也就等于没有打,就是打肿啦,也可以捂着脸说牙痛。而抓上两条血痂,纵满身是口,都说不出啥来。

打耳光的文化大概是借着电影传入中土,君不见乎,男焉女焉,僵在那里,然后一扬玉掌,就是一记,一记下去,两个人马上又抱在一起继续恋爱。当然也有不抱在一起,翻脸翻得更彻底的。不过有一点却可以肯定,那就是,太太小姐打了胡子脸之后,如果她仍气冲斗牛,事情就有点麻烦;如果她忽然哭啦,事情就急转直下矣。胡子脸不但白挨,还得把积攒十八年的甜言蜜语从头念给她听,时运不济的,最后恐怕还得自动自发送给她一件貂皮大衣。

打耳光有如此妙用,真是令人神往。柏杨先生一直觉其中学问很大,吾友岳飞先生兵法上曰:“运用之妙,存乎一心!”就是指女人打胡子脸而言,打得好打得妙,可能打出貂皮大衣。打得不恰当,好像打到铁钉上,就有得她叫哩。

柏杨先生有个女学生,前年大学堂毕业,因为她生得沉鱼落雁,闭月羞花,所以还没有毕业就结了婚。(呜呼,一个漂亮小姐,要想不跳到臭男人给她摆的圈圈里,恐怕比登天都难。)丈夫也是个年轻之人,对她拱如珠宝,二人还去了一趟美利坚,除了电影上的印象外,大概又参观了实际演出,所以她阁下就好像害了鸡爪疯,动不动就掴她丈夫的胡子脸。有一次到她家串门,说着说着,为了一件蒜皮小事,辩起了嘴,她就来那么一下,该小子用手摸着五个指印,眼睛都气红啦。太太不但不心疼他,反而像挨了他的耳光似的,泣不成声曰:“老头呀,你得给我出气,自从结了婚,他算是追到手啦,就一直欺负我。”把我说得大惑不解,盖实在看不出他怎么欺负了她。这年头真是变啦,打了人还说人家欺负她。过了些时,她再来柏府,我就旧事重提,问她他怎么欺负她。不提还好,一提就触到她伤心之处,又泣不成声曰:“老头呀,您不知道,从前我打了他,他总是温声软语向我求情,求我原谅他宽恕他,有时候还要跪半天哩。可是那次他竟呆在那里不动,不是天翻啦是啥?臭男人没有一个是好东西。”我这个臭男人之一听啦,作贼心虚,不好深问,只安慰她曰:“我告辞之后,他说了点啥?”她曰:“他那天大概吃了豹子药,胆大起来,竟然说:‘我警告你,你以后可不准再当着人打我!’我说:‘偏打你怎么样?’他说:‘你再打我,我拔腿就跑。’老头,您看。”我曰:“小娃,我用不着看就知道,你已经面临着婚姻破裂的边缘。天造地设的一对美满良缘,要被你的玉手硬生生打碎矣。以后不要说当着别人打他，就是在闺房里打他，恐怕他都会拔腿就走。”

总算她阁下绝顶聪明，经我这么一指点，从那一天起，她就没再动过尊手，现在过得其乐融融。呜呼，这种行为似乎和基本理论有关，太太小姐芳心里总是存着一个“管”丈夫的念头，甚至更进一步地存着一个“改造”丈夫的念头，这两种念头，真是婚姻之癌。君不见太太小姐们聚在一起乎？发表起宏论，除了谈衣服、谈孩子，其次就是谈如何“管”她的丈夫（小姐还没结婚，就猛谈如何“管”她的男朋友），谈到紧张之处，面目严肃，连眼角的皱纹都能绷得比熨的还平。柏杨先生有一个最大的优点，那就是女人多的地方，总想挤过去插一脚。有一次就听到一位太太正色告群众曰：“我早就叫他不要干科长啦，那有啥好，钱没弄到钱，却受不完的闲气，而且忙得跟孙子一样，日夜不在家。这一次我可下了决心，叫他调个专门委员。”其言甚厉，好像丈夫是用尿泥做的，捏在她手心里，她想怎么捏就怎么捏。

19. 管砸了锅

该太太的这番言论，有两个可能，一个可能是她闭着眼吹大牛，以便别的死女人向她肃然起敬，实际上她见了老公连咳嗽都不敢。另一个可能是她那一套竟然是真的，则她丈夫准是一个没有出息的脓包。盖无论如何，太太小姐的天地要狭小得多，即令她也在社会上做事，因为她是女人之故，同事也好，长官也好，多半都让她三分——不让她恐怕不行，稍不小心，说了一句重一点的话，她当时就会给你来一个一树梨花春带雨。流泪还不算，简直连鼻涕都会流出来。只有臭男人是天生的受罪命，要形单影只地对抗整个乱七八糟，啥花样都有的世界,挨打受气,一样也摆不脱。不能忍也得忍,不能受也得受,责任较重,眼界也较宽。给他自由,还可能熬出点苗头,一旦落到太太手心,近忧远愁,一齐而来,一辈子恐怕要窝囊到底,要想搞出点名堂,只好等下辈子啦。

臭男人爱太太爱得晕头转向,当然可敬,但爱并不就是把小辫子交到太太玉手里,听凭她揪来揪去。凡是听凭太太揪来揪去的男人,他跟社会就有一段距离,甚至可能成为一个社会上不受欢迎的人物。——过度怕太太,他不但没有事业,也没有朋友。十年之前,台北上演过一部电影,不知道读者老爷看过没有,片名大概叫《女人世界》(时间太久,已记不清啦)。美国某大公司的总公司,要遴选一个总经理,董事长就把四位有资格的分公司经理,连同妻子,一齐请到纽约。这四个分公司经理,论人品,论能力,担任总公司总经理的职位,绰绰有余,但董事长却要看看他们的妻子。

四对夫妇先后到达,各有各的镜头。甲太太思乡心切,对纽约那种热闹哄哄的气象,过不惯也受不了,可是为了丈夫的事业,不得不前来助阵。乙太太是分了居的,也是为了丈夫的事业,不得不亲亲热热假装没分居,盖丈夫一旦升了官,将来离婚时就可多弄到一笔赡养费。丙太太是个美丽的骚货,对总经理宝座,想得死去活来,于是用出女人特有的绝技,在个别谈话时,趁着没人,搂着董事长就亲个嘴,嗲声嗲气,非叫老头提拔她丈夫不可,并且还暗示说,如果她能来纽约,好处还在后头哩。丁太太是个呆头鹅,董事长问她意见,她曰:“我没有意见,他的事一向由他自己决定。”

结果是丁先生当选啦。甲太太心里暗自高兴,乙太太也无所谓,只丙太太气得直啐。董事长下的评论是,甲太太过于依恋故乡,她丈夫在纽约准安不下心。乙太太目的只是钱,她丈夫仅只应付她都来不及。丙太太是个危险人物,对她丈夫的事处处都要插上一腿,这个幕后人物会把她丈夫的事业搞得乌烟瘴气,后患无穷。而丁太太完全信托她的丈夫,丁先生在她那里,得到的是鼓励和安宁,可以专心专意对外。

我们介绍这些，不是存心不良，奉劝天下的太太小姐都当呆头鹅。电影人物都是典型的，所以特别强调丁太太对丈夫百依百随，好像丈夫只要把刀一举，她立刻就伸脖子。纵然在中国，也难找到这种古老的三从四德，更别说女权猖獗的美利坚矣。更重要的是，如果世界上真的有这种古老的三从四德，一个稍微有点灵性的人，也不见得会欣赏她。

这个影片给人很大的启示：当妻子就是当妻子，千万别升级到想当他的娘，连丈夫拉屎时龇龇牙都管。就是前面那位宣称要勒令她丈夫辞掉科长的太太，在做结论的时候，还一扬眉尾，用一种别人不得不信服的声调曰："哎呀，凭天地良心，人人都说我有帮夫命！我们结婚时，他还是个小科员哩。"这一次别人起敬了没有，我不知道，我只知道我老人家可没有起敬。不必调查户口，仅就她阁下那张嘴，她就没有帮夫命，一定要有的话，也只有败夫命。她那位倒霉的丈夫，如果不跟她结婚，说不定早当部长啦。

无论如何，"管"不是"爱"。有些太太小姐发起娘威时，就对臭男人吼曰："我爱你才管你，瞧那个柏杨糟老头，他死到茅坑里我都不管，他爬到地下求我管我都不管。"在这种正确的逻辑兼哲学之下，臭男人真是张口结舌，有苦难言。呜呼，"爱"固然包括"管"，但"管"不一定就是"爱"，尤其过分的管，那是出自顽强的自私和顽强的虚骄，自己先洋洋得意，过了瘾再说，后果就顾不得啦。

有则故事，似乎介绍过，一位如花似玉结婚前夕，她办公室的一位半老徐娘，助人为快乐之本，自动自发向她指示机宜曰："小妹，我是过来人，咱们又是知心朋友，有些话得告诉你，免得你将来吃亏。男人呀，没有一个是正经货，全是贱骨头，你一定要好好地管他。每月把薪水全部收过来，不要他身上有钱，臭男人身上一有钱，就会胡思乱想。每天规定他啥时候回家，超过时间就跟他闹，不能养成他迟归的习惯，一养成他以后可能在外边混到天亮。不准他在办公室跟女同事嘻嘻哈哈，打电话打到家里，听是女人腔，就警告她以后别瞎缠你的丈夫，你知道狐狸精可多得很哩。衬衫一个星期换一次足够啦,把他弄得脏兮兮的,就没女人理他。你未婚夫吸烟不吸烟?哎哟,他吸烟,这还得了,叫他戒烟,既省钱又免得害砍杀尔!还有喝酒,喝一点点?他准骗你,有一点点就有两点点,有两点点就有三点点,看他一喝就是十瓶吧,注意啦,一点点也不准他喝。打牌更别谈,你要一开始就训练他听话,管得越严越好。我在结婚的那一天,就是这么跟他规定的。"如花似玉曰:"你真有一手,你丈夫现在一定养得又白又胖。"半老徐娘呆了半晌,口才马上变得不灵光,结结巴巴曰:"不知道,他那天跺脚就走,二十年没看见他啦。"

20.《龙门客栈》

柏杨先生所以不看中国片,主要的是受不了中国片的"瘟",不但电影如此,话剧更是如此。各位读者老爷如果心脏正常,不妨看看台湾电视公司的"国语电视剧",定可看出不少见识,实在是废话多,废动作多,装腔作势多,哭多,笑多,发表宣言多,登台致训词多。非常抱歉,我们只能原则上这么说,可不能举例,盖举例有挨揍的危机。而且这也不是某一个剧的毛病,而是所有剧的毛病。一个剧少则三十分钟,多则一个小时,在这短得要命的时间,要浓缩出一个主题,应该是要紧的话都说不完才对,怎么都想不通哪里来那么多不着边际的话,和哪里来那么多拖泥带水的动作。一伙男女挤在一起,念的是台词,走的是台步,一看就知道他们在那里演戏。而且还得随时随地提防他们哭,该一伙男女,演着演着,呜呜呜呜,就是一阵。任何一部电影和任何一场话剧,半小时的剧也好,一小时的剧也好,如果没有三场小哭加一场大哭,我就当场掏一块钱给你,管我输啦。一个感冒患者鼻孔一痒,就是一个喷嚏;中国片和中国话剧,也有这种一痒,不过不是鼻孔一痒,而是心里一痒。只要心里那么一痒,就是一场掩面号啕。我老人家真想建议即将开张的"文化局",最好组织一个巡逻队,到各戏院巡逻,看见谁在台上瞎哭,就揪下来一顿嘴巴。

除了哭,还有笑。笑也是绝症,尤其是表演得意的节目时,就好像吃了笑豆,除了京戏式的呵呵呵呵之外,别无他技。我老人家每次看到演员老爷这种努力大笑(也有嘿嘿嘿嘿京戏式冷笑的焉,其叫人背皮发紧则一也),就不禁想起亲爱的阿花先生。阿花先生乃柏府养的尊狗。盖狗先生对任何刺激,反应都只有一种:汪汪汪汪。中国电影和中国话剧上得意时的反应,似乎也只有呵呵呵呵一种,这是不长进乎?抑有心跟观众过不去,要把观众气死乎?我老人家又要建议文化局,如果采纳了我老人家的意见,成立了巡逻队,于纠察瞎哭之际,顺便也瞧瞧有没有谁在那里瞎笑的,遇到时也应揪下来一顿嘴巴。

还有一点,中国电影的武打片,可以说最糟的一环,夫黄种人的骨骼,天生的没有白种人的骨骼壮伟。再加上后天失调,不脱上衣还好,一脱上衣,露出异军突起的排骨,实在我见犹怜。打起架来,从头到尾一套婆娘拳,如果都用刀枪剑戟,那就更丢人丢到流沙河,京戏上那种哐哐哐哐锣声震天的架势出了笼。后来也有些力求进步的朋友,于是日本那一套搬了家。这种电影,我就宁可当亡国奴兼卖国贼,也不一看,谁要请我看,我就恨他一辈子。

当初看《龙门客栈》,就是怀着这种心情的,不过古人舍命陪君子,柏老则舍命陪小孙女罢啦。想不到看了一半,就颇觉得出乎意外,看到了底,就更觉得出乎意外得厉害。先把结论写在前面,该片实在是一部使反中国片朋友刮目相待的中国片。这几天见了朋友,就向他们纷纷推荐,有的点头如雨,认为我老人家的话还会有错?有的则胸有成竹曰:"柏老,柏老,任你把舌头说出老茧来,俺也不看。"这我就木法度矣。不过我倒建议胸有成竹的朋友,全当自己是迷途的羔羊,走错了路,走到了正在上演《龙门客栈》的电影院,看过后如果仍不满意,就请光临柏门,凭票根退钱。(这可得凭良心,心里说好而尊嘴硬说不好,存心叫我老人家破产,就要天殛之,天殛之。)

柏杨先生平生最爱看武打片,其次侦探片,其次战争片,其次神怪片,其次……说实在的,就没有其次啦,除非山穷水尽,大祸临头,绝不看文艺片,尤其是不看悲剧。有学问之人常亮出亚里士多德先生的招牌,说悲剧中有一种喜感,但我可实在是喜不出来。所以我说《龙门客栈》好,只是按我老人家自己的标准。

《龙门客栈》有最高的娱乐价值,打起来不但天昏地暗,也花样翻新,见所未见,闻所未闻,可以说是中国的007。主要的是不落俗套,全片没有一分钟冷场,这都是中国片从没有过的。呜呼,不落俗套和没有冷场,说起来比放屁都容易,真正的做起来可就难矣。不要说中国片,每星期二台湾电视公司放的电视片《谍海双龙》,可是美国片,又是间谍片,那股"瘟"劲,就实在使敝肚不可收拾。这组影集不知道是谁主张买的,可赐给他一座金脚奖。

但《龙门客栈》达到了中国电影从没有达到过的境界,也超过了《谍海双龙》之类美国片的水平。看起来中国固有的是人才,只是出头不出头罢啦。敝小孙女看到了紧张之处,就爬到椅子上,把头埋到手里,屁股对准银幕,动也不敢动,害得我老人家不得不一面提心吊胆,一面念念有词安慰之曰:"不要怕,不要怕,傻孩子,都是假的呀,都是假的呀!"电影院老板真得赔我唾沫钱。

《龙门客栈》不但有极高的娱乐价值,也有相当的教育价值,这教育价值可不是喊口号和致训词。一喊口号一致训词,就只有屌稀屎价值矣。这跟京戏的教育价值一样,无形中阐扬了忠孝节义,全片最大的主题是:"搭救忠良之后。"在这势利眼主义盛行时代,矗立起侠义的精神堡垒。荒山野径,几批男女英雄,既不为名,也不为利,更不为功名富贵,冒着身首异处的危险,跟一个庞大而合法的邪恶集团对抗,孤臣孽子,只不过为了怀念那"身败名裂"的一缕忠魂,比起007大战莫须有的魔鬼党,要有积极的启发性意义。

不过,《龙门客栈》可不是美得无以复加,它有它的毛病——这毛病非内行眼里的毛病,黛郎先生最近在他的《磨刀集》猛谈《龙门客栈》,头头是道,那才是内行之言,我老人家只是一个惊鸿一瞥的观众。如果认为说得对,则请大家参考;如果认为说得不对,全当耳旁之风,跳高骂两句算啦,千万别拜拳主义。

第一,《龙门客栈》那场火攻,妙极,可是却没有烧出结果。火攻之后,房子昂然还在,则火是怎么扑灭的乎?执行火攻的喝尿分子又是怎么打发走了的乎?没有交代清楚,或许交代清楚啦,而敝观众没有看清楚,这一点实在遗憾。如不能交代清楚,或虽交代清楚而没让观众看清楚,就不如剪掉这一段。

第二,忠良之后离开了龙门客栈,店老板哪里去啦?他阁下既没有战死(如果战死,应有主要镜头向观众显示,因为他阁下是大角色,不能糊里糊涂地失了踪),也没有奉派特殊任务离开。难道跟柏杨先生一样,也害了肚胀,蹲到路边哼乎?据眼尖的朋友说,在最后一个送别镜头里,他是出现的,那么在山径上大战"一脸忠贞学"时,他怎么好意思隔岸观火?

第三,山径未免太宽,而且显明地有汽车轮胎的痕迹,据柏杨先生考据,明王朝似乎没有汽车。台湾虽然处处是公路,但总可找到羊肠小道;即令找不到,临时开一条也花不了多少银子,这是最大的败笔——来自于不可原谅的粗心。即令这两点都办不到,则弄个铁轮车去压上两道车辙,也可将就。李白先生诗曰"大道直如发",该大道乃两轮车的大道,万山丛中,只不过小径而已,这种时代倒流的错误,切戒,切戒。

第四,英雄好汉们的斗笠有一种日本味,明王朝民间流行的只是青衣小帽。而且有的进了房子脱之,有的却像长到头上,转来转去,不但碍事,也实在碍眼,看了一百个不舒服。而且各位演员的衣服未免太漂亮,好像刚从裁缝店取出来的。夫既要隐藏身份,就不能一窝蜂像是参加国宴似的从头到尾,焕然一新,即令大牌明星烧包过度,不肯穿旧的,但那些侠客义士,以及店老板、店小二,则就非是旧的烂的不可,龙门客栈不过荒山小铺,不是台北观光饭店也。

第五,演员间对话似乎平淡无味,换句话说,词汇不够丰富,对太监之讽刺,也不够有力,那几句洗锅水的话,似乎不能把一个老奸巨猾激怒。

好啦,柏杨先生所想到的毛病全挑出来啦,如果马马虎虎过日子,这些毛病也算不了啥,掩盖不了全片的紧凑紧张气氛。但如果力争上游,则必须千锤百炼,教观众无懈可击,不知各位大人以为如何也。

21. 千万别挖

柏杨先生正在介绍新式家法,忽然被鼻涕和咳嗽打断,转弯抹角了几天,现在应该回到正题矣。

夫新式家法跟《妒律》针锋相对,女法官用新式家法制裁臭男人,男法官用《妒律》惩罚死女人,表面看起来各走极端,冲突到底,实际却建筑在一个基础上,该基础是:臭男人总是不肯老实,死女人总是醋火中烧。我有个女学生,新婚不久,就向我老人家哭诉曰:"那小子,下流到了极点,见了别的女人,眼睛就骨碌碌乱转,我真想把他的眼珠挖出来。"我大惊曰:"大妞,千万别挖,如果只骨碌碌乱转就要挖眼珠,天下的男人全成了瞎子矣。"呜呼,臭男人的眼睛如果不骨碌碌乱转,死女人们还能活下去乎?你多看她两眼,她说你不正经;你咬着牙不看她,该正经了吧,她又说你端着驴脸,架子不小呀;真是左右为难也。而且仅只骨碌碌乱转不过鸡毛蒜皮的焉,臭男人天生的贱骨头,一旦口袋里有几两银子,歪主意就会风起云涌——大体上说,臭男人的歪主意跟银子的多寡成正比例。这还不算危险,最危险的却是竟有成群结队的死女人,见了有钱的大爷,就想到他床上跳脱衣舞,捞他一票。

君没有见过一则小幽默乎?甲乙两位如花似玉碰了面,甲如花似玉曰:"啊呀,你哪里来的这件貂皮大衣呀,至少也值一万元美金。"乙如花似玉曰:"我男朋友送我的。"甲如花似玉叹曰:"我挣扎了一辈子,连个袖子都没挣扎到手。"乙如花似玉骇曰:"挣扎,就是不要挣扎呀。"嗟夫,这句话可谓画了龙而点了睛,天下固有的是不挣扎的死女人也。

我们这么说,可不是一篙打落了一船人,而是说社会形形色色,臭男人一天到晚,飘泊在外,一会说开会啦,一会说出差啦,一会说应酬啦,谁晓得他搞些啥名堂?又谁晓得有没有不挣扎型的女人用"照钱镜"照他的口袋?要想大大方方地全权信托他玉洁冰清,真是难上加难。有人说死女人天生的是个大醋罐,恐怕不见得,如果把男女的位置那么一调,死女人到社会做事,整天跟不挣扎型的臭男人一拍即合,而臭男人独守空闺,提心吊胆之余,恐怕醋劲更为凶猛,不仅成了醋罐,简直还要成为醋缸。

据柏杨先生考察,新家法虽已择吉公布,颁行天下,恐怕难以真正实行,太太小姐们如果用这种方法真的去猛"管"男人,管的结果,准是一别二十年,管砸了锅。

22. 女生大胜

咳嗽已毕,再言归正传。

一个人投胎转世,既不能选择父母,也不能选择性别,而且一经固定,终身不变。现在医学昌明,报上常常有大动手术,把男人变成女人的新闻,其变的经过详情如何,我们不知道,但依常识判断,所谓变性手术也者,恐怕只能顺水推舟,而不能无中生有。如果连舟都没有,即令华佗先生再世,也无法下手也。所以我们满耳朵听到的全是男变女,很少听到过女变男。而那些男变女的节目,也一言难尽,运动健将姚丽丽女士自从动了手术之后,按说应该是一个货真价实的女人啦，可是报上登得清清楚楚，医院只能保证她在女人堆里不致发生麻烦，而不肯证明她是“女人”，大概与生育有关，问题就很复杂啦。

因为性别无法改变，所以有一个问题就永远得不到全体同意的答案，那就是：“到底当男人好，还是当女人好？”古之时也，男尊女卑，男人是当权派，想怎么搞就怎么搞，女人被踩到脚底下，不值一文。吾友秋胡先生在《桑园会》中，把太太欺侮个了够，他娘叫他赔礼，他不但不肯，还理直气壮曰：“男儿膝下有黄金，怎能轻易跪妇人！”——这两句话泄尽了臭男人的底牌。盖所以不肯跪女人者，和人格无关，只和黄金有关。女人赤手空拳，就不如一条虫。一旦女人黄金如山，能给他官做，好比说，该女人如果是个皇后，或如果是个公主，看他跪得勇不可当吧。然而，直到现在，女权慢慢地抬头，有些地方虽然仍有受不尽的委屈，但有些地方却翻脸无情，硬是骑到臭男人头上。不要说别的，这些年来大学堂里，女生就把男生挤得大败，尤其是夜间部，男生眼看就贫无立锥之地。一位大学堂教习在第一堂下课之后，面无人色地找训导处问曰：“我刚才教的那一班，怎么全是女生？”训导员立刻加以纠正曰：“谁说的，明明有两个男生呀！”呜呼，该班五十个人，就有四十八个长头发，无怪有人在报上大声疾呼，要求为男生设立保障名额。看情形如果不设保障名额，再过两年，大学堂全是如花似玉，小子们只好到教育部集体上吊矣。想当年为了保障女孩子受教育，到处设立“女子大学”、“女子学院”、“女子专科”，往事如烟，现在只好到处设立“男子大学”、“男子学院”、“男子专科”来补救矣。否则的话，总有一天，大学堂没有一个男学生，那才叫世界十大奇观之一。

台北市立女子师范专科学校，一度要改名换姓，男女并收。消息传出后，大批有力人士，到教育部一闹，说女子教育是怎么怎么重要。官崽天不怕地不怕，就怕有力人士闹，于是多一事不如少一事，不再改矣。悲夫，三十年风水轮流转，男子教育已到了需要保障之境，二十年之前的老观念，似乎得变上一变。

太太小姐跟臭男人一样的受教育,天经地义,除了酱缸蛆,没有人反对。可是女子教育一旦发达到把臭男人都挤到枯井里,成了清一色的女人天下,我们就要大喊大叫。不仅因为我们是臭男人,本位主义大喊大叫,也是站在全人类立场大喊大叫。呜呼,想当年男权茂盛的时候,太太小姐两眼漆黑,像猪一样关在家里,正人君子洋洋得意之余,今天发明一条法律,明天发明一条道德,把女人缚得个结实,认为这下子可好啦,万世都翻不了身啦。谁晓得如今不但翻了身,简直还有怨报怨,有仇报仇。先从大学堂下手,现在不过只是一个开端,过些时男生简直势非绝种不可。盖用不了多久,就没有了男教习,而政府各部门跟着也就没有了男公务员,工商界更不得不跟着没有了男老板。大学堂男生既绝了种,后继无人,非这般下场不可也。到了那时候,臭男人的出路大概只剩下三条,第一条路是:跟想当年的女同胞一样,被关在家里抱娃煮饭,一听门铃响亮,知道太太下班回府,士既为悦己者容,第一个动作就是刮胡子,说不定还要穿起来高跟鞋,跟太太大人发嗲,林之洋先生"女儿国"又重现于今日矣。第二条路是:只好接替女同胞的专利职业,当起来"酒男"、"舞男",或其他乱七八糟之"男",被女同胞叫到眼前,拉开嗓门,努力唱《大江东去》。第三条路是:女同胞虽然成了当权派,但身体总敌不过男同胞,则臭男人就只有一心一意当阿兵哥,为她们争夺一条钻石项链而引起的世界大战,打得血流成河。

世界真的有这么一天,未免太惨——至少臭男人太惨。不过这只是远景而已,跟科学家做试验一样,必须在特定的条件下,才能产生预期的结果。太太小姐虽然已经开始挤臭男人啦,但要想真的把臭男人挤得集体投降,还问题重重。盖有一种上帝赋给她们的本能,像绊马索一样,总在绊她们的玉足,绊得她心有余而力不逮,走都难走,更别说跑矣。一定要走要跑的话,恐怕就要跌个嘴歪眼斜,美感全消。这个绊马索,就是母爱。

我们把"母爱"比喻成太太小姐的绊马索,对"母爱"毫无不敬之意,恰恰相反的,正是充满了敬意,才如此比喻,借之说明"母爱"的可贵和力量。一个做母亲的乃是世界上最伟大的动物,为儿女牺牲一切——牺牲了睡眠、牺牲了美貌、牺牲了青春、牺牲了前途、牺牲了事业,如果命运不佳,晦星高照,还牺牲了尊命。但这只是母爱的光明面,在光明面屁股后,母爱也有它的黑暗面,这黑暗面就是,女孩子千受教育,万受教育,功课好得人人龇牙,从小学到大学,从幼儿园到洋博士,过五关斩六将,踏着被她踩到脚下的男生的残尸鲜血,勇往迈进,得学位,拿奖金,都如探囊取物。好容易功成名就,练了一身功夫,可以服务社会人群啦,却糊里糊涂,碰到一个小家伙或老家伙,三句甜言蜜语,她就嫁了他。嫁了他还没啥,有啥的是,一年之后,生了娃儿。两年之后,又生一个娃儿。二十年寒窗之苦,遂从此一笔勾销。嗟夫。

23. 千古伤心是结婚

柏杨先生有位朋友,膝下只有一个女儿,宝贝得要命,按说独生女儿一定骄纵过度而不成才,其不流入太妹,或自甘堕落者,几希。偏偏该朋友祖宗有德,女儿虽骄纵得不像话,可是却没有流入太妹,不但没有流入太妹,反而功课奇好,尤其数理奇好。这年头,一个年轻人只要数理奇好,就等于吃了神仙丸,想怎么念就怎么念。她阁下一条鞭上去,由小学,而中学;由中学,而大学;由大学,而留学;最后在美国啥啥理工学院,成为该校有史以来第一位航空女博士。中美同胞,无不惊叹,认为她将来定会在社会上露一手。尤其是她的老娘,兴奋得坐卧不安,东串门西串门,宣传她女儿如何如何,谁要是说三句话还没有夸奖到她女儿,那比杀父之仇还严重,老娘能恨他一辈子。柏杨先生深知她有这种绝症,所以一见面就恭维她好福气,有这么个好女儿,总算不虚此一生也。有一次,我出奇计灌米汤曰:“看你女儿,多有出息,天分高,教养好,她总有一天要得诺贝尔奖金的,到时候,带着妈妈到斯德哥尔摩领奖,你也可见见活国王,报上再那么一登,真光彩呀!”她曰:“你说啥,死得脱?啥叫死得脱?”我曰:“不是死得脱,是斯德哥尔摩,瑞典国的京城,到那地方领奖呀,听说第一特奖就是美金二十万。”她看我应对称旨,立刻用一种唯恐怕不被说服的声调叫曰:“我可没有那种福气呀,不过我女儿倒满有雄心,前些时还来信说正在研究研究啥呀,好多博士都佩服她哩。”说罢之后,立刻打开手提包,给了我一支她女儿从美国寄回来的洋烟,以励来兹。

这是四年前春天的事啦。今年春天,偶尔又碰到她,我还是按照着老规矩,没头没脑地称赞她女儿,最初她支支吾吾,后来因我跟在她屁股后赞个没完,她没好气曰:“老头,你歇歇舌头好不好?”这一次连洋烟也没掏,就扬长而去。

事后才知道,老太婆发那么大的威,不是宝贝女儿死啦,也不是宝贝女儿忘了娘,而是宝贝女儿得了博士学位不久,就结了婚。老太婆当然不反对女儿结婚,可是结了婚之后,跟着就是生子,而且生起来像北平卖的冰糖葫芦一样,“大珠小珠落玉盘”,三年就生了三个。如果她身在中国,问题还小,盖中国人工不值钱,请个下女小姐,就可以分忧。无奈身在美利坚,人工贵得可怖,买菜、煮饭、抱娃、喂奶、铺床、叠被、洗衣服、烫衣服、洗盘子、换尿布,大自“电线走火”,小至买根针,都事必躬亲。亘古奇观的女博士,遂成了一个管家黄脸婆。

我们介绍这个故事,并不是触谁的霉头兼碰谁的疮疤,尤其是毫无轻视家庭主妇之意,盖世界上可以没有女博士,却不能没有家庭主妇也。在对人类贡献的价值上,家庭主妇要超过女博士千百万倍。这可不是拍家庭主妇的马屁,以便将来挨门讨饭;而是没有女博士的世界,世界仍是世界,没有家庭主妇的世界,简直不能想象。不过,问题在于,一个家庭主妇,只要受国民小学堂教育,就可胜任愉快;而一个女博士,恐怕至少也要投下去二十个年华。七岁上小学堂的话,最快的博士也二十七岁矣(有的年已半百,头发都白啦,还在往里钻,那就更是紧张)。国家花了这么多的钱,自己也费了那么大劲,不过造成一个管家婆,成本未免太高。这种浪费,恐怕连太行山都得赔进去。如果将来大学堂全体成了女学生,而女学生又全体冲进厨房煮饭抱娃,中国高级知识界,势将成为真空。夫国家培养一个科学家,就有理由,也有权利,要他从事科学研究工作,如果所有的科学家一齐坚决地蹲到河边捞鱼,那又何必培养这么多科学家,直截了当培养捉鱼的好啦。

女博士嫁人,当然是应该的,但如果她阁下折腾了半辈子不过只是煮饭抱娃,我们就忍不住要疑心,当初何必那么穷凶极恶,把臭男人从榜上挤到枯井里乎?当她阁下午夜人静,半闭着瞌睡得要命的秋波,从床上爬起来喂孩子奶时,隐隐约约,不知道听没听到枯井里的哭声也。吾友盛紫娟女士,她在香港读大学时,兼编了好几个刊物,正在日正当中,前途无量,却忽然结了婚。结婚之日,来信描写远景说,她丈夫是个大律师(也可能是个工程师,日子一久,记不清矣),生活不成问题,所以一定要好好写几本小说。我老人家就一百个不信,盖小姐一旦变成了太太,她的朋友圈就会来一个一百八十度的转弯,生活方式也会跟着别有天地,而且一有了孩子,更是全盘皆垮。不要说写小说啦,能有心情看小说,已很可贵矣。她对我的看法颇不服气,在信上致训词曰:“你这个老顽固,总自以为是,总用你过去陈腐的经验去判断新的事物,务请拭目以待。”好吧,我就拭目以待,拭到了今天,已整整五年,她不但没有一本小说,而且音讯杳然,像是从地球上失了踪。呜呼,非她不上进也,而是形势比人强也。不过女作家和女博士之间又有不同,女作家二十年之后,儿女渐渐成长,她仍可继续爬她的格纸,起初可能有点生疏,久啦也就可以应付,而且随着年龄见识的增加,作品或许可能更成熟。可是女博士学的是航空工程,二十年之后——不要说二十年之后,纵然三年之后,她学的那一套已落伍了十万八千里,她就不得不成为废料。

24. 花　瓶

一个亘古奇观女博士,三年后变成了废料,不是别人强迫她变,而是崇高的"母爱"使她心甘情愿,自动自发地变,这正是一种伟大的牺牲。盖太太小姐们如果事业心太强,孩子受不到照顾,只有断子绝孙的一途矣。吾友希特勒先生想当年曾提出一个口号曰:"妇女回到厨房!"被全体女人骂了个狗血喷头,一些自命为前进的臭男人也努力帮腔。只有柏杨先生佩服不误,到处发扬他的理论,因之帽子飞来,被说成"法西斯"。第二次世界大战结束,德国投降,但我老人家对希先生这种理论,佩服如故,于是我就进一步成了"法西斯余孽",骂得我老人家心口都痛。但暴跳如雷只能增人反感,不能使人心服,要想使人心服,就得心平气和地慢慢说理。

呜呼,这个问题的焦点不在"女人",而在"厨房",有一个最大的问题是:一个家庭能不能没有厨房?小家庭尚可没有厨房,夫妇下班,手挽着手,肩并着肩,到小馆里亲亲热热地吃碗牛肉面。但一旦有了成群结队的孩子,恐怕就不能这么诗情画意,必须有一个既现实又庸俗的厨房。于是乎,接着来了第二个问题,既有了厨房,谁是该厨房的主持人乎哉?如果太太不管厨房,则势必丈夫管厨房矣。那就是说,如果女人不回厨房,则只有男人回厨房矣。女权高涨分子认为回厨房是一种侮辱,所以女同胞拒绝接受,那么就不应该反咬一口,叫臭男人受此侮辱。有此一念,心眼未免太狠,这种狠心眼必无好报,天老爷定叫她生不完的儿子,而没有一个女儿。

中国自从女权高张,举目所及,处处都是年轻的太太到社会上做事,有的当学堂教习,有的当这长那长,有的当这主任那委员,更多的是当科员、办事员、组员、股员,以及其他各色各等之员。这些女职员最普通的一种办公现象，就是虚晃一枪，拨马而逃。君不见乎，有些如花似玉，正在办公室忙碌不堪，忽然尖叫曰："哎呀，我要赶回去吃奶！"非她洪福齐天，仍吃妈妈之奶也，而是她的娃儿要吃她的奶也。于是风卷残云，把公文表册往抽屉里一塞，小包一提，敲着高跟鞋，登登登登，霎时不见。如果此时有大家伙在座，她不能脚底抹油，该大家伙准被她心里咒得双耳滴出油来。

这种现象乃中国社会的特产，大家不但见怪不怪，对她阁下那么辛苦，反而生出同情之心。同情的结果是：老板大人一提起女职员就心颤胆惊，若银行邮局之类的衙门，更索性明目张胆地规定，小姐一旦变成太太，就得走路。盖不要说别的，仅只"孩子病啦"，就吃不消，纵是铁面无私的包拯先生，都不能不准假。准假没啥，但准假之后，就又得另请一个人接之替之。贵阁下到银行取钱，银行总不能说窗口那位老奶的孩子病啦，就不付吧。贵阁下去邮局寄封挂号信，邮局也不能说窗口那位老奶的孩子病啦，请你将就送个平信吧。"孩子病啦"，还是小焉者，如果遇到狗生分子，一年两头请产假，一次就是一个月，你说衙门还开张不开张乎？

女职员有一个绰号，曰"花瓶"，这两字不知道是哪个天才缺德家发明的，文艺协会真应该发给他一个文艺奖章。盖女职员千娇百媚，头发鬈鬈的焉，嘴唇红红的焉，脸蛋白白的焉，胸脯鼓鼓的焉，纤腰细细的焉（怀了孕的则暂时例外），小腿圆圆的焉，大腿在旗袍开叉处隐隐约约的焉，摆在座位那里，看了实在心旷神怡。可是，其作用也只不过心旷神怡罢啦，却千万别托以重责大任。柏杨先生想当年当教导主任时，有一件县政府的公文，调查眷属人口，以便发给配给米，十万火急，我就请文书小姐赶紧填报，临下班时，还千叮咛万叮咛，明天一定要发出，她也满口答应。可是第二天下午，我问她时，她翻箱倒柜了一阵，结结巴巴曰："丢啦。"我急得立刻板下官崽脸，想说她几句，还没开口，忽见她已珠泪双抛，只好赶紧改变腔调，安慰她没有关系。谁知道不安慰还好，一安慰她更委屈万状，呜呜呜呜，痛哭流涕。一会儿工夫，校长老爷把我叫去，训曰："老哥，你也是有学问之人,欺侮一个小女孩干啥?”我曰:“她早过了三十大关,不算小女孩啦!”校长大人曰:“瞧她哭成那个样子,难道一点没有同情心乎?”一泪当关,万夫莫前,女人的武器真是厉害。不过,花瓶终是花瓶,不能当铁锤用,当铁锤用的结果,包管敲个稀烂。

我们介绍这种舆论,可不是有心一网打尽,世间固多的是孜孜不倦、夙夜不寐的女职员也,好比说你阁下吧,就是其中之一。

在洋大人之国,花瓶同样有,但就少得多矣,一个女职员如果打算像在中国一样,说抽腿就抽腿,恐怕抽不了。而且更主要的是,洋大人能请到下女的绝无仅有,一切都要“亲临主持”,生了娃儿如果再去上班,则娃儿交给谁照顾乎哉?中国很多太太小姐,一提起去“美国”,浑身骨头都会发酥,一脑筋电影上的镜头,出也汽车,入也汽车,然后到夜总会翩翩起舞,然后又参加宴会,见人就举起葡萄美酒夜光杯,从没有看到美国主妇阴暗的一面。在台北,烤箱是可以向亲友夸耀的奢侈品,可是在美利坚,从早烤到晚,就成了苦刑矣。于是,美国主妇,只好死心塌地地当管家婆,要想抛头露面当然可以,那只能在结婚之前,或儿女长大了之后,再不然就只有避孕,想学学中国女职员,“明保曹操,暗保刘备”,打公家的马虎眼,恐怕是难上加难。此女博士之所以悲哀也。

25. 管教养卫

大势所趋,洋太太只有回到厨房的一条路,而中国女人却可以在社会插上一脚,真是过瘾。不过这并不是说中国全体女同胞都脱了俗而免了难。盖下女焉,仆妇焉,大富大贵之家的奶妈保姆焉,她们固也是女人也。呜呼,这真是天老爷注定的,反正厨房是女人的天下,男人想抢也抢不到,女人想推也推不掉。

有位害感冒咳嗽的朋友，有一次想煮点姜汤喝喝，刚把五味调好，他的太太狂奔而来，号曰："出去，出去，这不是你们男人的地方。"该朋友向我发牢骚，我曰："老哥，你有福啦。老太婆把你当成活宝，不叫你劳累罢啦。"可惜这种良辰美景并不多见，即令偶尔见之，也是老头老太婆的杰作。

女人回到厨房不是说男人就可以回到酒店，有些臭男人把家务事全抛到屁股后，每月只要把钱往太太手里一塞，那股劲就像是监狱长，而妻子儿女全是囚犯，此乃封建残余，不足挂牙。盖女人固要回到厨房，臭男人同样也要回到厨房，所谓厨房是女人的天下，不是说根本没有臭男人立足之地。只是说在厨房里，太太是大爷，丈夫是瘪三，只可奉命行事，不可擅作主张。叫他洗碗他就洗碗，叫他抹桌他就抹桌，叫他买面条他就跑得飞快，叫他生炉子他就劈柴。不但是义务，也是权利。太太如果贤慧过度，请他歇歇，他有权提出严重抗议。而在太太切菜炒菜，当丈夫的还有另一种义务兼权利，那就是应站在一旁，说些助兴的话，赞扬赞扬太太真美呀，夸奖夸奖太太的菜真能香死人呀，为了讨太太欢心，必要时也可以昧着良心说说张太太的坏话，造造王太太的谣。

臭男人跷着二郎腿，等太太端菜端饭的时代已过去啦。饭后一支烟，优哉游哉，而让太太辛辛苦苦洗盘洗碗的时代也过去啦。不但过去，而且永不再来。呜呼，想当年柏杨夫人初进柏家大门当新媳妇时，那时臭男人的余威还在，享受起来，真是不虚此生。而后生小子，娶了个女学生就像娶了个母老虎，真是可怜可叹。想不到今天柏杨夫人也变了心，学年轻人模样，动不动就把我吆来喝去。

男人下厨房，是民主政治绝不可少的一章，盖民主的精义是人人平等，没有例外。不仅人人的人格平等，主要的还是人人的私生活平等。酱缸蛆总是气呼呼地掀美国疮疤，说美国男女关系鸦鸦乌，离婚盛行，跟一夫多妻制有啥分别？美国男女关系是不是鸦鸦乌，离婚是不是盛行，是另一个问题，即令真的离婚盛行，但跟一夫多妻制根本不能摆到一块儿乱比。盖离婚基于平等，而一夫多妻是臭男人骑到女人的脖子上也。男人下厨房是家庭中一种良好的平等教育，一个下厨房的男人跟一个回家当监狱长的男人，因灵性的不同，气质上也有显著的差异。

太太小姐对臭男人有“管”、“教”、“养”、“卫”的责任，牵着鼻子下厨房不过一连串家庭教育的开始，顶多像进幼儿园，以后的小学、中学、大学课程，就要看太太小姐如何教法矣。呜呼，男人似乎是世界上最不稳定的一种元素。大家常叹不完的气，说女人是一个谜，很难捉摸，可是男人特有的一股劲发作起来，却像大战二郎神的孙悟空，连如来佛都不知道他下一个节目要变成啥。当他阁下追求如花似玉时，真是楚楚堪怜，忠心耿耿，如花似玉想要不受感动，真得铁石心肠。可是真的嫁了他，谁知道他第二次会出啥花样。有些太太每天都要向丈夫问几次曰：“你爱我不爱我？”当丈夫的最初还亲亲热热，甚至还会用一个香吻回答。可是十年下来，天天像一张古老的唱片，听上几千遍，烦都能烦死。这也不能怪太太噜苏，盖女人们都有一种不安全感，希望耳朵里经常响着丈夫的保证，同时也是对不稳定元素的一种不信任，即令刚刚保证过，还得再保证。

正因为如此，所以对臭男人管之、教之、养之、卫之，成为太太小姐最大、最难、最没有成例可以遵循的课题。前不已言之乎，有些人呐喊助阵曰：“好好管教你的丈夫呀！”可是怎么管？又怎么教？恐怕各有各的主意，各有各的见解。如果没有独特的两下子，一味蛮干，恐怕结果管砸了锅。不是把丈夫管得二十年不见啦，就是把丈夫管得拉下了脸，本上加利。

吾友诸葛亮先生在《出师表》上曾劝刘禅先生：“亲贤臣，远小人。”成为最响亮的名言。可是，话如果说回来，历史上哪个人劝皇帝老爷不是这一套乎？问题不在这些千古不变的原则，而在执行这原则时的判断。每一个皇帝老爷用人，都是看准了他是个大大忠臣才用他的，从没有看准了他是个大大奸臣而用他的。我有一次劝一个丢盔掼甲的出版商曰：“你应该看准了啥书赚钱才出呀！”出版商气曰：“我当然是看准了赚钱才出的，还有看准了赔钱才出的乎？”希特勒先生当初也是算得准准的才掀起大战,大日本帝国更是十拿十稳才东征西讨,最后不幸栽了个倒栽葱。不是主意错误,而是判断错误。

26.《聊斋》上的故事

柏杨先生曾介绍一位女学生的故事,该女学生一嫁再嫁、三嫁四嫁,嫁一次就骂一次天下男人没有一个是好东西。有一次她正在哭哭啼啼,老妻勉之曰:“姑娘呀,青春有限,你可不能再乱嫁啦,一定找个好男人嫁才是呀。”呜呼,这真是阿巴桑之言,哪个如花似玉不是认为该男人是好男人才嫁之的乎?有谁明知道该男人是坏蛋加三级而嫁之的乎?“嫁好男人”这个原则没有人不赞成,连三岁娃儿都知道,用不着观音显圣,指示机宜。问题只在于判断——判断哪个男人是好男人,哪个男人是坏蛋加三级。有一种男人,普天之下都认为他不当人子,可是他爱太太却爱得入骨。而另一种男人,普天之下都认为他好得不像话,可是他却拥有一身杨梅大疮兼一身债。呜呼,臭男人既是一种最不稳定的元素,则判断这个元素不稳定的倾向,和掌握使之稳定,是老奶们最难的一关。有这种本领,她的家庭就幸福成一团。没有这种本领,她就活受罪兼受活罪。

《聊斋》上有一则故事。

这故事的男主角安可弃先生,女主角侯女士。安可弃先生是个有名的恶棍,狂嫖滥赌,打兄殴嫂,把家产荡了个净光。可是他却怕太太怕得要死。他为啥怕她,书上没有科学的分析,而只说是天命的安排。夫怕太太之人,每个人有每个人的隐秘内情,不足为外人道也。就是为外人道啦,外人也不了解,反正他怕她就是啦。初结婚时,侯女士是个新娘子,对丈夫管教养卫,还比较文明,“每出限以晷刻,过期则诟厉,不与饭食"。后来她生了孩子,就见官大一级,扬起虎风。有一次安可弃先生偷东西,侯女士杀气腾腾,拿着实弹手枪,在门外等候。他阁下看情形不对,拔腿就跑。跑了一阵后,悄悄溜回去,太太一瞧见他,眼都红啦,拿起切菜刀又砍,小子拔腿再跑。说时迟,那时快,屁股上已挨了一下,鲜血直流。这一砍,砍得他义愤填膺,去找他哥哥告状,哥哥不理他,吃了个大没趣,成了有家难奔,有国难投。大概在破庙住了一夜,第二天又去找他嫂嫂(想当年他凶性大发,曾捅过该嫂嫂一刀),痛哭流涕,请她去讲情,准他回家。嫂嫂倒是好心肠,也找了侯女士,可是侯女士不买这个账。

安可弃先生听说太太这么待他,勃然大怒,拍胸脯要把她碎尸万段。哥哥听见啦,假装没听见,他更是羞愧难当,找了一把刀,狂奔而出。嫂嫂吓了一跳,想劝止他,哥哥使了一个眼色,等他奔出之后,乃曰:"这小子装腔作势,你放心,他绝不敢回去。"

但他们为了万全之计,仍派人尾随察看,不久来报曰,杀进了家门啦。哥哥嫂嫂觉得不对劲,正要赶往阻拦,安可弃先生已狼狈地被赶了出来。盖他阁下刚进了家门,太太正抱着孩子逗乐子,一看见他,把孩子往床上一推,拿起切菜刀,迎面就上,一脸凶相的暴徒霎时间成了泄气的皮球,丢下武器,连滚带跳,跌出大门。哥哥却假装不知道这一段,故意问他把太太杀了没有呀。他一句话也不说,只蹲到墙角哭,连眼都哭肿啦。到底骨肉手足,就带他去见弟媳妇,代他求情。

大伯子出面,弟媳妇还有不应允的。可是等到大伯子告辞,她就叫该丈夫跪下——不仅跪一支烟,而是跪一包烟,又叫他发下血淋淋的重誓,这才给他端一瓦盆饭充饥。从此以后,他痛改前非。可是他阁下到了柏杨先生这种年纪,子孙满堂,老太婆仍随时揪住白胡子,叫他爬他就爬,叫他走他就走。

为求互证,且抄这一段原文——

侯(女士)虽小家女,然固慧丽,(安)可弃雅畏爱之,所言无敢违。每出,限以晷刻,过期则诟厉,不与饭食,可弃以此少敛。年余,生一子，妇曰："我以后无求于人矣。膏腴数顷，母子何患不温饱，无夫焉，亦可也。"会可弃盗粟出赌，妇知之，弯弓于门以拒之，大惧，避去。窥妇入，逡巡亦入。妇操刀起，可弃返奔，妇逐砍之，断幅伤臀，血沾袜履。忿极，往诉兄，兄不礼焉，竟惭而去。过宿复至，跪嫂哀泣，求先容于妇，妇决绝不纳。可弃怒，将往杀妇，兄不语，可弃忿起，操戈直出。嫂愕然，欲止之，兄目禁之，俟其去，乃曰："彼故作此态，实不敢归也。"使人觇之，已入家门。兄始色动，将奔赴之，而可弃已屏息出。盖可弃入家，妇方弄儿，望见之，掷儿床上，觅得厨刀。可弃惧，曳戈反走，妇逐出门外，始返。兄已得其情，故诘之，可弃不言，惟向隅泣，目尽肿。兄怜之，亲率之去，妇乃纳之。俟兄出，罚使长跪，要以重誓，而后以瓦盆赐之食。自此改行为善。妇持筹握算，日致丰盈，可弃仰成而已。后年七旬，子孙满前，妇犹时捋白须，使膝行焉。

蒲松龄先生对侯女士露的这一手有一段评论曰："悍妻妒妇，遭之者，如疽附于骨，死而后已，岂不毒哉？然砒乃天下之至毒也，苟得其用，瞑眩大瘳，非参苓所能及矣。"

27. 管居第一

"管"、"教"、"养"、"卫"，管居第一。必须把丈夫管得像哈巴狗的耳朵一样服服帖帖，才能更进一步地教导成一块材料。一旦丈夫唯贤妻之话是听，则"怕老婆，有酒喝"，不难养得又白又胖。于是乎，"卫"的目的自然而然地唾手可得。盖只要"管"、"教"、"养"的成绩列入甲等，该臭男人就根本不会越规，即令胆大包天想越，也越不成，即令外患频仍，一大群死女人想抢，也抢不走。

侯女士管她的丈夫，痛快淋漓，令人芳心大悦——尤其太太小姐的芳心更会大悦，谁不愿意有这种威风凛凛的人生享受乎？只要有一点不对劲,立刻就拳打脚踢,把该臭男人打得跟安可弃先生一样,蹲到墙角直哭,哭了之后还得拼命赌咒,跪个没完。前些时一位朋友的儿子结婚,就有这种场面。

——这里且插一句嘴,夫人生的历程,在参加婚礼上大概可分为三个阶段,小时候参加长辈们的婚礼,一味拣好的吃,对那些花枝招展,根本弄不清在干啥。中年时参加朋友们的婚礼,看见新娘子千娇百媚,免不了一阵妒火中烧。老年时参加孩子们的婚礼,目睹年轻人喜气洋洋,不知道天高地厚的模样,回忆前尘,真是百感交集。而人生一旦到第三个阶段,离阎王爷下请帖的日子就没好远啦。

现在柏杨先生就到了第三个阶段,典礼之后,默坐等吃,只见年轻人公推一个代表,送给新娘子一根棒槌,并致颂词曰:“嫂夫人呀,他如果不听摆布,就用这玩意儿揍他。”新娘子除了娇笑之外,当然没啥可说的。而且这种话流行得很广,有的曰:“打他耳光呀!”有的曰:“给他来个一哭二闹三上吊呀!”有的曰:“拿锥子扎他呀!”

这当然是玩笑,但玩笑话说得多啦,可能会在芳心里留下深刻印象,而且有些忠厚过度的太太小姐,甚至会认为这就是“管”啦。不提起管丈夫则已,一提起管丈夫,自然而然想到修理学上声震屋瓦的场面。问题是这里面有一个基本困难,人和人有了争执,一方面的气势不能太过度的得心应手,盖你这方面如果彻头彻尾大胜,他那方面就得彻头彻尾地大败,你这一方面太称心快意,他那方面就会积怨积恨;没有机会算你运气,有了机会恐怕要补偿补偿,反攻反攻。

侯女士用的手段,好像电影上的〇〇七,气壮山河,疾如闪电。雄心勃勃的老奶可能一致赞曰:“固当如是也!”但仔细一想,似乎危机四伏。

侯女士最初的武器是“诟厉”,“厉”,大概跟“詈”同义,也可能就是“詈”的笔误。不管是啥吧,反正一顿臭骂,再加上“不与饭食”,这在蜜月期间,臭男人又惊又爱,还可能逆来顺受。到了后来,安可弃先生偷东西,侯女士真枪实弹地埋伏在门口,臭男人深知太太大人性烈如火,惹她急啦,说不定会真的一枪,只好一溜烟跑掉。可是她阁下照他可敬的屁股上砍了一刀，而又不准他进家门，这就跟用铁锤敲炸弹一样，它不轰然一声，炸得血肉横飞，算她运气。

当然，侯女士不见得全靠她的运气，她一定有她的把握。不过问题是，事后有先见之明，她当然有把握。但万一爆炸，她就成了那位“二十年没见面”的女主角啦。其中最危险的是安可弃先生最后一击，“操戈直出”，幸亏侯女士总算降住了他，否则盛怒之下，狗急还要跳墙，何况本来是个恶棍乎哉，则一“戈”下去，前胸进，后胸出，大家就同归于尽矣。

而更主要的是，安可弃先生既然吃喝嫖赌，样样都精，定有他的酒肉朋友，大家乱给他出些馊主意：“啊呀，这种女人，还能要呀！”“她是你太太，还是你娘？”“家产是你的，你要是想卖，土地爷都挡不住，卖给她瞧瞧。”如果再有死女人用其玉手抱着他的脖子嗲曰：“打令，心肝，你太太简直不把你当人，我真同情你！”内外夹攻，再加上摆好了的温柔陷阱，好啦，这就够侯女士兜着走的啦。

想起来侯女士定有她的擒拿术——每一个怕太太的家庭，该太太都有她的擒拿术，这擒拿术是她自己特有的秘密，只可意会，不可言传；即令可以言传，她也不会说；即令说啦，也没有用。盖每个臭男人有每个臭男人独有的毛病，用到安可弃先生身上，其效如神，用到别人身上，可能就出了命案。用到别人身上那一套，颇着成效，而用到另外一位身上，可能他毫无知觉。夫有些臭男人奇贱，不用严刑峻法，他就不在乎。有些臭男人自命为女性的保护神，太太就得嗲他几嗲。有些臭男人伟大过度，自以为天下没有几个人比得上他，则太太嘴甜一点，全当哄孩子，用最诚恳的态度说些最不着边际的谎，也能把他哄得其乖无比。

男人的种类多啦，太太“管”的方法就得看人下菜碟，吾友约翰逊总统到了贵府，你阁下恐怕得端上山珍海味。如果柏杨先生去贵府，端盘空心菜也就足够啦。

28. 驯夫学

“驯夫学”是一门最高的学问，其中包括技巧、灵敏和不可或少的运气。普通小民到江边乱堆了几堆石头，风一吹，浪一打，立刻顺流而下，沉到江底。可是诸葛亮先生到江边乱堆了几堆石头，却成了八阵图。不要说风吹不动，浪打不动，便是百万大军，进得阵来，都晕晕忽忽，眼看就命丧黄泉。所以说，驯夫学是不问耕种只问收获的焉，不论你怎么管，不论用啥方法，只要能把丈夫管得奇乖，你就是诸葛亮。否则的话，即令才高八斗，学富五车，钱多得跟柏杨先生身上的蚤子一样，数都数不完，却把丈夫管砸啦，你这个诸葛亮就当不成。要当诸葛亮也可以，只能当带汁诸葛亮。——诸葛亮先生一旦双目流泪，其惨可知。

侯女士那一套，可以说是典型的“悍妻妒妇”，而“悍妻妒妇”者，蒲松龄先生已慨言之：“遭之者，如疽附于骨，死而后已，岂不毒哉？”呜呼，“死而后已”，是丈夫死乎？抑太太死乎？从语气上看，当然是丈夫送命。可是如果该丈夫雄才大略，恐怕送命的就是太太矣。即令太太洪福齐天，刀枪不入，做丈夫的恐怕也要云游四方，来个不醉无归。盖家门之内既然冷如冰霜，他只好到外面另找温柔乡一途。

柏杨先生几天来一直宣传管教养卫，一脸道德学问样子，连着接到几位“一读者”先生的大函，但看笔迹不像先生而像是太太小姐，异口同声曰：“柏老，请指示几个具体方法，以便照本宣科。别只一味兜圈子，说了半天，等于没说。”

呜呼，这真是个难题矣。我老人家如果有那么大的本领，能配出药方，一剂见效，早就收拾起笔墨纸砚，巷口摆摊子去矣。正因为这件事必须“运用之妙，存乎一心”，所以才不得不兜圈子。

每星期二的中午,台湾电视公司上演《苏珊艳史》。(这“艳史”二字,不知道是谁译的,真不好意思,看起来《史薇拉回忆录》也可译成《史薇拉艳史》矣。)该片是第一等好片,该女主角也是第一等演技。(中国电影明星,务必仔细瞧瞧,那才叫演技,只会陪老板导演娱乐,或到海边脱个半光照照相,那只叫献宝。)上个星期演的就是一个照本宣科的故事,女秘书买了一本《女秘书须知》,男老板也买了一本《男老板须知》,各人按照着“须知”行事,把观众笑得前仰后合,过足了瘾。可是当事人酱在书本里,却处处驴头不对马嘴,不得不全盘都输。

管丈夫也是一样,如果我老人家也真来一个“驯夫须知”,各位老奶阁下也真照本宣科,恐怕打离婚官司的能把法院大门挤塌。但我老人家却打算介绍一个置之四海以为准,百世俟诸圣人而不惑的最高原则,恭录于后,以供参考,就请各位女同志,盍兴乎来。

原则很简单,那就是:对丈夫管教养卫,严应严到婚姻不破裂,宽应宽到不要使臭男人误认为他一旦狗皮倒灶,太太会饶了他。盖太刚则折,太柔则糜。太太好像驯兽师,用鞭子抽得太多太重,虎老爷凶性发作,会扑上来把阁下的尊头吞而食之。驯兽师如果豁上啦,砰的一枪,虎老爷应声倒地,虽然既威风又光彩,但没有了虎老爷,他的驯兽师就干不成,只好改行去当小偷。可是如果根本不动鞭子,或是只轻轻一搔,虎老爷恐怕一辈子凶性不退,说不定好心肠去喂它,它都能把尊臂顺便咬掉。

驯兽师对于虎老爷的法宝,除了鞭子,还得有大鱼大肉,必要时还得抚之摸之,拍之抓之,如此恩威并用,才能俯耳听命。驯夫师对臭男人亦然,鞭子当然重要,但更重要的还得靠温柔功夫,鞭子可使之痛改前非,温柔功夫可抓住他的小辫子。管得太宽,臭男人会跃跃欲动;管得太严,臭男人又会觉得人生乏味,天天想跳出苦海。驯夫师必须叫他觉得活在你鞭子底下仍很舒服,才是第一等高手。

严到婚姻不破裂,这话听起来易如反掌,做起来就难啦,悍妇、妒妇,以及愚妇、荡妇,都是破裂的主要原因。《聊斋》上的侯女士,实在恐怖万状,但她却把丈夫管得服服帖帖,虽没有言明她有啥祖传秘方,但我老人家想,她一定有她的温柔功夫。书上不云乎,"侯虽小家女,然固慧丽","慧"和"丽"似乎是驯夫的主要条件,没有这种条件,在管之前,就得三思而后行——必要时甚至根本不去行。

——写到这里,又要插嘴,女人活在世上,最重要的任务,而必须头破血流去追求的,就是"美"。人们常说,再美的太太,结婚之后,短者三五个月,长者三五年,在丈夫看来,也没啥啦。前天晚上,我老人家跟常败将军下棋,下着下着,另一位朋友和太太打架,满面怒容地闯了进来,好像徐庶进了曹营,问他话他也不理,坐着生了一阵闷气,又悻悻而去。他太太是出名漂亮的,我老人家叹曰:"这小子,人在福中不知福,一朵鲜花般的太太,还惹她生气。"常败将军哼曰:"再漂亮的太太,丈夫看久啦,也是黄脸婆。"我大惊曰:"这话你是听谁说的?"他曰:"听谁说的?听你说的。"仔细一想,可能我老人家说过,但那可不是我发明的,不过跟着大家穷嚷嚷罢啦。

29. 努力培养自己的美

如花似玉结婚之后,丈夫越来越看她不漂亮啦,大概是经济学上的效用递减率。好比说,阁下刚从沙漠死里逃生,渴得恨不得能喝干一口井,一杯咕噜咕噜下了肚,第二杯又咕噜咕噜下了肚,不但香,而且甜,不但美,而且妙,可是喝到第十杯——索性喝到第二十杯吧,就喝不下矣。低头一瞧,水里还有小虫在英勇跳跃,啊呀,啊呀,这简直不是人喝的,哪个王八蛋存心不良,用这种脏玩意儿灌我;稀里哗啦,把茶盅摔个稀烂。臭男人娶漂亮太太,似乎也有这种趋势,最初追求如花似玉时,她偶假以颜色,跟他说一句话,他都能忽冬一声,当场昏倒;可是结了隆重之婚,饱览而无余焉,他就顶多喘喘气;以后逐渐地能自己控制自己;再以后,天长地久,觉得她也并没有啥特别稀奇之处呀。

这种现象是存在的,一点也不过分,但是却不能因这种存在的现象而对“美”下个不重要的结论。一口气喝二十杯水,当然越喝越不想喝,可是不想喝并不等于厌恶之情已深入骨髓。水还是水,只是不从早灌到晚而已。娶了漂亮太太的该死臭男人,固然没有当初那种昏倒的节目,甚至还到了“没啥稀奇”的地步,但并不等于说她就变成了三心牌。美的魅力不过递减而已,非根本消失。而递减的程度又各有不同,有的递减结果只剩下三成,但有的递减结果却仍有九成半,固跟当初差不多也。有一种情形是可以查证的,拥有漂亮太太的该死臭男人,安分的多而荒唐的少,即令有的照样见色起意,但他很少会想到换一个。

柏杨先生跟着大家人云亦云,不过是提醒太太小姐警觉,要努力培养自己的美,除了培养自己的外在美,更应培养自己的内在美,即令外在美丧失了一部分,也可用内在美补充。(又要声明啦,内在美只能补充外在美,或发挥外在美,可是不能代替外在美。)绝不是说结了婚之后,美就不管用啦。恰恰相反,漂亮的太太总是有魅力的,这种外在美和内在美是当驯夫师的最大资本。表面上看侯女士简直是个母夜叉,但她之所以能把该臭男人驯得心服口服,也靠她的“丽”和“慧”。呜呼,“丽”是外在美,“慧”是内在美,缺一不可。现代化的太太小姐如果只学会了侯女士的张牙舞爪,开枪开炮,不过照本宣科,只学会了半截,包管后患无穷。

宽到别叫臭男人以为太太会饶了他,同样是严重的课题。臭男人一天到晚在社会乱跑,不准他上班固然办不到,就是不准他应酬也办不到,尤其是酒家里有裸体陪酒场面,舞厅里有带出带进节目,稍微一松,臭男人可真得其所哉。

夫“酒家”者,大陆各省各都市,处处都有,不但人潮汹涌的地方有,就是农村也有。诗不云乎:“借问酒家何处有,牧童遥指杏花村。”不过这些酒家,是正正派派的酒家。而台湾的酒家,则是以酒女为主,完全日本帝国的大和民族文化,一点中国味都闻不到。宾主云集之后,酒女花枝招展,坐在椅屁股那里,客人喝一盅,她就斟一盅,顶多唱一句"我的心里只有你",既不形而上,又不形而下。形而上者,像日本艺妓,中国从前"清倌人",对月傍花,或诗或棋,然后揖让而退。形而下者,用不着介绍矣,速战速决,三下五除二,以后鸡犬之声相闻,而老死不相往来。酒客之中,既无法形而上,又无法形而下,上不着天,下不着地,卡在当中,两头不过瘾。(不过自从裸体陪酒盛行,也逐渐形而下啦。)

柏杨先生迄今为止,还没有去过舞厅,固然是我道德奇高,但也是因为我不会跳。不会跳没啥,只要银子充足,舞女小姐照样灌迷魂汤。偏偏我老人家又没有银子,就只好望舞兴叹矣。但酒家却是去过一次,一个朋友请大家伙,拉年高德劭作陪,我当然义不容辞。不过该一次的结果不十分理想,盖欢场之中,穷人最好别往里挤,酒女小姐大江大海过了多少,识多见广,她只要一张凤眼,就瞧出谁是老板,谁是伙计;谁是大亨,谁是瘪三。再加上我老人家初出茅庐,脸上一时磨不开,简直就没人理。等我脸上磨开啦,看见身旁那位酒女小姐"一脸正经学",有点胆怯,也没敢乱动,正襟危坐,如芒刺在背。这还不算混账,算混账的是,临走时,不知道谁出的歪主意,叫她趁我手足失措之际,把口红擦到敝香港衫后肩上,回到家里,被老妻捉个真赃实据。我顶撞了她几句,只听啪的一声——啪的一声之后,赔了她两件旗袍。于此顺此奉劝青年朋友,酒家这种地方,少去为宜,一定要去,千万注意身上有没有多了点零件,如果该酒女小姐把小手帕狠心地塞到你口袋里,恐怕赔三件旗袍都难过关。

柏杨夫人这啪的一声,乃千古奇冤,到今天我都不服。不过站在太太立场,除非她装着雷达,则丈夫在外,就像断了线的风筝。即以柏杨先生而论,如果那一天该酒女小姐慧眼识英雄,免费招待,他妈的也很难说。这种情形,真教驯夫师为难也。打也不好,不打也不好,打则易生冤狱,不打则可能放了真凶。不过有一点建议的,宁放真凶,勿兴冤狱。

30. 不要太凶

我老人家奉劝太太小姐宁放真凶,勿兴冤狱,可不是站在臭男人立场,物伤其类,骗你阁下手下留情,以便待机而动。而是冤狱太多,将产生暴戾之气,臭男人如果无论怎样本本分分,守身如玉,都得不到贤妻大人的信任,他可能索性反了算啦。呜呼,即令我老人家跟那位酒女小姐狗了皮而又倒了灶,也不过啪的一声,难道还能把敝头割下来喂狗乎?写到这里,越想越气。

古不云乎,“水至清则无鱼”,太太大人如果专往歪地方想,当丈夫的不焦头烂额者几希,似乎得有点姑妄信之的浑厚胸襟。真的发现了臭男人在外面不老实,能禁止更好,如果没有这种力量,则最好退而求其次,把握一个原则:乱搞可恕,固定一个难饶。盖今天跟张小姐焉,明天跟李小姐焉,好像走马灯,眼花缭乱,颇不安分,但固可美其名曰“逢场作戏”,危险性不大。太太大人宽宏大量,也未尝不可睁一只眼,闭一只眼。但如果发生了孟轲先生所说的:“天下恶乎定,定于一。”臭男人只跟一个特定的死女人泡,警钟就大鸣矣。太太大人发觉得早,处理得好,还有可能旋转乾坤。如果发觉得迟,而又处理得糟,这个婚姻就要完结。所谓完结者,不一定是离婚,整天打打闹闹,或来个二十年不见面,也是完结。盖臭男人一旦固定了一个目标,就等于又多了一个强大的地心引力,不赶紧拴牢,他就被吸过去矣。

太太大人除非一心一意离婚,否则的话,就得切记,打也罢,闹也罢,哭也罢,号也罢,就是不能把臭男人的生路,全部截断。《孙子兵法》曰“穷寇莫追”,强盗先生被逼得没有后退的余地,反正是反正啦,只好翻身跟你一见死活。驯兽师训练虎老爷时,总是在笼子当中，以便它阁下可以往后倒退，从没有听说过把虎老爷逼到笼角的。驯夫师管丈夫，其理一也。一位朋友太太，为了丈夫在外面“定于一”，气得像一颗爆豆，先是大闹公堂，跑到他工作的衙门，找他的长官，找他的同事，找他的部下，手抱小娃，一把鼻涕一把泪，把他说得狗彘不如。

朋友太太大闹公堂之后，紧接着就远交近攻，争取友邦，也是手抱小娃，跑到丈夫所有亲戚朋友家里，呼天抢地，从前三皇哭诉到后五帝，从他当初当小偷哭诉到她提拔他当了经理。说到伤心之处，听众纷纷下泪，于是如她所希望的，大家一致公决，给该臭男人下个定义，曰：“忘恩负义，狼心狗肺，阴狠毒辣，卑鄙龌龊。”

该太太如果想借此机会，长痛不如短痛，他走他的阳关道，她走她的独木桥，索性离婚，临离之前，泄泄愤而出出气，也未尝不可。但如果仍有一念留恋，则这个办法就不高级——不但不高级，简直坑死人。那位朋友被他太太奇兵四出，结果是衙门把他撤了职，学堂又把他解了聘，一个斤斗栽下来，霎时间连饭都没得吃，真是一失足成千古恨，再回首已百年身。

该太太的原意，可能只是希望舆论给他一点压力，使他改邪归正。问题是，种瓜得瓜，种豆得豆。太太大人跑到衙门种了一个撤丈夫职的瓜，就非结出撤丈夫职的瓜不可；太太大人跑到学堂种下解丈夫聘的豆，就也非结出解丈夫聘的豆不可。一旦到了这种地步，这婚姻就算取消啦。当初他们闹了起来的时候，该太太三更半夜来柏府向我老人家讨教，狠曰：“我要到他办公室闹，闹不出结果，就到他老板家、同事家闹。”我大惊曰：“这主意是谁塞到你尊脑里的？”她曰：“他最怕这一套，我每次要找到他办公室，他就软了半截。”我曰：“贤弟媳，你见过虎老爷没有？虎老爷在动物园里住得不耐烦，破笼而出，到大街上看看女人，全城都会鸡飞狗跳，人仰马翻，怕它阁下吃人过瘾。可是它阁下最好是别吃人，只要吃一个，所有威风都没有啦，盖三作牌就要开枪打死它啦。你阁下只嚷嚷要闹，乃是虎老爷上街，臭男人为了前程，当然怕得要死。可是千万别真的闹，如果真的闹，那就跟虎老爷真吃了人一样,到此为止矣。"

呜呼,不听老人言,吃亏在眼前,该太太不佩服我老人家的真知灼见,结果是离婚了事。离了婚当然没啥,可是本来并不打算离婚的,而竟然离了婚,就有啥矣。她阁下犯的是原则性的错误,惜哉。

31. 走遍大街小巷

家庭者,夫妇吵架打架的地方也。任何一个家庭,都有这种闹翻天的节目。柏府对门,新近搬来一家,夫妇恩爱得不得了,据他们自己宣传说,结婚迄今,整整十五年啦,从没有红过脸。我老人家听啦,一面肃然起敬,一面颇为疑心。昨天下午,我去学堂接小孙女下学,走到巷口,正碰到该太太,她笑嘻嘻曰:"老头呀,你这几天写的管丈夫,真没意思。"我茫然曰:"没意思?难道你不管你的丈夫呀?"她曰:"我都是随他的意,尊重他,爱他,根本用不着管呀。"结果现时现报,就在昨晚,她阁下照她丈夫手臂上咬了一口,咬得鲜血直流。该丈夫狼狈跑到柏府借红药水,问他犯了"新家法"哪一条,他除了嘟嘟囔囔骂"死女人"外,硬是坚不吐实。相交不久,也不便深问。

——刚才我老人家从他家门缝往里偷觑,见他们夫妇又和好啦,手拉着手看电视。

不管怎么吧,家是个经常吵架兼偶尔打架的地方(这可不是说凡是没有吵架打架的家就不是家,那当然是家,不过只能算是冷冻之家),一旦不可开交,上面介绍的那种到处大闹的场面,就会很容易地隆重演出。哭哭啼啼,猛掀丈夫的底牌,为了争取同情,看她口没遮拦吧。三朋四友越是洗耳恭听,她越是说得有劲。呜呼,有几个臭男人的底牌不怕掀的?即令不怕也不行,太太大人为了引人入胜,想象力往往特别发达,无中生有的劣迹也能说上一火车。上个月中,老妻不自量力，跟我打架，结果是披头散发，走遍大街小巷，到处宣扬我老人家曰："哎呀，你可不知道，别瞧那老头外表像正人君子，既慷慨激昂，又慈祥恺悌。可是他当着人是一套，背着人又是一套，阴狠得厉害哩。我当初怎么上了他的当呀，他在外面穷追一个女学生，骗人家说他是个老光棍，可是被女学生哥哥知道啦，就在黑巷子里揍了他一顿，遍体鳞伤，揍得肚子胀了几年。这些时腿伤也发啦，他还写文章到处骗人说是害病害的，真不要脸到了家。还有一次张科长垮台，还不是他使坏告掉的，我那时候就说，张科长待你不错，当初你没饭吃时，要不是人家张科长介绍，《自立晚报》会理你？可是他只冷笑几声。是呀，他要往上爬呀，张科长挡他的路，他就挤张科长。我老啦，黄脸婆，配不上他，他现在红啦，了不起啦，走路都晕晕忽忽的，他总嫌我丢他的人，当然比不得那女大学生呀。他那几个臭稿费，哼，自以为了不起，自以为他有办法，吃了三天饱饭就连老祖宗都不认啦。"

感谢观世音，她阁下总算没说我老人家强奸杀人，还算有一线天良，不过可能这跟天良无关，大概一时没想起来罢啦。抗战期间，柏杨先生在沦陷区住过一段时期，有一次，我们也吵架兼打架，她阁下没占上风，就发起泼来，一脚奔到大街上，跳高曰："好，你敢顶撞我，你这个中央军，看我到日本宪兵队报告你。"幸亏我老人家那时候正在壮年，一个箭步，就把她拉住。

吾友王维先生诗曰"卫青不败由天幸"，柏杨夫人直到今天仍没有被柏杨先生踢出大门，也是天幸。并非我对她阁下尚有念念不忘之情，而是兵连祸结，忙着东奔西跑，没工夫动脚罢啦。

我老人家的意思是，再恩爱的夫妻，吵架总是难以避免的，必要时打上一架，也很正常。问题在于吵架打架时的伤害程度，和吵架打架后对伤害的弥补。像柏杨夫人这种刽子手作风，实在使人咬牙，我老人家抖了出来，不是现在就要踢啦，而只是想到，这是一个无知无识的典型。但有些如花似玉，既有学问，又绝顶聪明，却也犯了这种毛病，就实在想不通。呜呼，一旦跟臭男人冲了突，字典上所有恶毒的字眼就像尖刀一样乱戳，大概气得要疯，唯恐怕该臭男人受的伤害不够重。结果是伤害够重啦，却无法收摊子。我老人家有位朋友，他太太骂起他来，连他十八代祖宗都卷到里面，说他祖宗缺了德，才生下他这种下三滥。然后努力宣传他当初怎么利用她勾搭上司，要不是她，他升官？升个屁吧。嗟夫，任何闺房隐私，都是无法摆到桌面上求证的，只要一方面不要了脸，真的固是真的，假的也是真的，该臭男人纵然请出计算机，也无法剖白。正因为如此，所以太尖刻太恶毒的话，是婚姻的致命伤，如果不打算分手，还是应该话到口边留半句。否则的话，即令过了些时，和好如初，该臭男人背着这么重的一口黑锅，以后就不能在社会上走来走去矣。与其用恶毒的话来乱戳，还不如打上一架。盖言语的伤害在内心，久久难忘，打一架伤害在身体，过两天也就痊愈啦。（这个打，只是指照屁股上几巴掌而言，如果打得遍体鳞伤，躺床不起，这个婚就没啥好考虑的，非离不可。）

太太的朋友是一个家庭幸福不幸福的决定力量。这在吵了架打了架，太太委屈万状时，更是一个关键。前面介绍那位手抱小娃的太太，她所以有那么大的后劲东闹西闹，就跟她的朋友有关。盖那些三姑六婆，还没等她哭完，就全体哗然，出奇计曰："天下男人没有一个不坏，你这么一个美人儿，他还吃野食，不能饶他。到衙门里找老板，掀他的底牌呀，把他搞得处处碰壁，看他回头不回头？看他再敢不敢？你说啥？怕他的工作垮？你这个人就是懦弱，提不起，放不下，这种人不整他一整，以后他能把你卖掉。哼，他能找别的女人，你也可找个小白脸！"

《朱子家训》曰："三姑六婆，淫盗之媒！"妻子们遇到困难而向三姑六婆求救，恐怕是非一头栽到深井里不可。

32. 来函照复

有几位读者老爷来信,分别在此恭答。

台南市"一读者"女士在信上厉声问曰:"柏老,柏老,瞧你说来说去,终于露出来狐狸尾巴,原来你跳不出老生常谈,劝我们妇女同胞在臭男人淫威之下,委曲求全,讨他们的欢心呀。"

柏杨先生曰:这封信笔迹娟秀,大概是太太小姐写的,真叫我老人家不佩服。夫同样的一句话,如果一肚子气说出,则是"露出来狐狸尾巴",如果敬佩交加说出,则未尝不是"露出来诚恳的劝告"。不过该女士倒是真的看穿了我的肺腑,果真建议太太小姐"委曲求全,讨臭男人的欢心"的也,难道该女士主张凡是妻子,都要对她丈夫恨得咬牙切齿,不共戴天乎?我们现在谈的管丈夫,所以替太太这么划策。并不是说臭男人就成了王啦,当一个臭男人,同样的也要"委曲求全,讨死女人的欢心"。夫妻二人,都需要一面倒,互相委曲求全,互相讨对方欢心才是。

委曲求全,并不是向淫威屈服。呜呼,"淫威"两个字太抽象,给它下个界限说很难。柏杨夫人要向日本老爷报告我是中央军,算不算淫威?难道我就不可以委曲求全,而必须弄点巴拉松给她吃哉?

台南市蔡瑛瑛先生叫我把下列一段文言文译成白话,文曰:"坤造已土,生于仲夏火炎之候,日元坐边夏士,有水而不操,论官无力,而得财量之化,财强身旺,为富格而论,夫星不碍,子息明朗,文昌与六秀相连,一生聪明,文秀。"

柏杨先生曰:蔡先生大概瞧我天天猛写,很有学问的样子,就考我这么一考。这一下可真考住啦,不知道抄写有没有错误,而且也没有言明出自何书。看起来好像是算命先生批的八字。至少也跟星象学有关,大概该女子五六月间生,婚姻匹配,儿女成材,这门亲事是上等亲事,尽管放心好啦。

大意应是如此,我想不必逐字翻译。但使我大惑不解的是,蔡先生看这种书干啥?除非想当蔡半仙蔡铁嘴,实在没有这个必要。即令要娶妻子,也不能再算八字。夫“展卷有益”,乃有选择的展卷有益,非不分青红皂白,展啥卷都有益也。实在闷得发慌,宁可去河边捞小蝌蚪,也是一乐。盖有些书实在是无益,有些书则还是用砒霜做的,不展还好,一展就要倒霉。

俗云:“富人吃药,穷人卖命。”人一旦有了几文,就自然产生两种现象,一种是吃得好,一种是运动少,好少夹攻,啥病都会出来,起码也得闹闹肠胃,以示泰极否来。君不见《红楼梦》上的贾母乎,只要多吃了一口,第二天就哼哼唉唉,请医生矣。

有钱人固然容易害肠胃病,但可不是说逆定理也成立,有肠胃病的就一定是有钱人,盖饿也能饿出胃酸过度的肠胃病。我们家乡俗话叫“饥饱痨”,说饥就饥,必须马上往肚子里填点东西才行。

一个人一旦穷得叮当作响,走投无路,就免不了求神打卦,问问啥时候时来运转。柏杨先生便是卦摊上的老主顾,台北西门町一带那几位“山人”,几乎都把臂言欢过。朋友们也知道我有这种嗜好,遇到他佩服的半仙或铁嘴,一定很关切地向我推荐,我也总是攒几个钱,前往一试,听听他们恭维我后福无穷的话,就禁不住眉笑眼开,老老实实乐一阵子。

我不反对求神打卦,甚至还奉劝倒霉分子不妨经常去算上一算。盖半仙也好,铁嘴也好,都有一个传统,那就是,不使倒霉分子绝望,千篇一律的一段话:“你阁下正逢空亡,万事无成,所以没有一件事顺心。等到明年春天,阳气上升,春回火旺,火生金,金生水,啊呀,你是水命,定有贵人相扶。求财得财,求妻得妻。”为了证明斩金断铁,还拍肩膀曰:“看你鬓角有光,无忧无伤,到时候可得请俺吃一盅。”你阁下本来要跳尼罗河的,一听明年春天准有妻子财禄,就能咬着牙再挺几个月,说不定真能挺出一点苗头,则你就成了该算命先生的

“口碑”，到处宣传他真灵呀。如果挺到了明年春天，仍苦海无边，三餐不继，那也没啥，另找一个卦摊，再算上一算，说你到了秋天就好啦。有了新的希望，就免不了焦头烂额再挺。

算命先生总是给人们一种继续活下去的鼓励，和一种活下去的远景。即令是真正的“半仙”，甚至“全仙”——吕洞宾先生下凡，他总不能用他的铁嘴大义灭亲曰：“看你两眼无神，印堂发暗，三天之内，必有杀身之祸。怎么，你不信？好吧，你如果后天还没坐牢，来砸招牌。”倒霉分子说不定一出门就买巴拉松。连“全仙”都要口下留情，何况混饭吃的凡夫俗子乎哉？

不过，无论如何，我们希望任凭是谁，最好一辈子都不去求神打卦，更不希望一个有无限前途的青年朋友，往这条路上钻。这一行是跟人类命运纠缠的，而人类命运是天下最难捉摸之物。也就是说，每一行都可以出状元，只有算卦这一行，一辈子都不能搞出名堂，顶多维持残生而已。一个人活在世界上，不过维持残生，那只是动物的生存，而非人类特有的生活，糟蹋了自己，也糟蹋了国家给你的培植，没意思，没意思。

台北市两位“一读者”先生，台南市一位“一读者”先生，冈山一位“一读者”先生，屏东张予文先生，各位提出的问题，措词虽不一样，内容则差不多：“台北县新店镇情人谷一连串的奸杀案，使人寒心，女孩子遇到这种厄运，被奸不说，还难逃被杀。柏老诡计多端，不知有无什么方法，供仕女采择，俾紧急时能免危难，实功德无量矣。”

柏杨先生曰：这又是在考人，我老人家如果百事亨通，连对防止奸杀都有办法，早开学堂去啦，还写杂文干啥？不过你阁下看过《小亨利》漫画乎？小亨利先生是个皮透了的顽童，有天在马路上，看见一个小姑娘，他就吹起口哨，她不理他，他就穷追，正追得兴头，看见该小姑娘进了一家大门，他往门上一瞧，叫声“妈呀”，扭头就跑，盖该门上有招牌曰：“柔道学堂”。

洋人国的太太小姐很重视防身之道，有些男女孩子从小就像《小亨利》漫画上说的那小姑娘一样，送到柔道学堂，学两下子。夫柔道是啥,我老人家可弄不清楚,有人说这玩意儿,中国"古已有之",古时候是不是真有,不必管它,即令真有,也是古时候有,现在中国可是没有。全世界都把日本同胞当成柔道老祖宗,洋人国柔道学堂纷纷成立,用的术语是日本话,用的仪式也是日本规矩,先下一阵跪,再鞠一阵躬,然后,大喝一声——哈。接着是忽连倒冬,暴徒仰了面而朝了天。

仰了面而朝了天,就是暴徒的下场,情人谷惨案的那两位女主角,如果也学过柔道训练,恐怕凶手先生不敢饿虎扑羊。其实他不敢饿虎扑羊算他运气,一旦饿虎扑羊,现时现报,还没看清是怎么回事哩,已跌了个狗吃屎,躺到地下哼矣。则不但可免灾难,还可为妇女同胞出一口气。柏杨先生奉劝各位太太小姐学柔道,而不劝太太小姐学少林拳,因柔道施展出来,用不了太大力气,而是顺手推舟,对方用的劲越大,跌得越重,而且还不致把玉臂和玉腿练粗,真是第一等妙诀。

或许读者老爷又要问啦,如果那位凶手先生也会柔道,而且段数更高怎么办?呜呼,怎么办?事情到了那种地步,就没有啥怎么办的,这种话问起来等于没问。凶手先生尊手里要是有一挺火焰喷射器,只一按钮,就能把太太小姐烧成一堆焦炭,你阁下的柔道就是高到一百零八段也没有用。

学柔道不过是技术上的防范,仅只靠技术有时候并不能解决问题,而且一旦遇到段数高的,或手持火焰喷射器的,英雄无用武之地,其结果跟根本不会柔道没啥差别,所以太太小姐必须另备良药才行。

33. 不要给人机会

就在去年冬天,柏杨先生碰到一件窝囊之事,当时气得恨不得放把火烧了他娘的。现在总算心如枯井,可以检讨检讨啦。按照传统文化,检讨的结果一定是别人错,所以关于别人错的一部分,不必细表。只介绍我老人家对的部分,以便同情。这件事简单明了不过,那天晚上,买了两个橘子,回家途中,被巷口丁姓老汉拉住下棋。下棋就下棋吧,二人蹲在他家门口,正下得起劲,忽然觉得有甚么东西在屁股上顶了一下,用手一摸,原来橘子竟然掉啦,急忙揣起。想不到一个其貌不扬的家伙,跑到眼前,细声问曰:“老头,那橘子是我的吧。”我立刻气冲牛斗,叫曰:“我刚从摊子上买来的,不信请问问丁老汉。”这时有人在他背后喊曰:“橘子找到啦,掉到水沟里啦。”原来他阁下也是摆摊子的,这些时做生意流年不利,每天都要被偷。那天又不见了两个,偏偏我在鬼鬼祟祟往怀里揣时,正好也是两个。他一听已经找到,面上一青一红,急向我道歉。可是我老人家一贯作风,是有理不让人的,当下就训他曰:“老哥,你看我老人家望之不似人君,像个小偷是不是?”他曰:“对不起。”我曰:“对不起就算啦,想我柏杨先生,名震四海,有啥可说的,只为了衣裳褴褛,你就狗眼看人。”他慌曰:“对不起,真对不起。”我大怒曰:“你杀了人难道一句对不起就没事啦,看你獐头鼠目,怕不把老婆孩子活活饿死。”他这时已有点不高兴,正色曰:“你怎么开口骂人呀?”我曰:“哎呀,你还不服气,骂是你自己找的,你再这么浑,将来总有一天犯了王法,拉到马场町枪毙。”丁老汉急忙向我使眼色,我正在高潮,怎会在乎他的眼色,就又吼曰:“你瞪啥眼,看你这副凶相,不用问就知道不是好东西,怪不得天天丢橘子。欺负人不能这么欺负法,你诬良为盗,我一个名片送到衙门,叫你吃官司,看你以后还敢不敢狗眼看人低。”吼罢此话,真是浑身舒泰,以为他要垂头丧气,狼狈而逃。谁知道他竟然不晓得我们是尊老敬贤的礼仪之邦,霎时间把穷脸一板,破口大骂起来,最初骂的还比较文明,只不过叫我不得好死,接着骂的话就简直不像人话(非常抱歉,因读者老爷中太太小姐甚多,实在是不便写出来,以免被指为有伤风化),要不是可爱的丁老汉把他拉开,警告他一拳准把糟老头打个窟窿,那一次他可能真下毒手。我老人家气呼呼地回到家里(橘子也不知道啥时候弄丢啦),丁老汉跟着我屁股后慰问了一番,临走时说了一段话曰:“柏老,不管谁对谁错,我奉劝阁下,千万不要给人侮辱你的机会。”

俗不云乎,长到老,学到老,丁老汉一言惊醒梦中人。吾友孔丘先生曰:“朝闻道,夕死可矣。”我老人家如果七十岁那一年就翘了辫子,真是九泉之下,也难瞑目。而经过丁老汉这么一指点,即令现在死啦,总算不虚此生。特地在此介绍出来,各位读者老爷中大概年轻朋友居多,能读到柏杨先生介绍的金玉良言,算你运气。盖我老人家活到快没有牙啦,才第一次听到,而贵阁下这么早就听到啦,不是运气是啥。

呜呼,“不要给他侮辱你的机会”,其中有一种“光棍不吃眼前亏”之意,但比“光棍不吃眼前亏”更富做人处事的真理。即以柏杨先生而论,显然没有眼前亏可吃,而是鬼迷了心,逼得那穷小子非侮辱我一顿不可。各位读者老爷应特别以此为戒,莫再跳我老人家跳过的坑。遇到张牙舞爪的朋友,或逼到头上的横逆,如果不能十拿九稳,手到擒来,千万别大开辕门,引诱他照尊鼻上拜拳主义。古书上有这么一则故事(书名偶忘之矣),除夕那天,一个富翁门口,来了一个叫化子,拿着一条破裤,非要卖一百元美金不可,家人赶他,他就又跳又骂——跟那该死的橘子小贩骂柏杨先生一样,脏话像喷泉一样出了笼,家人气得发昏第十一,就要开揍。这时主人翁闻声出来,把家人喝退,和颜悦色曰:“迷死脱张,请坐请坐,不要生气,明天就是新年,你那尊裤,也不必卖,卖了也来不及做新的,这里是二十元美金,暂且收下,等开春之后,你想成家立业,不妨再来找我。”叫化子怔了半天,收下二十块钱,拿起破裤,逡巡退出,主人翁还亲自送出大门,在那么多看热闹的众目睽睽之下,握手道别。

主人翁这种含垢忍辱的干法,用不着说,全家一致埋怨,说老头发了昏啦。可是到了第二天,他们便感谢老头的这一昏。盖就在当天晚上,叫化子老爷死在另一家门口。古时候的法官比现在还要自由心证,一场人命官司打下来,那一家被搞得家破人散。原来叫化子老爷登门大闹时，已服了巴拉松，就等对方动手，只要一巴掌，他就撒赖。年轻人火大，如果再把他拖出去，那就更中了他同归于尽的奇计，立刻口吐鲜血，倒地而死。呜呼，不是受欺太甚，怎会愤而服毒？家人就问主人翁曰："老头，你怎么知道他服了毒呀？"主人翁曰："我并不知道他服了毒，只知道横逆之来，必有所恃，我不给他陷害我们的机会。"请注意这"必有所恃"，凶暴的人仗恃他的拳头，下三滥的人仗恃他的破口大骂，无赖流氓仗恃他的人多势众，走投无路的人仗恃他一条命，前三项招来的是侮辱，后一项招来的则是官司矣。

34. 保卫术

柏杨先生对橘子小贩张牙舞爪，是一个类型。叫化子对主人翁咄咄逼人，又是一个类型。各位读者老爷以我老人家为戒易，以主人翁为法难。也就是说，一个人不欺负人易，而受了人家欺负时还笑眯眯也难。我老人家宣传"不给他侮辱你的机会"，固然主张笑眯眯，但绝不是劝你阁下马上去官崽大学堂吃软骨药，一跪到底。这跟一场打斗一样，最好是不让他先动手。即令他先动手，则最好是先躲过第一拳再说。洋大人有则小幽默，一个人被打得头肿脸青，到法院告状，法官老爷问曰："在他动手打你之前，你有没有想办法阻止他耶？"该家伙哭丧脸答曰："老爷，我把啥脏话都骂出来啦，可是没有用。"那当然没有用，盖一个人绝对不能用逼着人家非冒犯不可的手段，去阻挡人家冒犯也。

前些时台北复旦桥经常有野孩子调戏女学生的新闻。我有一个朋友住在台北永康街，夫永康街是住宅区，入夜之后，巷子里静得像口枯井，他阁下的女儿在大学堂夜间部念书，每晚回家，总在十一时左右，也有太保人物在屁股后，一面追一面搭讪曰："小姐，小姐，你在啥学堂呀?”“把名字告诉我好不好?”“一言为定,我请你看电影!”吓得她花容失色,两腿发软。该朋友报警察局也没有结果,找我讨教,我就把“不给他冒犯的机会”赠给他,果然一剂见效。盖太保人物说秃了舌头,女孩子就是相应不理,“贵姓呀?”不理;“啥电影院的片子真好?”不理;“你认识不认识王宝钏,她是我妹妹。”不理。好说不行,歹话出笼,“嗨,好漂亮的妞儿。”不理;“看你长得又白又嫩,摸一摸没关系吧?”不理;“你再不说话,就是答应我啦!”不理。歹话不行,可能还有挡路节目,太保人物把单车往路当中一横,你就绕到边上走;太保人物紧跑两步,转身逼面,你就看也不看,侧身而行;你往左侧,他往左跨一步,你往右侧,他往右跨一步,那么你就该仍是一言不发,转身到最近的一家,作敲门状。只要死不开腔,而不开腔是表示你对他不屑,也对他不惧,他就好像狗咬刺猬,无从下口。如果气冲霄汉,为了证明你不是哑巴,向他吼曰:“死相!”好吧,我怎么死相吧,人家都说我帅得很哩。两个人一陷入争吵,事情就复杂啦。

用“死不开腔”对付太保——一种尚未修炼成形的准小流氓,绰绰有余。但如果对付已经定了型的大流氓,就未必无往而不利。对付大流氓,恐怕需要柔道,或请人护花。不过,这只是一个例子,盖只要你一开腔,就敞开了他进攻之门,给了他冒犯你的机会,他可能抓住你问你为啥骂他呀,这时就是半路杀出《七海游侠》赛门·邓普勒,都得纠缠一阵。

太太小姐穿的衣服过于暴露——有些死女人裙子奇短,坐在那里,三角裤都猛往外跳,她本身就是一种危险。洋报上有一则故事,一架从旧金山飞纽约的夜班飞机上,一位如花似玉,穿着低领口的上衣和短得要命的迷你裙,躺下来大睡特睡。低领口上衣只要弯一弯腰,迷你裙只要坐一坐,臭男人都受不了。如今再那么一躺,那比往臭男人尊肚里灌一桶火油还严重。当时对面就坐着一个臭男人,他急忙找一条毯子盖到她身上,她媚眼惺忪曰:“对不起,我明天还要上班,你明天不上班乎?”该臭男人喘气曰:“正因为我明天也要上班,才给你盖毯子呀。”嗟夫,面对玉体横陈,曲线暴露,如果不用点啥遮一遮，不发疯就算祖宗有德，明天还上班，上屁班吧。

飞机之上是高度文明地方，该臭男人也只好文明。如果该镜头不是在飞机上，而是在洪荒时代的情人谷，结果如何，谁也不敢打赌。刚果共和国独立时，黑人军队叛变，对白种妇女强奸了个够。理由很简单，那些死女人，穿着四角裤，露着雪白大腿，在大街上扭来扭去，扭得人心头发火。平常日子，看到眼里，只好咽咽吐沫，一旦控制松懈，就迫不及待地马路上干起来啦。

柏杨先生说这话可不是啥时候变成了酱缸蛆，提倡复古，太太小姐最好大门不出，二门不迈；一定要出门的话，就没头没脑地包个结实。而只是说，普通的暴露服装，若没袖子焉，若低领口焉，若露出膝盖的裙子焉，臭男人看得多啦，成了习惯，见怪不怪，其怪自败。而太过于暴露的服装，上面展览乳沟，下面展览大腿，臭男人一下子不能适应，就容易狗急跳墙矣。

有一件事是太太小姐必须了解的，男人对性的反应跟女人不一样。女人认为屁也不屁的事，臭男人碰上啦简直如五雷轰顶。大多数女人好像一壶凉水，必须慢慢加火才能热起来。而大多数臭男人则好像一个打足了气的皮球，碰一碰它就跳一跳，轻轻一碰它轻轻一跳，重重一碰它重重一跳，最糟的是，有些根本还没有碰，它也会跳。

35. 千万别玩火

当男人实在是一种刑罚，“性”的困扰，远超过女人千倍万倍。但这种皮球的特质，是上帝赋给的，非自己努力学习的也。偏偏女人一天比一天不像话，露出胳膊不算，还要露出胸脯，露出胸脯不算，还要露出肚脐眼。只在四年之前，裙子还遮住膝盖，只在三年之前，洋人国女人还在争取“露出膝盖的自由”。想不到不露则已，一露不可遏止。这就跟层出不穷的新武器一样，我们还活在弓箭时代哩，只听啪啪啪啪，敌人已架起机关枪啦。好容易弄明白机关枪是啥，不再心惊肉跳，嗖的一声，敌人又放出火箭。二十世纪二十年代初期，太太小姐穿半截袖，臭男人受不了。好容易熬到麻木不仁，袖子又化为乌有，反而拼命往里凹，双肩上只剩下一条线，臭男人血压只好笔直上升。好容易练得脸厚皮粗，血压稳定，死女人的裙子又往上猛缩，猛缩之状，前已言之，不必细表。于是乎从腿根到脚尖，一丝不挂，其实不挂还好，挂起来更像陷阱，臭男人不看吧，实在他妈的想看（而且不看它，太太小姐也不高兴，说你是呆瓜），拼命看吧，死女人又说你不正经。如果诚于中而形于外，伸手摸上一摸，后果不用再介绍矣，现成的形容词就罩到头上，曰“色狼”。呜呼，这年头臭男人要想不当色狼，可真得有点道行。各位读者老爷一定还记得前几天报上一则美联社消息，纽约一对年轻夫妇，光天化日之下，就在公园里颠鸾倒凤，惹得女人掩面逃走，而男人围观奇景。被捉到官里去后，该小子供曰：“我实在抵抗不住她肉体的诱惑！”噫，丈夫对妻子总不好意思说是色狼吧。臭男人的可怜处也正在此，抵抗不住也得抵抗。

其实衣服暴露，还是小焉者。臭男人既受非礼勿动的教育，又怕动了手吃官司，大多数场合下，只好自认霉气，端起嘴脸，假装道貌岸然。不过衣服既然大家都是这么穿的，太太小姐总不能违反潮流，臭男人也无权要求太太小姐违反潮流。万般无奈中，唯一的建议是，太太小姐似乎不一定非站在时代的尖端不可。这办法并不是绝对好办法，但站到时代尖端的往往被人目为奇装异服，而在屁股后跟进的就是正常的矣。

除了服装，严重的还是太太小姐们的态度，服装既是时代的产物，谁也无法度，而态度却是自己的，纵横捭阖，可以不必仰仗别人，太太小姐态度如果不够端庄，那就更成了扔到火炉里的爆竹。

在性的反应上，臭男人没有谁例外，流氓如此，圣人也如此，下三滥如此，国王也如此。于是乎，当一个太太小姐，也实在困难重重，举目所及，臭男人没有一个绝对可以信赖的，要有的话，也只有相对的信赖。在特定的场合下,在特别高等的教养和情操下,臭男人才有可能变成柳下惠。但一旦场合不对,一旦教养和情操不对,恐怕就十分的不安全。不要说别人啦,即以柏杨先生之尊,我就觉得我老人家简直一点都不可靠。写到这里,隆重在此声明,如有太太小姐认为我早已改邪归正,而又年迈气衰,一定安如泰山,因而硬往我怀里塞,那可是又犯了原则性的错误,届时毛手毛脚,不能说我人面兽心也。

太太小姐必须在这方面有足够的警觉,才是上上之策。这种警觉可不是说见了臭男人就虎视眈眈,认为他要掏出刀子啦。而是说,既然该臭男人是个皮球,就千万不要故意踢踢它看它会不会跳,或看它跳多高。该皮球如果有够深的教养和够高的情操,踢了几踢也不跳,可是也千万不要踢个没完,逼得它嗵的一声,砸到你漂亮的脑壳上。

态度端庄不是不苟言笑,也不是变成木头人,更不是扭扭捏捏,认为所有跟她攀交情找话说的臭男人都在想跟她上床——有此一念,就小家子气兼俗不可耐矣。端庄的意思是在温柔、顺和、善意、笑容中,永远不给臭男人动歪念头的机会。盖臭男人虽不可信赖,既不能在芳容上表示出来"你这家伙没有好心眼",则只有严防他不可信赖的心理变成行动。世界上不分三七二十一,像刚果那些黑脸朋友,说上就上的实在是少之又少。臭男人往往都是在"暗示"之下,勇气才勃然爆发。我们说这"暗示",不一定指太太小姐真的暗示啦,同样道理,世界上暗示臭男人强暴自己的太太小姐也是少之又少。但问题固不在这上,只要你努力卖弄风情,或嗲得没有节制,被臭男人误认为你在"暗示",那就够啦。盖英雄豪杰不发动则已,一发动就不能半途而废,一则他要维持他的尊严,二则他要考虑到攻势失败后的结局,三则臭男人奇特的脑筋里会油然想到,好呀,你吊我的胃口呀。

到了这一步,太太小姐就面临到"玩火"的后果。呜呼,这又是原则问题矣。哪个太太小姐明知道是火而玩之乎,都认为那根本不是火才玩之的。结果玩着玩着,大火冲天,烧得少皮没毛,甚至送掉尊命。也有些太太小姐,不知道从啥地方学了几手,认为别人玩火是不得其法,只有她身怀绝技,把火玩得风雨不漏。这种明知道是火而乱玩之的心理,下场还要惨烈。更有些太太小姐,明明是玩火,她却像头戴巴斗,两眼漆黑,认为她并没有玩火呀,我们就不便说别的矣。

36. 胡子乱翘

情人谷的奸杀案,凶手实在是狗娘养的,用不着在他阁下身上费唾沫啦。但有一点却奇怪非常,那两位可怜的女主角,都死在高山荒僻之处,不知道她们怎么会到了那种地方?第二位女主角背后被戳了十几个窟窿,大家推测一定是凶手手持钢刀,在屁股后紧紧逼迫。这当然有可能,不过,当她初离开人群的时候,难道凶手就亮出钢刀乎?钢刀不是灭音手枪,灭音手枪能百步穿杨,可以悄悄地抵住腰窝,而钢刀就非近身不可矣。以小人之心,度君子之腹,至少最初一段路,似乎是有点心甘情愿。君不见,第一位女主角,背上并没有窟窿欤?恐怕她们太过于自信,认为该家伙温雅文明,绝不致翻脸吧。

就在情人谷血案还没有侦破,警骑四布搜索之际,距情人谷不远的空军公墓,又发生了同样的一桩,幸亏不过只有奸而没有杀。说起来更叫人扼腕,一位道貌岸然,带着好朋友两个女儿去游山玩水,到了公墓,一瞧四下无人,就露出本相,来一个霸王硬上弓。这个案子据说后来和解啦,和解啦也好,这种窝囊之事,我们并不赞成一定要闹得满城风雨。但这两位女儿的父母,却也是原则上错矣。柏杨先生有位阔大代表老汉朋友(姓名可不能透露,一透露恐怕就得瘸着走),刚来台湾的时候,高朋满座,而且有几位还挤在他府上做了长期住户,白天四散找工作,晚上回巢睡大觉。他有位二十一二岁的女儿,平常都是把这些流亡客叫“伯伯”、“叔叔”的。当中过程我们弄不清，反正是有一天，一位伯伯忽然面红耳赤地向他阁下求婚，想娶他的女儿。老汉当时就跳起高来，可是不跳高还好，一跳了高，对方发现事不谐矣，第二天，一男一女兼一老一少，就溜之乎也，把老汉气得大骂衣冠禽兽，找我老人家出主意。呜呼，他们二人均到了法定年龄，而且生米已煮成熟饭，还有啥法子哉。但老汉却坚持着非找到不可，我曰："找到了又怎么办？"他曰："我得狠狠揍他一顿。"我曰："揍了一顿之后又怎么办？"他胡子乱翘。

这已是二十年前之事矣，后来该"伯伯"在台北不能立足，就到了台东花莲一带，当上了校长，生活过得很好，家庭也很幸福，老汉才总算放了心。但他的那股恨劲仍始终难消，以致到现在为止，翁婿还不相往来。其中可能还有一点别的困难，过去二人见面，都是大哥二哥麻子哥的，现在改口叫爹，未免磨不开。

我老人家举这个例子，可不是戳老汉的伤疤（他阁下的脑筋里一直认为家丑不可扬），而是说明，要想臭男人规规矩矩，应该保持适当的距离。情人谷那两位女主角，她们跟凶手的距离恐怕是太近啦。

也是另一个朋友，这朋友比前面那位阔大代表要有学问得多，他也有一位女儿，不过十四五岁，但已出落得跟伊丽莎白·泰勒一样，人人见之，都要捏她一下脸蛋。去年冬天，他的一位把兄弟应邀携眷到台中谷关一带游览，邀请机关派有专用小汽车直接往返，而且又有专人陪同。把兄弟既没有眷属，就打算带女孩子前往，来回三天，可以大玩特玩。做妈妈的已答应啦，但做爸爸的想了一想，却把弟弟交把兄弟带去。女儿当然不高兴，跟老头闹了几天。呜呼，不要说闹了几天，就是一家大小群起而揍之，这决定也是对的。我们说该决定是对的，乃是指他的原则是对的，非指他判断是对的。事实上他的判断并不对，该把兄弟恰恰是一位真正的正派之士，今年春天跟相恋了四年之久的小姐结了婚，太太漂亮得不像话。

还有一个最大的原则，这原则不但是太太小姐立身处世的大原则，也是每一个人立身处世的大原则。这个大原则是，别贪小便宜——尤其是女孩子,千万别贪臭男人的小便宜。俗不云乎“贪小便宜吃大亏”,要知道天下没有便宜的事,任何一件收获,都必须付出相等的代价,要想用低价钱去买必须用高价钱才能买到的东西,要想用嫣然一笑就笑出金山银山,要想用一肚子不正经鬼主意去换臭男人的真心真意,恐怕没有这么简单。臭男人的钱并不是从天上掉下来的,都是辛辛苦苦挣到手的,甚至是冒着犯法坐牢,身败名裂的危险挣到手的,而他竟然大雨倾盆地花到你身上,目的是啥?还用去卦摊找张铁嘴、王半仙乎?我老人家在《堡垒集》里好像嚷嚷过,臭男人如果送你一块手表,或送你一件衣服,情况还很普通;一旦该臭男人送你一幢洋房,或送你一辆汽车,恐怕那就是把你“包”定啦,除了当他的专用情妇外,没有第二条路。如果死女人不服这股劲兼不信这份邪,则轻者饿虎扑羊,重者白刀子进,红刀子出。有朝一日,柏杨先生送了你阁下一个十克拉的钻戒,你阁下可别妄想就靠“普通朋友”四个字,我就心满意足。岂止女人不应该贪臭男人的小便宜,便是臭男人也以不贪女人的小便宜为宜,“最难消受美人恩”,如花似玉卖掉手镯供臭男人上学堂,还是高级的,一旦如花似玉翻了过来,也送给臭男人一幢洋房和一辆汽车,臭男人恐怕当定了她的家奴,她想怎么玩就得叫她怎么玩。

在两种场合下,“礼物”也者,往往不是孤立的,那就是“官场”和“情场”。必有一个比该“礼物”更大更巨的附件,被一条看不见的魔线拴在后面。太太小姐喜欢小便宜,务必想到当你接受臭男人的礼物时,也同时接受了该礼物的附件。如果不打算接受附件,那只有不接受该礼物。有些太太小姐一见小便宜上门,立刻眉飞眼舞,那是自动自发地敞开了臭男人冒犯她的大门。

37. 宁可·也别

黄河流域一带中国人,对花钱而又受气的大爷,上尊号曰"肉头",言其头只有肉而无骨,想怎么捏都行,捏银子就出银子,捏金子就出金子,不但破财,必要时还兼丢人,而且丢了人还不敢吭声。这种"肉头"当然很多,但很多并不等于全是,太太小姐捏一个头是肉头,俘了点小便宜(可能是一件貂皮大衣),再捏一个头可能仍是肉头,又俘了点小便宜(可能是一条翡翠项链)。一次得手,再次得手,无往而不利,她阁下就不知不觉捏上了瘾,也捏上了自信。于是乎,一个连一个地捏,捏到最后,忽然捏到一个像壁虎一样有吸盘的炸弹头,捏又捏不动,缩又缩不回,那就要报销啦。

抗战之前,上海曾有这么一段花边新闻,一位满脸蠢相,但实际上精明透顶的阔佬,到舞厅跳舞。众女一看,肉头来啦,就蜂拥而上。他阁下左挑右挑,挑了一个最红、最漂亮、身价最高的小姐,跳了一阵,然后带她出去买东西。他是汽车阶级,为了表示技术非凡,打发走司机,由他亲自开车,一个公司连一个公司,一个商行接一个商行,大买特买,买了一车动人心魄的衣料服装兼首饰珠宝。买过之后,已后半夜啦,他提议到四号桥一带兜兜风。看在这么多小便宜面上,兜兜风就兜兜风吧。结果兜到了荒郊野外,他就开始了色狼节目,又是看在这么多小便宜的面上,色狼就色狼吧。等到风平浪静之后,阔佬发动了引擎,推上了排档,忽然大惊曰:"打铃,后轮胎好像有点毛病,拜托你看看还有没有气?"下车看看轮胎有没有气,再稀松平常不过,可是等她下了汽车,轻移莲步,走到车屁股那里,弯着纤腰,正要细看,只听呜的一声,一股黑烟扑到粉脸上,阔佬连人带车,还有满车的小便宜,跑他娘的啦。剩下舞女小姐一个人,孤零零在马路上,又羞又愤,又急又气,只好一面哭,一面骂,一拐一拐地往回走,后来幸亏遇到警方的巡逻车,才算结束这场闹剧。

这种例子如果举起来,能举三天,不过也未免千篇一律。照实形容吧,有伤风化;不照实形容吧,又难尽其妙;同时有些是至亲好友,有些则其身正在台湾,举出来实有未便。且再介绍十五年前香港《自由人》报上连载的一篇报导,以资结束。其实即令介绍这篇报导,也不能畅所欲言,只说它的重点吧。某一位如花似玉,大学堂毕业,抗战时候,仗着她年轻貌美,把臭男人像"地斗牛"似的玩得团团直转。她阁下先抓住张三先生逗之,张三先生立刻神魂颠倒,人人都认为他艳福不浅;可是过了三个月,她就照张三先生屁股上一高跟鞋,又抓住李四先生;李四先生立刻也茶不思饭不想,人人又都认为他娶她是娶定啦,这么又维持了三个月,她又照李四先生屁股上一高跟鞋,再扭身抓住王五先生。如此这般,把臭男人当成一块破布。

问题是,破布是没有感情的,阁下听说过被丢的破布先生在垃圾箱里咬牙切齿乎?而人就不然矣,那些被踢的臭男人,自尊心和荣誉心受到可怕的伤害,有的从此疯疯癫癫,一蹶不振;有的索性往嘉陵江一跳,了此残生。可是她阁下却毫不在乎,在她的观念中,恋爱自由,自由恋爱,你恋你的爱,我自我的由,我没说要嫁谁呀,玩得好就玩,玩得不好就各奔前程,趁着青春正盛,且享受一阵再说。到了后来,她捏了一个有盒子炮的,正要再踢时,他把她诱到旷野,强暴之后,拍拍巴掌走啦。她以一个黄花女儿之身,受到这种打击,从此堕落,堕落了之后的情形如何,手边有《自由人》1951 年左右合订本的朋友,不妨找找看,不关主题,不必细表矣。(说句老实话,我老人家也记不太清啦。)

现在的太太小姐常有一句口头禅曰:"他能把我怎么样?"臭男人能把你怎么样?对一个太太小姐而言,强奸算是到了尖啦,该有盒子炮的朋友没有学情人谷的男主角,奸了之后再杀,已是上帝保佑。呜呼,骗臭男人的物质固是贪小便宜,骗臭男人的感情,同样也是贪小便宜。太太小姐总是不断渴望臭男人像狗一样围在身边,以便大悦,或总是渴望碎碎臭男人的心,骂骂臭男人不照照镜子才舒服,用这种危险方法而想保持自己的尊严,恐怕太难。

奸和杀往往是相连的,盖怕太太小姐将来指着鼻子,祸不可测也。我们所举的例子,只有奸而没有杀,真是女主角不幸中的大幸,也勉强可以说还有点残余的运气。而情人谷的凶手先生,却是把肌肤之亲的恩情往脑后一抛,亮出了牛耳刀。写到这里,忽然想起五年之前,板桥一位嗜赌如命的太太,女儿被奸杀啦她都不知道,还甜甜地睡了一觉(凭良心说,打了一夜牌,觉也不会睡得太甜,免不了在美梦里大战"一条龙"和"双龙抱")。凶手被捉后,他就很坦白地说他是怕她报案,早知道反正免不了生擒活捉吃官司,他宁可吃强奸官司,也不肯吃杀人官司。

太太小姐面临的最大危机,除了奸,还有杀(这就是当女人最大的坏处,真是对不起),如果洪福齐天,根本没遇到过这种镜头,当然更好。但如果大势所趋,实在跑也跑不动,逃也逃不掉,那么,依我老人家的意见,宁可陪他睡一觉,也千万别被他捅上七八九十刀。柏杨先生这种主张,免不了正人君子吼曰:"好老头,你心术不正,打算弄把扁钻藏到怀里,相机下手时,不叫人家抵抗呀。"如果这么一拆穿诡计,心里一紧张,我就难开口谈啥啦。

38. 饿死事大

柏杨先生有一点要到处敲锣乱喊的,那就是,我可没有鼓励太太小姐不要保卫她的贞操。恰恰相反,贞操是女人最荣誉的冠冕,对那些为保卫这冠冕而丧生的太太小姐,我们由衷地敬慕。不过问题是,超人总是很少的,视死如归的人也是很少的,绝大多数都是普普通通的人,有时候英勇,有时候懦弱,有时候大义凛然,有时候狗皮倒灶。

君不见乎,每个王朝覆亡的时候,爱国忧民之士,纷纷自杀,有的甚至一家老少,连怀抱中的娃儿,一齐跳井的跳井,上吊的上吊。他们这种干法对不对是一个问题,但那种忠愤悲壮的心情,固惊天地而泣鬼神。只是,我们却无权要求天下所有的苍生,都一齐抹脖子,这不但是不可能的,也是不必要的。如果宋王朝灭亡时中国人都死了个光,元王朝恐怕吃定啦,再没有复国的可能性矣。如果明王朝灭亡时中国人也都死了个光,则以后谁来"驱逐鞑虏,复兴中华"乎?懵懵懂懂过奴才日子,当然不成材;但大丈夫报仇,十年不晚,国仇家恨,这一代不能消,不妨等到下一代消;三代不能消,不妨等到十代消。以色列亡国亡了两千年之久,如果都自杀啦,自动自发地先绝了种,他们今天还复啥国乎?

大号酱缸蛆程颐先生,曾为太太小姐定下一个残酷的教条,曰:"饿死事小,失节事大。"这位程先生大概从没有挨过饿,不知道饿的滋味,或者饿虽挨过,却希望别人也挨挨。好在他阁下不是女人,永远不会临到"请君入瓮"的场面,落得慷女人之慨,说说风凉话,以示凛然。柏杨先生却是认为"饿死事大,失节事小"的。即令失节事大,饿死之事,似乎同样也很大。最起码的,用这种话勉励自己可以,自己如果能够实践,更是高贵,却不应该逼着别人也非如此不可。当如花似玉倒霉了个够时,酱缸蛆不但没有一丝同情,反而翘起胡子吼曰:"她怎么不死呀!"别人的生命好像连他身上的御虱都比不上,这种狗屎心理,真是烂婊子养的,孔丘先生杀少正卯先生的六条,酱缸蛆就占了个满贯。

《儒林外史》上就有一段介绍"饿死事小,失节事大"的(是不是《儒林外史》,偶忘之矣,大概是吧,手边无书,不敢十分确定——该书又是老虎借猪,被甜言蜜语分子借走啦),一个五六岁的小女孩,未婚夫短命夭折,她爹就把她关到房子里,活活饿死,饿得孩子凄厉地喊:"爸爸,给我点东西吃吧。"当妈妈的更是发了疯。可是该血腥扑鼻的老酱缸蛆可毫不动心,盖那是饿死事小呀。呜呼,连人类最起码的人性都告泯灭,把一个人活活酱成了禽兽,教人毛骨悚然。

酱缸蛆之事,不再提啦,提得太多,我的尊肚又要发胀。

酱缸蛆既不必提,我们只提一个跟传统文化不同的观念,再重复一次前已言过的,那就是,失节固然事大,饿死的事也实在不小。不特此也,杀身之祸更是不小。为了加强各位读者老爷印象,不这么文绉绉的啦,柏杨先生的意思是:“对一个太太小姐而言,宁可被强奸,也别被乱刀砍死。”太太小姐如果霉运当头,必须在强暴和被杀、被毁容中挑选一个的话,如果不叫我老人家建议,我就用泥巴把嘴塞住。如果叫我建议,我可是建议你应该选择陪他睡一觉。呜呼,贞操固然是女人的冠冕,该冠冕如果是自己笑嘻嘻而嘻嘻笑,双手送人的,或三分不值两分卖啦,责任在自己。如果自己并不愿意而是被别人抢了去的,也实在没啥。盖送了就很难要回来,而被人抢了去,却可捡起来再戴。她不但没有责任,而且她的人格和荣誉,也丝毫没有影响,不但用不着死,而且简直用不着想。

39. 是,又怎么样?

因拒奸而被杀,我们敬佩她的品格,悲愤她的遭遇。但不是因为拒奸,而是在听凭色狼摆布了个够之后,像情人谷的女主角一样,最后仍免不了被杀,既没有保卫了贞操,又没有保卫了荣誉和自尊,而却丧失了生命,就实在可哀。还不如当初在刀锋下严厉拒绝,轰轰烈烈殉难。过去很多太太小姐在紧要关头,破口大骂,血淋淋的史迹,使人每一思及,都有无限的仰慕。可是既没有运气不被臭男人冒犯,又没有勇气骂贼而死,则在受了强暴之后,应该有手段免去挨刀挨枪的灾难。夫留得青山在,不怕没柴烧,必须先使自己活下去,才有机会夺回被抢的冠冕,和有机会复这个仇也。所以,这个问题似乎是我们讨论的最重要的问题。

美利坚一个乡下,曾发生过这么一件事,一位漂亮的年轻太太带着小女孩,开车途中,听到广播,说一个囚犯已经越狱,而且在越狱时还射死了警长。她不禁打了一个冷战,急忙折回,但已来不及矣,该囚犯从路边蹿出,用手枪把车截住,逼她带他到一个荒僻的地方躲藏。该囚犯对当地环境,比柏杨先生对柏府的厕所都熟悉,所以该地方确是一个好地方,弄了点吃的东西之后,饱暖思淫欲,面对着如花似玉,他就要如此如此,如彼如彼。并且声明,如果不答应的话,他就先把孩子埋葬。对于这种选择,酱缸蛆看来简单不过,你们母女死了好啦。但该太太却不忍心看她那活泼可爱的小女孩在人生道路只走了几步,就被活活击毙。而且,主要的,她还有大仇未报。在他们强试云雨情的时候,囚犯先生把手枪放到她伸手够不到,而他伸手却可够得到的地方,这种巧思真可得金脚奖。

以后的经过十分曲折,不再叙述,只叙述结果。经过这场肌肤之亲,她自动自发地送他冲过封锁线,警察查问她见过啥形迹可疑的人没有,她一口咬定没有,而且她还跟他在另外一个城市的一个旅馆相会。相会之后,免不了又要这一套。但他仍手不离枪,枪不离手。她一面脱衣服,一面嗲曰:"我不能总在枪口底下做爱呀。"囚犯先生一想,此话也颇有理,而且她千辛万苦,冒险犯难,救他逃脱警察之手,而又心甘情愿地投怀送抱,显然的她已动了真情,如果再用手枪,真是傻瓜。于是乎他就把手枪放到桌上,自己上床,恭候温香软玉抱满怀。好啦,说时迟,那时快,该太太只一个转身,已把手枪拿到手里,指着他的胸脯。囚犯先生嗫嚅曰:"昨天晚上,你可是满兴奋的呀。"该太太曰:"是又怎么样?"然后砰的一声,全盘结束。该太太走出旅馆,不禁黯然,盖那位被射死的警长,正是她的丈夫。

这是一个好的小说和具有丰富启发性的动人故事,该太太是一个了不起的人物,有智慧、有手段、有策略、有眼光、有深谋远虑。她的被强暴是不可避免的,但在被强暴之后,她就有两件事要做,一个是保卫她的名誉,一个是为她自己的被辱,也为她丈夫的被害而报仇雪恨。警察问她见过啥形迹可疑的人没有时,只要用手一指就行啦,但那要冒两种危险:一种是,囚犯手中有枪,可能会有人受伤,甚至可能会有人死亡。另一种是,万一囚犯先生被生擒活捉,那可更糟,盖反正是反正啦,他可能——不仅是可能,简直是一定,把强奸的下三滥行为,花枝招展兼添枝添叶地宣传出来。她跟她的女儿,就满面羞惭矣。她这判断是正确的,君不见情人谷凶手林昭正先生乎,他把那位丧生在他手下的女主角,行为上凌辱了个够之后,在供词中还用流氓的口吻再加以糟蹋。所以该太太不能把他交给警察,而必须亲自下手,固是为了报仇,也是为了灭口。

请注意该囚犯的那一句话:“昨天晚上,你可是满兴奋的呀!”这是文学作品上的话,如果在刑警面前,这句话可不会这么文明,情人谷凶手林昭正先生对血案女主角的那些肮脏形容词,可用作说明。但更请注意该太太的回答:“是又怎么样?”这话回答得好,具有千古以来最大的智慧。呜呼,不要说不是啦,即令“是”,也不损伤该太太品格的完整,何况它可能是假的——为了使囚犯先生产生“爱上了他”的信心,为了避免挨那么一刀,她固可装出初惊乍喜的表情。这表情,是在危急时保命的方法之一,也是使色狼栽斤斗的陷阱。

前些时在报上看到一则消息,也是一位美国小姐,也是遇到了这种不可避免的场面,因为该色狼不是杀人越狱的囚犯,所以她就更简单,在脱衣服的时候,委屈曰:“这荒地真冷呀。”然后摸着他的肌肉,作性饥渴状,嗲曰:“你真棒,我真恨不得马上抱住你。我的那些男朋友,一个个柔弱得像用纸糊似的,又一副假正经,我连看一眼都恶心。经过这次之后,你可得答应跟我做长期朋友呀,刚才我那么惊恐,是你吓了我,现在我的心定下来啦,我爱你,真的。”说到这里,就得寸进尺,把头靠在他胸脯上,“带我到旅馆好不好?我们为什么不尽情的欢乐?你说是不是?”该色狼一听,心花怒放,真是桃花运来啦山都挡不住,于是乎,二人手携着手,肩并着肩,像一对热恋中的情侣,径往旅馆出发。一路上虽然行人如织,她仍是这么给他上洋劲,一直进了旅馆大门,他再也逃不掉也赖不掉的时候,她就像谁在她屁股上咬了一口,疯狂地大叫起来,好啦,下文用不着说啦。

呜呼,但愿太太小姐都能记住这两则故事,这都是原则性的启示,一旦大祸临头,情急智生,变化无穷地灵活运用,总有点功效。只有一点要建议的,前一个故事中,该太太不肯把囚犯先生交给警察那一段,有点戏剧化,太过于冒险,万一当中出了岔子,那可更糟。太太小姐如遇到能求救时,似乎应该立刻求救。良机一逝,以后可能满身是口,都辩不清。

蛇腰集

提　要

《蛇腰集》以婚姻的平衡（门当户对）占相对多数的篇幅。谈门当户对，或许让人以为柏杨在开倒车，不过在传统的家世、财富、朋友的平衡之外，柏杨更提出健康、知识、性格、见解、气质境界的平衡，避免夫妻双方产生一头大一头小的失衡现象，或可让大家回头思考一下该如何在现实生活中经营婚姻。

本集亦关涉其他社会人心的议题，如一位名衔众多的治癌博士，非仅未医好病人的癌症，反在治病期间既索取巨额医药费，又强求病人家属连登两篇广告赞其医技，柏杨对他获得博士学位的“名著”以及丰盛的活动力，皆做了强力的抨击，对医术与医德皆有所讨论。

序

本集曰《蛇腰集》，蛇腰者，女人的细腰也，女人的细腰怎么成了书名，说来实在话长。记得有一天，电视上歌唱节目，有一个镜头，那位女歌星老爷，其貌如花，其腰如浪，又唱又扭，扭得我几天都睡不着觉。中秋节时，朋友请我去舞厅跳舞，我这么大年纪啦，还跳啥舞，但仍换上西装，俨然而往，为的是坐在台子上，看看舞女小姐的纤纤柳腰，像蛇一样地款摆，也就过足了瘾。于是恍然大悟，女人的细腰，真是奇妙之物，不可不隆重纪念，因之坚决地作为书名，以志其盛。

本集共谈了几个问题，曰婚姻的平衡，曰胖，曰中医治癌等。婚姻的平衡也就是"门当户对"，不过经拐弯抹角一说，就更能唬人。胖用不着介绍，女人干啥都可以，千万别胖。

中医治癌，同样是一个大骗局，但我们却巴不得中医能够治癌，可是，如果并不能治而硬说能治，甚至硬说包治，我们就不服，万不得已，口里服啦，心里仍是不服。

丁未年二月于台北柏府

1. 转载·转抄

对一个写文章的朋友,最使之发昏第十一的,有两件事焉:一件是被江洋大盗原样翻印;一件是被正人君子原封照抄,或割裂成碎片,换上另外一个名字。这两件事像两块大石头,实在难以下咽;即令咽了下去,也实在难以消化。江洋大盗的干法,前几年盛行一时,后来官司迭起,赔钱的赔钱,坐牢的坐牢,总算暂时平息。可是正人君子的干法,却风雨如晦,鸡鸣未已,其勇不可当的英姿,好像是谁都束手无策。

柏杨先生的大作,三生有幸,总是马不停蹄地碰上正人君子的铁腕,不断被砍得面目全非。也曾在报上呐喊过,事主也曾来信道歉过,杀人不过头点地,道歉就算啦,不过只要求一点,那就是照抄只管照抄吧,但请不要乱改,而且一定要写上柏杨先生的大名。盖敝大作是啥模样就是啥模样,每个写作的朋友,都有他特有的那股劲,这股劲一经修理,等于把一个人的筋从身上抽掉,虽然骨头依旧,却没有了生命。至于割裂成碎片,改头换面,随便捏个笔名,作为是他写的,那岂不成了小偷乎哉?把人家的凳子,搬到自己屋里,割掉圆腿,换上方腿,再把砍下的圆腿改成床腿,然后瞪大眼曰:“都来瞧俺做的八仙桌和弹簧床呀!”这就未免太不够朋友矣。至于一定要署原作者大名,一方面当然是为了要出风头(不过,可怜的是,柏杨先生这么一把年纪,再出能出几年,能有几年受用耶?),主要的这也是一个道德问题,把人家的桌子搬到自己屋里,还掏出发票说是刚买来的,恐怕不仅是小偷,而成了大偷,跟江洋大盗,只一寸之遥。常有些读者老爷来信掀底牌曰:“柏老,柏老,你怎么又抄人家的呀!”这跟饭碗有关,故不能假装谦让。

柏杨先生还有一个要求，那就是，如果辱蒙转载的话，就一定请注明“转载某某集”，盖也常有些读者老爷指着鼻子说我一稿两投，这不仅是道德问题，也是银子问题。台北《自立晚报》编辑老爷已经警告无数次啦，如果再一稿两投，就没饭吃。——威胁到了财路，试想一想吧，怎能心平气和。

可是，这些年来，情况并没有好转，先是《纽司杂志》下手，而且还加上可怕的标题。后来又有《理想家庭》，期期都有，有时候到书摊上翻翻，气得肚子更胀，前些时一位读者老爷寄来一本《理想家庭》第五十一期，该杂志未免有点过度心狠手辣。

《自立晚报》“倚梦闲话”，每星期六都要被东柳先生的“晚祷”挤掉一天，叫人伤心。不过也正因为挤掉一天，倒可歇歇手脚，恢复恢复元气。就在昨天下午，一位光临柏府杀时间的朋友，顺手在书摊上买了两本四十六和四十九期的《理想家庭》旧杂志，像献宝一样地献给我参观，不参观则已，参观了气就更大啦。

先说五十一期吧，有一篇区日新先生的《太太善哭的好，还是不哭的好?》真是面熟面熟，简直好像哪里见过，我要说那是柏杨先生的大作，恐怕区先生一定跳高，说我怎么总是往老脸上贴金呀，难道你说过的我就不能说？你举过的例我就不能举乎？而且说实在的，千古文章一大抄，你还不是有同样的毛病。不过即令区先生真的有这么天大的理，我还是觉得面熟。文章固然是一大抄，但“劲”则是各人有各人的，如果只改动了几个字，仅只重新分了段，那是砍了别人的脚，换上自己的脚的办法，其前后“劲”的不一致，更是一目了然，等于“俘”了一辆裕隆牌汽车，只换上四个木头轮子，就贴上雪佛莱的招牌，硬说它就是自己的，恐怕有点太简单啦。

《理想家庭》每一期都有柏杨先生的一文或两文，倒是凭了天地良心，每文之下，都注明“摘自某某集”。若五十一期:《婚姻是爱情第一，还是金钱第一?》注曰:“摘自《神魂颠倒集》”。四十六期:《爱情，爱情，多少钱一斤!》注曰:“摘自《立正集》”。四十九期:《厕所学问》，注曰:“摘自《越帮越忙集》”;《红颜为何多薄命?》注曰:“摘自柏杨《越帮越忙集》”。(顷又接到一位读者老爷寄来一本四十八期的,上有文曰:《高跟鞋颂》,注曰:“摘自《柏杨选集》第一辑《玉雕集》”。)

这些都很合理,可是,那些题目却不是原来的题目,这也可能有啥说的,改上一改,以适合杂志的风格。但有一点我就是上了吊都弄不懂的,那就是,却把柏杨先生的大名也抹他娘的啦。既然转载人家的大作,而又不肯标出人家的大名,这种心理,实在神秘莫测。而且,不但把署名抹他娘的啦,就是对文中的“柏杨先生”,也改他娘的啦。凡“柏杨先生”统统改成“笔者”,凡“柏杨夫人”统统改成“作者大人”,这里面的学问恐怕更大。是怕柏杨先生竖子成了名乎?抑柏杨先生的大名有危险性,一提就砸锅乎?《理想家庭》的发行人是欧文化先生,社长是张伟民先生,副社长是萧漉先生,谨努力向三位叹曰:“不大方,不大方;不漂亮,不漂亮!”

2. 窗外伸进玉手

柏杨先生向《理想家庭》杂志社哀哀上告的文章,发表了之后,该社发行人欧文化先生于6月18日,写了一封限时专送大函,略曰:“先生本月12日于《自立晚报》之宏著,业经拜读,先生对敝刊指正各点,感激之余,当知改进,拟于近日趋府候教,敬请赐知尊府地址为幸。”欧先生这么一谦虚,柏杨先生的气就没啦,夫王八好当气难受,只要不受气,几篇大作算啥,拜托千万不要驾临柏府,我这些时被那个不开窍的讨电视机分期付款的小子,逼得穷极要疯,如果适逢其会,我开口请贵阁下代付几期,你拒绝也不好,不拒绝也不好,就伤了心脏矣。我想,抄尽管抄,但请千万别改,我不是说改得不好,而是说铁就是铁,与其下那么大的劲去点铁成金,不如盖个炉子自己炼好啦。

就在《理想家庭》大作发表后不久，台南永福路一位读者老爷舒先生惠赐一信，邮戳是6月14的，信上曰——

昨天看到你在嚷人家抄了你的大文章，今天我又看到你的大文被另外的人偷了。唉，人心不古，你也够霉气了。看看五月份的《华灯》吧，那本杂志的一一八页，就有你的大作，作者陈玉先生（“他的”文章里也说他有“夫人”），抄得很成功，一字不易，连你阁下说在公园打太极拳，他都照抄不误。写两篇文章嚷一嚷吧，这小子用这个方法骗稿费事小，骗了我就真他妈的。偷偷地再告诉你，陈玉先生抄你的是《怪马集》第一百页以后的那几篇文章，你如不猛叫几下，你看好了，以后陈玉先生很快就去《自立晚报》把你挤掉，让他顶下来你的专栏，你吃个屁。

这封信一到，不由满头大汗，盖“抄”的危险尚小，“挤”的威胁实大。此乃生死关头，当下跑到街上，逐个书摊买《华灯》。嗟夫，现在已是六月下旬啦，《华灯》的六月号还没上市（对一个杂志而言，“脱期”是停刊的信号，叫人心焦），而五月号的又早收了回去，跑得汗涔涔而气喘喘。一直到今天，才托了一位干发行的朋友，在台北市重庆南路一段九十九号——文山书局该杂志总经销的地方，买到了读者老爷说的五月号。这是一本三十二开的中型杂志，发行人“华灯杂志”，编辑者“华灯杂志编委会”，地址“台湾省桃园县复兴路六十六号”，编辑部“台北市邮政信箱一〇〇三〇号信箱”——看了半天，发现找个活人商量商量都找不到对象，幸而“指导人”却是天主教的知名之士赵雅博先生，只好向赵先生嚷啦。

《华灯》那篇陈玉先生的大作《小姐，女性都乐于别人这样称呼她吗?》当真刊于该期第一一八页，在陈玉先生的署名下，有一张抱着玉膝，斜着玉体，笑嘻嘻而嘻嘻笑的美貌小姐照片，看样子陈玉先生似乎又是女士。（如果是位女士，柏杨先生的头脑就立刻能静下来，恭候打嘴。）该文果如舒先生所言，来自敝大作《怪马集》，不过两书对照,似乎也不能算是全抄,而是把敝大作加以浓缩,就成了他阁下的大作啦。说他阁下浓缩,有点难消心头之火,而是举起大斧,照着该书,喀嚓喀嚓,砍了个大卸八块,然后跟卡通影片上的主角一样,把张三先生的腿装到李四先生身上,再把李四先生的脖子接到王五先生的头上,吹一口仙气,立刻生龙活虎跳起舞来。

问题是,文章不是卡通,硬这么把别人的书,撕下几页,用墨水一抹,用糨糊一贴,写上自己尊名大姓,公然发表,未免有点不好意思吧。《华灯》已出版到七期,前六期没有拜读过,不知道有没有这种节目。但愿天主保佑没有这种节目,如果一开始每期都有过这么一篇,那抱歉就更大矣。

思想起来,爬格纸动物活着真没意思,好像一个怀胎二十年而又难产万状的母亲,好不容易生下一个自己爱得要命的娃儿,却从窗外伸进玉手,一把抓去,在那里敲锣唱歌曰:“都来看我的孩子呀!”你说这口气怎能受得了哉。呜呼,柏杨先生还没死哩,就有这一类种种奇遇,如果一旦死啦,敝大作恐怕更要招架不住,到那时候,分尸焉、剜肠焉、割头焉、换面焉,不知道成了啥样子也。这一点拜托赵雅博先生于指导之余,赐给一个回音。

不过,凭良心说,仅就这一期而言,《华灯》这本杂志,实在不错,编排甚精,内容也很丰富,是一本不可多得的综合性刊物。我敢赌一块钱,如果能坚持下去,前途铁定辉煌,不知道实际负责人是哪位老爷,柏杨先生倒愿为贵刊每期写上两三页,给不给稿费悉听尊便,只盼望努力不懈。但“青年园地”似可取消,或不必特别加注“青年园地”,难道别的都是“老头园地”乎?同时“青年园地”未免伤了作者的自尊,也伤了读者的自尊——我花钱看孩子们的作文呀?图片插页也很引人入胜,再在印刷上求其清楚一点就好啦。不知道为什么六月份的没有出来,如果停啦,真是可惜得很,既有这么好的根柢,无论如何,应坚持下去。

3. 这一类故事

关于婚姻,老头们最喜欢“门当户对”,可是年轻朋友似乎没人吃这一套,君不见廉价小说上的情节乎,百万富翁千金小姐,忽然爱上汽车司机或三轮车夫。最初是父亲反对,接着是父亲屈服,最后是两人结了婚,幸幸福福地过一辈子。这些小说,穷小子看啦,心花怒放,有钱的女孩子看啦,既刺激又好玩,于是乎人手一册,遂大为畅销,无论书店老板或该书作者,口袋膨胀,就制造得更加努力。

但实际上恐怕不这么简单,柏杨先生从前曾为之发表过高论,盖柏杨先生是赞成“门当户对”的也。正因为如此,柏杨先生虽不是牛鼻子老道,也不是柏铁嘴兼柏半仙,但我却一直为这种婚姻担心。读者老爷见过蜈蚣乎,夫蜈蚣先生最大的特点就是腿多,左边一排,右边一排,看得人毛发直竖。用块石头当头一砸,它阁下虽然隆重地断了气,可是那些伟大的腿,却仍能动弹好一阵,大概部分神经余劲仍在,致部分尊脚跟着抽搐也。

有一件事,发生在十三年之前,现在介绍出来,读者老爷中可能有知道的也。台北某中学堂的图画教习,和该校一位漂亮女学生谈恋爱,该女学生爱他爱得发紧,谁劝都劝不住,后来不知怎么搞的,竟生下了一个小娃儿。这一生不打紧,家长当然打到学校,该朋友遂解了聘,两人苦守小屋,泪眼相望。两年之后,有一天,柏杨先生从一条小巷里经过,看见该教习拖着木屐,蹲在污水沟边刷牙,蓬头垢面,面黄肌瘦,已糟蹋得不成样子。停脚问他太太何在,他摇摇头,盖早已走啦,而且早已另嫁人啦。问他孩子何在,他有气无力地朝黑房中指一指,孩子正在门板上躺着,小身躯也只剩下了黄皮包白骨。

另外还有一件事,也发生在该学堂。某一位女学生焉,爱上一位电影公司担任“剧务”的漂亮小子，也是爱得要死要活，其精彩情形，更使人感动。盖她阁下本来只不过是一个红娘，替她另一位女同学传递情书的，想不到传递来传递去，自己动了芳心，遂横刀夺爱，硬是嫁给了他，把那位女同学气得眼有核桃那么大，几乎要跳淡水河。两人结婚之后，生了三个娃儿。有一天，柏杨先生在街上碰见该剧务朋友，想问他太太好乎，另一位朋友用手捅了一下我的腰窝，知道有了问题，乃急忙打住。等他走后，朋友埋怨曰：“你连他们家出了事都不知道？”我大惊曰：“出了啥事？”答曰：“他太太早嫁给一个洋人啦，混血儿都生下来啦。”

谈到电影，想起来明星。柏杨先生有位女学生，生得沉鱼落雁，闭月羞花，多少人追她她都看不上，却看上了一位男电影明星。俗不云乎：“男想女，隔重山；女想男，隔层纸。”那就是说，臭男人追女孩子，女孩子执意不肯，臭男人就是把头上撞个洞都没用；而如果女孩子追臭男人，臭男人往往成为瓮中之鳖，虽不敢说手到擒来，但抓上三把五把，总会抓个结实，心里一百个不愿意都逃不掉。于是乎，两人也结了婚，结婚后不久就打打闹闹，1960 年吧，男的服了毒——是不是服了毒，已忘之矣，反正他被送到台大医院，哼了半月之久，仍无法挽回芳心，结果她仍是欢欢喜喜离了婚，欢欢喜喜又嫁了人。（男明星前年穷困而死，哀哉。）

这类故事，柏杨先生能举上一打。不过一则篇幅所限，二则千篇一律，所以只顺手写到这里为止。这三对男女，都有名有姓，而且都发生在台北，读者老爷如好奇心重，一定要知道是谁的话，向教育圈和电影圈里的朋友一打听，就恍然矣。这些婚姻所以破裂，主要的在于一方面忽然虚脱——君知道啥叫虚脱乎？如果你阁下知道，不必细表，如果你阁下不知道，不妨拜托朋友帮助你试试，趁你落座时，把椅子往后一拉，于是乎你的尊贵屁股，忽冬一声，坐到地板上，就体会到其中妙味矣。第一件反应是哄堂大笑，旁观者绝不会因你坐空而对你有任何同情，更不会因你坐空而对你有任何尊敬。你见过有谁向坐空了的朋友三鞠躬乎？第二件反应就是自己有了一种被欺骗，被羞辱，心神不宁的感觉。

4. “配”才是良缘

虚脱的主要意义是:满以为那是一把黄金椅,等到往上一坐,不但不是黄金椅,甚至连个破竹椅都不是。满以为那是一块魔毯,等往上一踏,不但它不会起飞,反而忽冬一声,跌到粪缸里。

第一个故事中,在中学生们眼里,教习有很大的魅力,往台上一站,教张三立正张三就立正,教李四背书李四就背书,指手画脚,唾沫乱飞,真是大将军八面威风,可敬可敬。可是一旦结了罗曼蒂克之婚,被炒了鱿鱼,或者臭名在外,或者教育衙门有公文到学堂,走投无路,改行不易,生活就一天一天成了问题。昔日英雄,今日狗熊;昔日浑身都是办法,今天时去运倒,买盐都会生蛆——满以为嫁给他可以分享他的荣耀,谁晓得反而分享无尽的羞辱和贫苦。算啦算啦,算我有眼无珠,趁着青春还在,此时不走,更待何时?

第二个故事那位嫁到剧务的小姐,也是属于“有眼无珠”之类。盖在一个纯洁的少女看来,该小子既十分英俊,又在电影界吃饭,而电影界的生活,多彩多姿,嫁给他真是三生有幸。怎么都想不到嫁了之后,逐渐发现电影界里的部门可真多,丈夫不过一个“剧务”,距“明星”十万八千里哩。偶尔跟明星说句话,回家就三天睡不着觉。而剧务的收入是月薪,不是片酬,月薪能有几文?同时当剧务的太太,比当明星的太太,一个天上,一个地下,对影自怜,自叹命苦之余,不如早日拆伙,再奔前程。

第三个故事的婚姻最理想不过,该小子既英俊温柔,又是电影明星,嫁给他该没话了吧。呜呼,如果该明星月入八万,当然没话,偏偏那时候电影不景气,一年拍不上一部,偶尔拍上一部,大家脑袋削尖,拼命猛钻,片酬就低得可怜。平常日子,只好靠只够买条裤子的月薪过日子。想当初,她要嫁之时,同学们一个个羡妒交加,哎呀,她真好命呀,找上一个电影明星,从今之后,有吃有穿,到啥地方都有人包围,周旋于达官贵人之间,衣香鬓影,翩翩起舞,好不光彩!再也料不到那小子竟是平庸之辈,偶尔吃顿喜酒,穿的仍是三年前结婚时那双旧鞋,就不禁珠泪暗弹,肝肠寸断矣。

从动人心魄的期待,到一屁股坐空,有一段痛苦的历程。由希望,而憧憬,而编织美梦,而忽然发现竟不是那么一回事,而失望,而芳心欲碎,而羞惭,而叹红颜薄命,而无脸见人,而孤独,而绝望,而恨那个骗子丈夫,而生气,而愤怒,而轻视,而厌恶,而对前途丧失信心,而对日渐老去的年华心焦,而巴不得早日摆脱,而大哭大闹,而离婚。

我们认为夫妇必须要"配",才是良缘。盖家庭好像一张桌子,必须四条腿一样长,如果三条都短,只有一条特别发达,那桌子就非倒不可,桌子上再宝贵的瓷器,都会打个稀烂。换句话说,一条腿奇长的桌子,就不能叫桌子,只能叫雨伞,而且还是一把畸形的雨伞,遮雨不足,把主人公头上打一个大包有余。

周王朝末年,郑国太子姬忽先生,东征西讨,英武盖世,齐僖公姜禄甫先生龙心大悦,要把女儿嫁给他。这种当头的鸿运,换了第二个臭男人,早浑身发酥,吹号敲锣,热热闹闹迎娶去啦,可是姬忽先生不是等闲之辈,他曰:"齐国太大啦,我恐怕配不上。"竟不肯接受。

为了辞婚,多少人埋怨他,柏杨先生也为之跺脚,真是可惜可惜。可是不久大家就闭上了尊口,姜禄甫先生的女儿文姜女士,既嫁不了姬忽先生,就改嫁给鲁桓公姬轨先生。有一年,夫妇二人回齐国娘家,那时姜禄甫先生已经死掉,由儿子姜诸儿先生继位,就是有名的乱伦大王齐襄公。他跟妹妹文姜女士,在她还没有出嫁时就有一手(呜呼,宫廷也者,乃世界上第一污秽之地),这一次老情人久别重逢,免不了狗皮倒灶。消息传到姬轨先生耳朵,一瞧这顶绿帽竟是大舅子的,气就大啦,大概先把太太揍了一顿,扬言回国后再算总账。他太太就悄悄告诉了她的哥哥——也是她的情夫。于是,先下手为强,后下手遭殃。有那么一天,姜诸儿先生派了大汉彭生先生,把姬轨先生活活勒死。诚如姬忽先生担心的,齐国是个大国,兵多将广,而鲁国是小国,国君被人家活活勒死,除了干嚎两声抗议外,别无他法。噫,姬忽先生真是运气,否则当场出彩的就是他阁下矣。

这故事不是说凡攀高枝的臭男人,铁定的都要戴绿帽而同时又有性命之忧,但这故事却可给我们很大启示,就是姬忽先生说的那句话:"齐大非偶。"非偶而硬偶,一旦发作起来,恐怕有得懊悔的。

对一个臭男人而言,最惬意之事莫过于当皇帝,皇帝如果当不上,当王当侯当太子,也能过瘾,这一切都没有希望的,则莫过于当驸马矣。(现在大英帝国有"王夫"之职,真是不错,以后如果再有这种机会,柏杨先生一定弄个介绍信前往一试。)京戏上常有"招驸马"节目,穷小子正在走投无路,忽然间被彩球打中,或是被公主看上啦,就招了驸马。驸马者,公主的丈夫是也。柏杨先生于二十世纪一十年代之初,从美利坚返国,回到家乡,真有点连老祖宗都瞧不起的趋势,可是我的一位本家婶娘却在背后叹曰:"柏杨那小子,就是长相差劲,要不是长相差劲,去外洋那么多年,早就招了啦。"早就招了啦者,早就招了驸马,也就是早就被外国公主欣赏,逼良为婚,把我娶过去啦。

5.《辞婚表》

招驸马这玩意儿,在小民看来,真是老鼠掉到牛奶缸里,算是掉到了天堂。不过对于那些有资格娶公主的朋友,有时候却不见得十分窝心。欧洲现在就有一打以上的公主,有过气王朝的焉,若西班牙,若意大利,若法国;有正当权王朝的焉,若丹麦,若瑞典,若希腊。该一打以上的公主,一个个急得两眼发直,不但她们自己两眼发直,做父母的也两眼发直,偶尔发现有个单身王子,简直恨不得饿虎扑羊,抓了就走。她们所以急成这个样儿,有她的原因,盖欧洲各国王室的女儿,抱定了肥水不落外人田主义,一向不肯嫁给平民的。千年以来,一直互相婚嫁,弄到现在,跷起指头一数,不是姑表兄妹,就是姨表兄妹,转弯抹角,全属近亲。好啦,近亲不断结婚的结果,生下的孩子,虽然不能说一代比一代白痴,但智力商数就越来越差劲,多少有点呆头鹅的现象,此其一也。另一个原因就是她们的臭架子奇大,臭派头奇大,臭脾气奇大。中古世纪以前,王室联姻,还有政治因素,就是受点窝囊之气,为了国家利益,也没话可说。现在政治影响没有啦,完全以爱情为基础,谁去追求这种女孩子乎哉?所以那些公主女士,抓不住臭男人的小辫子则已,一旦抓住小辫子,该小子就是哭爹叫娘都逃不掉。瑞典的一位公主嫁给了一个平民,荷兰的一位公主嫁给一个德国纳粹,把她们的国人气了个半死,可是那有啥办法?她一松手就抓不到第二个。

中国情形似乎也有异曲同工之妙,南宋明帝刘彧先生,想把他的女儿临海公主,嫁给江敩先生,江敩先生一听说叫他娶公主,面无人色,立刻上了一份报告,表示盛情难领,受不了这份恩宠。那份报告把当驸马的种种委屈,一一写出,可称盖世奇文,也是盖世苦情,介绍于后,敬请一览。如果读者老爷中仍有人不感到毛骨悚然,仍觉得只要能掉到牛奶缸里,纵然淹死都干,那就算他有种。

江敩先生报告原文曰——

伏承诏旨,当以临海公主降嫔,荣出望表,恩加典外,顾审辎蔽,伏用忧惶。臣寒门颓族,人凡质陋,闾阎有对,本隔天姻。如臣素流,室贫业寡,年近将冠,皆已有室,荆钗布裙,足得成礼,每不自解,无偶迄兹,谋访莫寻,素族弗问。自惟门庆,属降公主,天恩所覃,容及丑末,怀忧抱惕,虑不获免,征命所当,果膺兹举。虽门泰宗荣,于臣非幸,仰缘圣贷,冒陈愚实。

自晋氏以来,配上王姬者,虽累经美胄,亟有名才。至如王敦慑气,桓温敛威,真长佯愚以求免,子敬炙足以违诏,王偃无仲都之质,而裸露于北阶,何瑀阙龙工之姿,而投躯于深井。谢庄殆自同于蒙室,殷冲几不免于强鉏。数人者非无才意,而势屈于崇贵,事隔于闻览,吞悲茹气,无所逃诉。

制勒甚于仆隶,防闲过于婢妾。往来出入,人理之常,当宾待客,朋友之义。而今扫辙息驾,无窥门之期,废筵抽席,绝接对之理。非唯交友离异,乃亦兄弟疏阔。第令受酒肉之赐,制以动静;监子荷钱帛之私,节其言笑。姆奶争媚,相劝以严;妮媪竞前,相谄以急。第令必凡庸下才,监子皆葭萌愚竖。议举止则未闲是非,听言语则谬于虚实。姆奶敢恃耆旧,唯赞妒忌;妮媪自倡多知,务检口舌。其间又有应答问讯,卜筮师母。乃至残余饮食,诘辩与谁,衣被故敝,必责头领。又出入之宜,繁省难衷。或进不获前,或入不听出。不入则嫌于欲疏,求出则疑有别意。召必以三晡为期,遣必以日出为限。夕不见晚魄,朝不识曙星,至于夜步月而弄琴,书拱袂而披卷,一生之内,与此长乖。又声影才闻,则少婢奔迸,裙袂向席,则老丑丛来。左右整刷,以疑宠见嫌,宾客未冠,以少容致斥。礼则有剿媵,象则有贯鱼,本无嫚嫡之嫌,岂有轻妇之诮。况今义绝傍私,虔恭正匹,而每事必言无仪适,设辞辄言轻易我。又窃闻诸主集聚,唯论夫族,缓不足为急者法,急则可为缓者师。更相煽诱,本其恒意,不可贷借,固实常辞。或言野败去,或言人笑我。虽家曰私理,有甚王宪,发口所言,恒同科律。王藻虽复强很,颇涉经学,戏笑之事,遂为冤魂、褚暧忧愤,用致夭绝,伤理害义,难以具闻。

夫螽斯之德,实致克昌,专妒之行,有妨繁衍。足以尚主之门,徒往绝嗣,驸马之身,通离衅咎。以臣凡弱,何以克堪,必将毁族沦门,岂伊身眚。前后婴此,其人虽众,然皆患彰遐迩,事融天朝。故吞言咽理,无敢论诉。臣幸属圣明,矜照由道,弘物以典,处亲以公。臣之鄙怀,可得自尽。如臣门分,世荷殊荣,足守前基,便预提拂。清官显宦,或由才升。一叨婚戚,咸有恩假。是以仰冒非宜,披露丹实。非唯止陈一己,规全身愿,实乃广申诸门忧患之切。

伏愿天慈照察,特赐蠲停,使燕雀微群,得保丛蔚,蠢物含生,自已弥笃。若恩诏难降,披请不申,便当刊肤剪发,投山窜海。

这真是一篇好文章,写出被踩到高跟鞋底下的臭男人,过的是啥日子。可惜是用文言文写的,尤其是用六朝那种词难达意,油腔滑调的文体写的。如果请现代高手,用白话文一写,就更动人心魄矣。现在我们且把它译成白话文,虽然无论是中文译洋文,洋文译中文,或文言译白话,白话译文言,总像隔层肚皮,再好也不会有原来的好。不过柏杨先生胆大心粗,向来不求信雅达,只求方便读者老爷看看到底是怎么回事就行啦。

6. 译成白话文

译文曰——

刚才接到陛下的圣旨,说要把临海公主嫁给我,这种荣耀,超过我的希望,这种恩典,也超过正常制度。奉命之下,既忧又怕。我家门户单薄,亲属又都没啥出息。他们既不是大官,也不是大商,但一到了二十岁,差不多都娶了门当户对的妻子。只有我,却硬是没有女孩子肯嫁,到处托人介绍也不行,不过是家世寒酸,无人问津罢啦。

可是想不到忽然时来运转,陛下竟要把公主嫁给我,一点不嫌我是个饭桶,真是天恩浩荡,但同时也心如火烧,求你老人家收回成命。盖这种招驸马的大事,固然光宗耀祖,却也实在不敢领教,说到这里,还请御肚包涵,暂别发气,敬陈下情,恭请垂听。

盖自从晋王朝以来,凡娶了皇帝女儿的朋友,即令他是世代书香,英名盖世,结果无不弄得苦不堪言。像王敦先生,受尽了窝囊之气。像桓温先生,头都抬不起来。像刘惔先生,宁可假装白痴,都不敢应命。像王献之先生,宁可把脚烧掉,也不敢高攀。像王偃先生,被赤条条绑到大树上。像何瑀先生,竟被扔到深井里。像谢庄先生,甘心情愿断送前程。像殷冲先生,几乎被砍掉了尊头。这些人不是没有才干,也不是真的一窍不通。只因为妻子财大势粗,他就只好屈服,含垢忍辱,而且连个诉苦的地方都没有。

夫公主也者,皇帝的女儿也,管丈夫比管奴隶还狠,防丈夫比防叛逆还严。既然当一个男人,免不了到社会做事,交际应酬,接待宾客,件件天经地义。可是一旦娶了公主,就啥都变了样啦,所有朋友,没有一个敢再上门,和社会上人群,不得不告隔绝。不特此也,甚至连兄弟姐妹,也疏远啦。管家的因为吃公主的饭,对驸马的一举一动,自然处处干涉;仆人们因为拿公主的钱,索性连个笑脸都不给你。老妈子争着拍公主的马屁,一直劝她对丈夫厉害一点才好。小婢女更纷纷表演忠贞,乱出主意,要公主对丈夫不可假以颜色。管家的大都没知识,仆人们也大都势利眼,哇啦哇啦讲得震天响,难以分辨是非,鬼鬼祟祟打小报告,却抓不住重点。老妈子仗恃着她是老关系,公主任何忌妒,她都赞成。小婢女自以为她忠心耿耿,因之天天有打不完的小报告。

更要命的是,当丈夫的,仅只回答调查盘问,就没个完。不知道哪里来的三姑六婆,一个个大权在握,残茶剩饭偶尔不见啦,就逼到脸上吼曰:“你送给谁啦?”破衣服破被子也不敢扔掉,一扔掉就没盖的,盖必须凭破的才能领到新的也。

至于日常生活,更是可怜,仅只出门入户,就有天大学问。当丈夫的虽然进入卧室,在公主点头之前,不敢跟她亲热,即令恩准亲热啦,却又不许再离开。当丈夫的如果生了气,不进卧室,好啦,那是故意疏远她。如果有要事在身,急着要走,好啦,那一定别有居心。于是乎天刚黄昏,丈夫就得进笼,第二天太阳出来才放走。驸马爷被关闭在家,关得晕晕忽忽,从没有见过晚霞,也从没有见过晨星。至于踏着月光散散步、弹弹琴,白天拥被读读书,这种情调,一辈子他妈的想都不要想,哀哉。

还有更倒霉的,丈夫还没走出房门哩,小婢女就围了上来;还没有坐稳,老妈子也拼命往上挤,虎视眈眈,严密监视。偶尔请人为你拉拉衣服,梳梳头发,公主就骂你存心不良;偶尔见见宾客,公主就吆喝你衣冠不整。无论天理国法,纵令一个男人有妾有婢,也不敢轻慢公主。可是她们却动不动就奚落丈夫没有教养,动不动就说瞧不起她这个公主,真是冤枉透顶。

最没法的是,那些公主老奶们一旦聚在一起,交头接耳,啥都不谈,专谈丈夫。谈到紧张之处,就互相乱出主意。脾气好、性情善良的,不但不能影响那些坏心眼的;而那些坏心眼的,反而成了脾气好性情善良的教习,教她种种奇法,去折磨丈夫。回到家来,猛烈发作,臭男人就招架不住矣。

按道理说,家庭之中,感情第一,和国法有啥关系。可是公主们却金口玉言,说的话就是法律。闺房之内,好像军事法庭;夫妇之亲,她却成了主子,丈夫却成了奴才;连一句玩笑话都不敢说,偶一不慎,说了两句,立刻就构成冤狱。伤天害理,一言难尽。父子夫妇,以和睦为贵,忌妒尤为恶德,而公主们无一不心脏抽筋,所以凡是娶公主的男人,往往危机四伏,断子绝孙。

现在就要问陛下啦,公主都是这种模样,哪个臭男人能受得了哉,一定非下嫁给我不可,我势必家破族亡,身败名裂。当然啦,娶公主的朋友很多,也没完全死光,可是他们一个个叫苦连天,却是远近皆知。只因为妻子是皇帝的女儿,不得不忍气吞声。

我幸而生在盛世,陛下英明领导,明察秋毫,以道德为社会规范,以情理为家庭基础,所以敢把心里的恐惧,源源本本,吐露罄尽。我家世代蒙受大恩殊荣,兢兢业业,守着门户过日子。就是升迁,也凭才干。可是一旦沾上亲戚,就难免不破例,显得太不公平。我所以哀哀上恳,说了这么多,不仅是为了我自己,也是代表全体娶了公主的倒霉丈夫,诉一诉苦楚。敬请陛下俯察下情,免了我娶公主这个差事吧,使小燕子小麻雀,仍可自由在树林里飞吧。如果陛下硬是不肯,非把公主老奶嫁给我不可,我就只好割破皮肤,剪掉头发,跑到深山大海,逃命去矣。

这就是历史上有名的江斅先生《辞婚表》,史书上说,宋明帝刘彧先生接到了这篇报告后,就叫那些公主传观,意思是要羞羞她们,让那些不懂事的女孩子,瞧上一瞧,别以为了不起,白给人家还没人要哩。我想,公主也者,即令认识几个字,程度不会高到哪里去,未必个个都看得懂,势必有文学侍从或帮闲的朋友为她们逐句译成白话,她们听到的恐怕就是柏杨先生这种大文矣。

史书上说,江敩先生这篇报告,是刘彧先生叫人代他写的。这也可能,盖专制时代,皇帝无法无天,如果不出于示意,这么穷根挖底地顶撞上去,恐怕无以善其后。皇帝老爷一想,好呀,你还嫌我女儿呀,锦衣卫在哪里呀,等你全家血流成河,你就不乱叹苦经了吧。刘彧先生所以叫人代江敩先生写之,恐怕实在是他对于他的那些女儿焉、侄女儿焉、孙女焉、侄孙女焉、姑姑焉、姑奶奶焉,感到头痛。宫廷中是一团烂泥,无法收拾,只好借着外人之口,揭揭疮疤,使之面临着嫁不出去的危机,希望能自我约束一点。

7. 牙痛奇观

柏杨先生刚才在牙医老爷那里,被搞了一身大汗,脱险归来,接到《自立晚报》紧急通知,要我老人家立刻恢复专栏。案查敝大作在《自立晚报》,从1960年夏季开始,一天一篇,写了足足六个年头,写到了1966年7月8日,正在谈江敩先生的《辞婚表》,却忽然拦头一棒,打得无影无踪,第二天报上就没有啦,连个交代都没有,好像地球上根本没这回事一样。此举未免太不漂亮。于是谣言纷纷,有些读者老爷问曰:“老头莫非病了乎?”病了也应该刊个小启,打篮球时,球员一不小心,跌断了腿,都会吹个哨子叫“暂停”,让大家少安勿躁,以便拖出场地。有些读者老爷问曰:“老头莫非死了乎?”死了更应该刊个小启,盖死在现任上的专栏作家不多,我竟开风气之先,自应发个讣闻,以便悲者自悲,乐者自乐。当然也有些读者老爷认为我老人家一定上演了比病比死还要引人入胜的节目,这就更触霉头矣,应打五十大板。

这么说来,敝大作当初为啥忽然没有了乎?而且掐指一算,从7月9日起,到11月13日止,销声匿迹,整整四个月零六天,而且看样子如果不三催四讨,恩威并用,真有一去不返的趋势,其奥秘何在也欤?有人说我老人家嫌稿费太低,非也。有人说我老人家忽然发了羊痫之疯,非也。有人说是报馆硬生生地腰斩啦,非也。有人说一定是受到了那话儿的压力,更是非也。原因再简单不过,第一,这一点不用说你就会明白。第二,你既然已明白了第一,这第二便不用细表矣。反正你阁下乃绝顶聪明之士,晚上睡不着觉时,不妨胡思乱想,这年头流行的是神经衰弱,胡思乱想出来的判断,准是正确的判断。

但在这四个多月期间,柏杨先生也没有闲着,除了每月给《阳明杂志》写一篇《古国怪遇记》之外,其他时间,则努力拔牙。呜呼,提起来敝牙,也算天下一奇,且略加介绍,以便柏杨先生阔了之后,贤明之士蜂拥而至,在该敝牙上猛用工夫,研究研究该敝牙的伟大成长经过和令人感动流泪的自我牺牲,以及连眼都不眨的殉难精神。届时我老人家龙心大悦,说不定给你一个官做。

敝牙发痛的历史,可远溯六十年前。从前曾宣传过,柏杨先生生有异禀,少有大志,所以敝牙也痛得很早。据正史上说,几乎是五岁时候,因吃糖过多,就烂他娘的啦。我的祖父柏清岗先生(酱缸文学是"先大父清岗公"),曾请过挑牙虫婆,每次都能挑出六七条虫来,一条虫当时是二十个制钱,那死婆娘仅只在敝牙上就着实受益不浅,老天有眼的话,一定保佑她害几场严重感冒。

挑牙虫婆,乃三姑六婆中的一婆,大多是阿巴桑阶级,白发苍苍,其瘦如柴(偶尔也有胖胖的),拿着一个小木匣,门口坐定,盛一盆凉水,摆在一旁,然后叫我张开尊嘴,露出敝牙。她用一个簪子一样的东西,往里一戳,还没来得及叫哩,已挑出一个牙虫,扔到水盆里啦,状如刚孵出的小蚕。一直挑到她不好意思再挑为止,这才把钱塞进口袋,扭捏而去,剩下我的牙痛如故。有时大人翘胡子曰:"你这个孩子,挑出来这么多虫,还痛啥痛?”

——写到这里,忽然想起,挑牙虫婆挑出来的那些伟大的牙虫,说不定他妈的真是刚孵出来的小蚕!难得她有这么快的手法,疾如闪电。不过如果搜一搜她的话,恐怕至少能搜出几百条牙虫,那小木匣里可能就养着那玩意儿。

柏杨先生的牙痛发达甚早,不是向你们后生小子瞎吹,想当年十九世纪光绪皇帝载湉先生坐龙廷的时候,我的哎哟之声,已闻名远近。挑牙虫婆既不能把牙虫挑光,敝牙就每况愈下,只好拔之。呜呼,拔牙实在是人生第一大事,大人们用线绳绑到病牙之上,另一端拴着一块石头,把该石头往外勇猛一扔,该病牙就跟着不知去向。这种拔法说起来很稀松,但真正下手去干,就非同等闲。盖病牙跟绝代美女一样,看看她还可以,却简直不能碰,碰一下就会使人浑身发抖。不过碰绝代美女是碰的人发抖,而碰绝代病牙则是被碰的人发抖。往病牙上拴绳子,更得上吊大学堂毕业,否则能把该倒霉分子拴得叫苦连天。

扔石头也有学问,有时用力一扔,绳子中断,那痛苦只有三作牌上修理课时可比。有时没有结好,绳子忽然脱了帽,滑了下来,其哎哟哎哟则一。不但土办法可怕,就是到现代的牙科医院,也有这种危险。抗战期间,我在重庆拔牙,遇到一个海派医生,整整拔了四个小时,把我老人家拔得甘拜下风。他不但不怪自己差劲,反而怪敝牙龙蟠虎踞,生得太牢。

看起来乡下赶会赶场时的野医生,真有一套。在那些宝贝地方,倒霉分子明知道既不卫生,又十分野蛮,但总比痛死好。于是野医生弄一点只有上帝才知道的啥药,往牙床上一抹,把老虎钳伸进尊口,一面拔,一面喝曰:“咳嗽!”只听咯吱咯吱,倒霉分子痛得涕泪交流,双手紧握,野医生就更厉声曰:“咳嗽!咳嗽!”倒霉分子正要一命归天,尊牙已拔出了矣,然后野医生和颜悦色问曰:“老哥,痛不痛?”看他满脸是汗的狼狈之状,跟一脸期望之色,只好一面吐血,一面支吾曰:“不,不。”野医生一听,眉飞色舞,立刻把铜锣敲得震天响,呐喊曰:“无痛拔牙,如痛还洋,请看这位客官。”

8. 吓出汗来

野医生拔牙的最大秘诀在于“咳嗽”,盖倒霉分子只顾得咳嗽,就顾不得哎哟,而等到顾得哎哟的时候,牙已不翼而飞,痛也随之尢有,想一想感恩都来不及,实在不好意思再哇啦别的。夫世界上只有两种病最为相似,一是牙痛,一是晕船。君晕过船乎?如果没有晕过船,晕过飞机也行,那种欲仙欲死滋味,是一样的焉。更有一些具有皇家血统的朋友,不但晕船晕飞机,简直连车都晕。就在上个星期,柏杨先生坐公共汽车前往医牙,好容易挤了一个座位,正在鼻观口,口观心,作正人君子状,一位就在面前站着的小姐,其尊喉里咕噜咕噜乱响,心中大奇,以为她在练内功哩。谁知道忽然间就是一大口,接着又是一大口,非常准确地吐到我前胸之上。据她事后说,如果不是她努力自制,就更准确地吐到我尊脸上矣。幸亏她如花似玉,否则真跟她没个完。她阁下就有晕车之病,天生的要坐八抬轿者也。

晕船的朋友,只要一上了船,肠胃就开始叛变,好像得了虎列拉,吐得连黄水都出来啦。躺到床上,活像一头瘟猪,连哼都没有力气哼,不吃不屙,奄奄一息,眼看就要成立治丧委员会。可是该船一靠码头,他就霍然而愈,又蹦又跳地上岸找女人去啦。

牙痛亦然。痛起来时,心神不安,万念俱灰,在牙痛分子看来,亡国灭种都不过屁,只有牙痛才是天下第一大事。古人云“十指连心”,殊不知牙神经更连心也。可是,妙就妙在这里,无论啥病,好比你阁下吧,忽然得了伤寒(对不起),再好的药下肚,也得慢慢的痊愈。诗曰,“病来如山倒,病去如抽丝”。再好比吧,你一步就下了十三层楼梯,尊腿立刻就会跌断,则接骨焉,上石膏焉,伤筋动骨一百天,再高级的治疗,再旺盛的生命力,都得在光荣的床上哎哟三四个月。只有牙痛,看他阁下连一口气都不敢吸,可是一旦拔之,就跟晕船分子上了岸一样,霎时间舒服舒服,真乃“病来如储蓄,病去如做梦”矣。

——附带奉告读者老爷,储蓄是一文一文积攒起来的,牙痛也是一点一点积攒起来的,小洞不补,必成大洞;小痛不医,必成大痛,大洞大痛就要命矣。现在牙医发达,啥牙痛都能治,不要说补洞拔牙,连牙齿长得不整齐,也有妙法,主要的是要早日下手。据相面先生云,柏杨先生本来有九五之尊的,所以一直到今天都没有万民归心,就吃亏在敝牙上。敝牙不但痛,而且星罗棋布,十分艺术,前一个焉,后一个焉,左一个焉,右一个焉,比起中国小姐那种一字长蛇阵的死板门牙,我的自然有我的千秋。这都是幼年时柏老太爷没有注意及之的缘故。现在做父母的真应该常看看孩子的尊牙,万一参差不齐,只要花几钱银子,孩子就可受用终身,如果也遇到柏杨先生这种贵命,说不定老两口还后福无穷哩。

一个人的牙齿不好,就等于命中注定要糟,因不美观则影响仪表,仪表猥琐则影响前途。君看过电影没有,哪有正正派派男主角是满嘴怪牙的。如果一张口就露出了怪牙,该家伙准是可怜虫,再不然也准是杀人凶犯之类,说不定最后砰的一枪,了此残生。(写到这里,心中就是一跳,柏杨先生能活到今天,真不简单。)去年夏天我的贤侄女在出国之前,和谁都没有商量,一个人跑到牙医生那里,把牙拔了个精光,装上一排假的,俨然美齿小姐,她便是深深地觉悟到牙的重要。到了美利坚之后,没出三个月,就钓到一个百货公司老板,享起清福来啦。后生小子,可不提高警觉也哉。

不美观还算小焉者也,如果是烂啦坏啦,群洞林立,那还要严重。盖牙齿不好,肠胃就也会跟着不好。原因显而易见,牙痛如烧,吃东西就不能仔细咀嚼,肠胃只好把牙齿的责任也接收下来,工作加重得过久,能不百病齐发乎?柏杨先生闹了若干年的肚胀,据医生说跟敝牙有关,敝牙如果连生铁都能啃得动,肚子就是想胀都胀不起来。

于是乎,我就趁着不写杂文的日子,公然不惧地前去拔牙。一定有些不开眼的读者老爷,认为我又犯了老毛病,又吹牛啦,天下哪有连拔牙都公然不惧的?这当然也难怪,记得有个小故事上说,一个洋大人去拔牙,浑身抖个不停,医生老爷看他可怜,就给了他一杯白兰地,他一口吞下,霎时间勇气大增,怒目捶胸曰:"哼,谁敢碰我?"结果大概是没有拔成。

在历史上,最使人敬佩的病朋友莫过于吾友关云长先生,他在樊城,被曹仁先生射了一箭,正中右臂,就请了华佗先生来医。华佗先生建议立一个木柱,柱上钉一个铁环,请他把右臂伸到铁环之中,用绳子缚紧,再用被子蒙住头,然后开刀。天乎,天乎,这不叫治病,而叫谋杀矣。可是关先生满不在乎,不但没有立柱投环,又哭又号,反而一面跟朋友下棋,一面伸出右臂。华佗先生无可奈何,只好活生生割肉,箭毒已把骨头染青,华佗先生用刀刮那骨头,窸窸有声,帐上帐下,一个个掩面失色,只有关云长先生饮酒吃肉,好像没事人一样。

嗟夫,这才是真正的英雄。柏杨先生心向往之,早就有志效法,所以到牙医生那里,跟书上说的一样,气不发喘,面不改色,而且点头微笑,作尾大不掉状。可是等到坐上椅子,那面目可憎的医生拿出吃饭的家伙,在我尊嘴里敲敲打打,戳戳捅捅,不到一分钟,我就大汗如雨,连腰带都像刚从水缸里捞出来。医生大骇,把手缩回,问曰:"老头,你热得这么厉害呀!"我生气曰:"热啥热,只是胆颤心惊,吓出汗来罢啦!"他竟如此瞎眼,判断错误,我就弃之若敝屣,投奔到另一位女医生那里。

9. 四海同欢

柏杨先生最后投奔了女医生,真是人类有史以来最明智的抉择。

盖有病求医,求到庸医大夫,自属三生不幸。君不见洋人国有一桩故事乎?倒霉分子前去拔牙,哎哟哎哟拔了下来,可是牙痛如故,仔细一看,原来病牙仍屹立在那里,好牙却不见啦。一个人有如此奇遇,只好自叹命薄。其实纵然没求到庸医,而求到海派大夫,也能叫人难以承担。海派大夫的特征是虚名在外,盛气凌人,本领不大,架势不小,专门以门面装潢取胜。我在重庆碰到的那一位,就是这种典型。

有些人找医生,喜欢找男医生,尤其是外科,必须看得准,拿得稳,一刀下去,直中要害,遇到生死关头,像是病情忽然发生了变化,女医生的判断力和应变力,就相形见绌。即令妇产科,男医生也比较吃香,万一难产,男医生就比女医生镇定,而唯有镇定,才不致慌了手脚。——不过话又说回来,也有朋友反对男医生给太太接生的,其理由曰:“我不能让那臭男人看我太太的光屁股!”对这些朋友,玉皇大帝真得特别派遣六丁六甲呵护,万一胎儿横生,或出了其他梦都梦不到的毛病,需要开膛破肚,恐怕还是得请男医生亲临主持也。

我说这些,不是对女医生有不敬之意,而是说男医生比较野,比较狠一点儿罢啦。但贵阁下如果也去拔牙的话,我倒是劝你找女医生的。再凶的女医生,到底天生慈祥,温柔得多,多少还会替病人想想。记得我第一次登门求医的那个海派大夫,大概瞧我衣服褴褛,没啥油水,抄起家伙就磨,我被磨得摇头哀号,其声甚惨,他大怒曰:“你叫啥叫?把我的病人都吓跑啦。”我说痛尚可忍,酸不可忍。他更大怒曰:“你既然怕成这个样子,不用治啦。”把我赶出大门。

我最后投奔的这位女医生,实是圣手仁心,她和她的护士小姐在我尊嘴中乱搞,总是轻轻的焉,慢慢的焉,磨一下就抬一抬,我一哎哟她就急忙拿起,换句话说,把病人当人,而海派医生却是把病人当成肉票的也。不过,无论男医生也好,女医生也好,拔牙也好,镶牙补牙也好,其基本痛苦都是一样的,最糟糕的是那些钻焉针焉,全是钢铁的,在牙齿上刮来剔去,发出刺耳的噪音,毛骨全酥,恨不得当下就死了算啦。如果有哪位科学家发明用橡皮的或塑料的代替它,真是胜造七级浮屠。

现在敝牙仍在治疗,但已经不敢再痛,金牙镶不起,不锈钢的则非镶之不可,绝不妨碍摇笔写稿。诗不云乎:“春蚕到死丝方尽,蜡炬成灰泪始干。”只要一天有丝,就硬是不能不吐,只要一天有泪,就硬是干不了,年纪虽迈,挺劲不衰。

敝大作中断前最后一篇,曰《译成白话文》,盖江敩先生的《辞婚表》是刘彧先生的主意,让那些公主们瞧瞧,别以为你是皇帝的女儿,还没有人要,嫁不出去哩。明天开始,我们继续这项研究。(敝牙如果再出花样,像大家伙得了不治之疾一样,当随时发表公报,虽然没人关心,倒是可以自己过瘾,不赘。)

10. 公主身价

各位公主传观了江敩先生《辞婚表》后的表情如何,史书上没有交代。不过以常情来说,凡是一脑筋势利观念的人,便俗不可耐,恐怕嗤之以鼻的多,怦然心动的少也。至少那些已抓住了小辫子的公主,更不可能幡然改过,反正已经有了男人在手,不怕他溜。但史书上却举出了一件事,临川长公主刘英媛女士,拜读了之后,大概良心发现,老泪横流,就也上了一表,要求“归宗”。

——中国五千年传统文化中,有一个最使人沮丧的现象,那就是,官做得越大,官性越茂盛,人性越稀薄。官大到当了皇帝,可以说不能再大啦,人性也就跟着大减特减,差不多连根都烂。刘英媛女士和刘彧先生是亲兄妹——也可能是亲姐弟,史书上没提,未便揣测。反正他们是血亲骨肉,做妹妹的有啥话要说,给哥哥写上一信,岂非人情之常,天经地义。问题就出在她哥哥是一个现任的皇帝,拥有绝对的权势,一个好好的人一旦拥有绝对的权势,人性就要泯灭。妹妹连信都不敢写,而只敢写奏章矣。兄妹之间,写写奏章,还有得说,有时候儿子当了皇帝，老爹如果不是太上皇，而仍在朝为臣，对他儿子也得磕头如捣蒜，照样的也不敢写信，要写的话，也只好写奏章。呜呼，官性大于人性，这应是中国酱缸文化的产物之一。

这些暂且不必讨论，我们只讨论刘英媛女士为啥上表要求"归宗"，真是说来话长。盖刘英媛女士的丈夫是王藻先生，公子哥儿出身（王导先生的玄玄孙），大概有点不老实，在外面跟别的女人搞七捻三，被刘英媛女士发觉，一状告到当时的皇帝也是她哥哥刘子业先生那里，立刻绳捆索绑，打入监狱，活活死在黑牢里。最后刘子业先生还下令离婚，刘英媛女士搬出王家，回皇宫居住。背着太太偷女人，当然混蛋，妻子跟他大闹特闹，也是理之当然，但如果一定要靠娘家的势力，把该丈夫置之死地，这种妻子实在使人倒抽冷气，不要说男人跟这种女人结婚受不了，就是女人跟这种男人结婚，同样也受不了。

刘英媛女士把丈夫害死，而又离了婚，最初可能觉得这一下子出了气啦，看你们臭男人还敢不敢有外遇。可是，日子一久，恶名在外，谁都不敢问津，不但年华老去，而且也难免寂寞难堪。她终于觉悟到，再听话的宫女，不如一个臭男人丈夫，趁着拜读《辞婚表》之余，要求仍回王家算啦，虽然丈夫已死，还有儿子在，总比一个人守空房好一点也。

——离了婚的太太想回婆家，不向婆家请求，反而向娘家请求，而娘家批准了之后，婆家还得恭恭敬敬迎接凶手，公主也者，真是一种可怖的动物。

江敩先生的《辞婚表》，写了那么长一篇，似乎只为刘英媛女士找了个重回夫家的台阶。《聊斋》上有一篇《吕无病》，男主角孙祺先生也碰到这种不平衡的婚姻。妻子乃王天官之女。"天官"是啥？大概类似乎现在内政部长兼司法行政部长（按：台湾的"司法行政部"是属于"行政院"的，乃世界畸观之一，不可不知），又兼铨叙部长、教育部长，乃特大号二抓牌。这种人的女儿天生地应该嫁给美国总统才对，竟然嫁给了穷小子，成了"一头大"之状，男主角就吃不消啦。她第一件杰作是，把前妻生的儿子，活活逼死。丈夫阁下气得冒泡，揍了她一顿，这一揍不打紧，兄弟仆役蜂拥而至，打了个落花流水（这还算男主角运气，如果妻子不是天官之女，而是皇帝之女，来的恐怕是锦衣卫，追拿归案矣）。男主角一看武的不行来文的，就到处告状，要求离婚。可是，官儿都往上看，只肯听天官的，而不肯听穷小子的。后来她生了一个孩子，一生下来就自己扼死。泼悍成这个样儿，穷小子更是告得厉害。恰巧护犊子天官爸爸死啦，人亡势息，这才打赢了官司。

这位一头大的妻子大人，回到娘家，有的是钱，本想再嫁，可是谁敢一试？过了两年，护犊子妈妈也死啦，弟兄们还好相处，可是弟兄们的太太渐渐地对她不客气起来，冷言冷语，指桑骂槐。这时候她才发现，苦海无边，回头是岸，还是回丈夫家吧。偷偷地托了些三姑六婆，向男主角表示忏悔，男主角连忙掩住耳朵，听都不要听。僵到最后，女主角发了狠，自己悄悄地找上门，跪到阶下，泣不成声。孙祺先生一眼看见，拔腿就跑，王女士拉住他的衣服，磕头乞求。结果是收下了，而她也痛改前非，一家团圆。

这个女主角活像临川长公主，不过临川长公主幸运的是，她爸爸比王小姐爸爸更有钱，比王小姐爸爸的官更大更有势，于是乎做她丈夫也就更倒霉，而她回夫家也就光彩得多，用不着厚着脸皮下跪，只要哥哥同意，“许之”，就打道回府。

江敩先生《辞婚表》中列举的拔尖儿人物，共有八位，曰：王敦先生，桓温先生，刘惔先生，王献之先生，王偃先生，何瑀先生，谢庄先生，殷冲先生。好像八仙过海，在不平衡婚姻的恶海中，各露各的一手。江敩先生对他们的英勇事迹，语焉而不详，大概当时已经家喻户晓，用不着详啦。可是千载以下，就多少有点模糊，省得读者老爷翻书，且简单介绍。

11. 各显神通

王敦先生的英勇事迹是“慑气”，慑气者，窝囊也；抬不起头，挺不起胸也。他娶的是晋武帝司马炎先生的女儿襄城公主司马修祎女士，到了公主家就像刘姥姥到了大观园，土豹子一个，两眼漆黑。新婚第二天，去厕所拉屎，看见厕所里有个亮光漆橱，里面装着香喷喷的干枣。他想，有钱人家真好，竟然一面拉一面吃，尊嘴痒痒，就一股脑儿下了肚；下了肚之后才知道那玩意儿不是吃的，而是用来塞鼻孔的，盖晋王朝时还没有抽水马桶也。拉过尊屎，一位漂亮小姐用金盆捧上香冽冽的冷水，另一位漂亮小姐用玻璃碗捧上“藻豆”，他又想啦，有钱人家真周到，有了吃的，还有喝的，为了入乡随俗，就把藻豆倒进冷水里，咕冬咕冬也下了肚。两位婢女掩着小口直笑，盖“藻豆”乃一种肥皂，用来洗手的也。

桓温先生的英勇事迹是“敛威”，敛威者，丢人砸锅也。王敦先生和桓温先生，都是晋王朝名将重臣，威镇九州岛。但再大的官，在公主看来，也大不过她爹。王敦先生既露一手于前，桓温先生岂敢不露一手于后。他阁下攻下成都后，俘虏了成汉皇帝李势先生的女儿，那女儿如花似玉，美得不像话，臭男人都是色迷迷的家伙，立刻就晕晕忽忽，忘了埋伏在后堂的母老虎。消息传到太太南康公主耳朵，那股怒火冲天是不用说的，下令把李小姐逮捕，当着桓温先生的面，升堂审讯，并准备好刽子手，只等令下，就拉出去喀嚓一声。桓温先生吓得屁尿直流，幸而李小姐在危急中，得了名人指点，只穿外套，不穿内衣，当锦衣卫要把她绑赴刑场的时候，她阁下落泪纷纷，真的一枝梨花春带雨，然后缓缓地脱去外套，露出浑身雪白的玉肌，据说白得连一个雀斑都没有，滑润得像凝结的猪油，长发散开，直垂地面，婉转哀啼,悲不自胜,以致南康公主也动了心,叹曰:“我见犹怜,何况老奴?”遂即赦了她的死罪,接回后宫。呜呼,桓温先生虽然不老实,但他当时的官儿是“都督荆司雍益梁宁六州诸军事,安西将军,荆州刺史,南蛮校尉,假节”,大军如云,杀人如麻,灭国杀君,够神气的矣。可是在公主老奶眼中,不值一个屁,照样当作囚犯一样搞他。

刘惔先生的英勇事迹是“佯愚以求免”,此公的妻子是晋明帝司马绍先生的女儿庐陵公主,他对于公主老奶的威风,早已心领,所以当司马绍先生在大臣子弟中挑选女婿的时候,他就好像得了脑震荡,变成呆子啦,有时候口水流到腰窝都不自觉。盖他自小家贫,卖草鞋为生,深知道一头大婚姻的悲剧。可是命中注定要跳火坑,就是再傻也没有用,最后还是“尚主”。

王献之先生的英勇事迹是“炙足以违诏”,从字面上就可以明白他对公主恐怖的程度矣。当皇帝老爷选他当驸马的时候,他阁下正在烤火,可能是吓了一跳,于是乎,炭火正好倾到脚面上,大概并没有烧到肌肉,因那时候的人都是穿着袜子的。不过管你烧着烧不着,反正是从此他就成了跛子,公主老奶总不能嫁给残废吧。但他最后仍然娶了新安公主,哀哉。

王偃先生的英勇事迹是“裸露北阶”。提起王偃先生,真是大大有名,他阁下就是前面介绍过的那位枉死在妻子临川长公主刘英媛女士手里的王藻先生的爹,父子同命,蔚为奇观。王偃先生的妻子是宋武帝刘裕先生的女儿吴兴公主刘荣男女士。这位刘荣男女士非同小可,她大概是一位活泼风流型的小姐,看着这位温文儒雅的老实丈夫,实在难以下咽。有一年冬天,半夜里不知怎么搞的,发了虎威,叫侍卫把丈夫从被窝里拖出来,赤条条地绑到院子里一棵树上,谁讲情都不行。当时正下着雪,把该驸马老爷冻得两眼翻白,眼看要死。还是他哥哥王恢先生,得到消息,连滚带爬地闯了进来,跟公主老奶大吵大闹,这才算饶了他一条老命。

——王藻先生死在监狱里,实在活该。父亲娶公主娶得裸体夜绑,他竟然仍有胆量比葫芦画瓢,也娶了一位,其死宜也。不过,话又说回来,历代王朝差不多都有一种现象,公主都希望她女儿嫁给娘家的侄儿当后当妃,也都希望她儿子再娶公主,其中有权势政治意味,于是乎,里应外合,小子们危矣。

何瑀先生的英勇事迹是"投躯于深井"。他妻子是宋武帝刘裕先生的女儿豫章长公主刘英勇女士,乃上面那位三更半夜把丈夫裸绑到树上的刘荣男女士最小的妹妹,姐姐既有如彼杰作,妹妹如不表演两下子,岂不丢脸。她更是独出心裁,把臭丈夫用绳子吊到深井里,吊得何瑀先生声泪俱下,等到拉上来时,又气又怕,又冷又湿,知道逃不出如来佛的手心,以后就乖乖的啦。

——其实何瑀先生的遭遇还算小小者焉,他儿子何迈先生简直比王偃先生的儿子王藻先生还窝囊。何迈先生娶的是宋文帝的女儿新蔡公主刘英媚女士。这位刘英媚女士,可能身上流着刘裕先生遗传的那种肮脏血液,竟跟她的侄儿——当时的皇帝刘子业先生,勾搭上啦。姑侄二人,如漆如胶,难舍难分,这种乱伦杰作,如果发生在民间,恐怕早打成稀烂矣,可是一旦发生在有权有势的皇帝家里,大家只好瞪眼。但两个狗男女仍觉得不够痛快,她阁下就索性进了宫,不出来啦。刘子业先生随便毒死了一个宫女(呜呼,那宫女是谁家的女儿?有何罪何谴,遭此毒手?),把尸首送给何迈先生,说他妻子得急病死啦。然后把姑母改姓谢,封为"贵嫔",堂堂皇皇,公开地搞了起来。何迈先生越看那尸首越不像他妻子,但也无可奈何,只好隆重埋葬。刘子业先生做贼心虚,总觉得他姑父何迈先生要对付他,而何迈先生发觉认输也不行,就集结武士,打算大干一场,结果被他内侄刘子业先生下令杀掉。呜呼,这种奇异的绿帽是普通人绝对戴不上的,何先生不但光荣地戴上啦,而且死啦。不平衡的婚姻,怎不使人肉跳乎哉!

谢庄先生的英勇事迹是"自同于蒙室",蒙室者,黑屋也,他因为反对刘劭先生当皇帝,被关在监狱里,几乎执行枪决。后来宋孝武帝刘骏先生即位后,对他另眼看待。谢庄先生的文章作得很好,刘骏先生要把女儿配他,先提升他当吏部尚书,他探听出来刘骏先生存心不良,头都发胀,好容易逃出监狱的火坑,岂肯再跳"尚主"的火坑,乃给江夏王刘义荣先生写了一封信,曰:"禀生多病,天下所悉,两胁癖疾,殆与生俱,一月发动,不减两三,每至一恶,痛来逼心,气余如綖,利患数年,遂成痼疾,吸吸惙惙,常如行尸。"哀告已毕,还提出恐吓曰:"俺高祖是四十岁死的,俺曾祖是三十二岁死的,俺祖父是四十七岁死的,俺明年就三十五啦。"这才算把皇帝吓住,结果公主没有娶成,官也当不下去,免职了事。

殷冲先生是"几不免于强钼",强,缰绳也;钼,锄头也。关于他阁下怎么为了公主老奶而几乎被绑起来砍了头,柏杨先生弄不清楚,但他确实是真的被砍了头,而不是几乎被砍了头。他的姐姐嫁给刘劭先生,而刘劭先生杀了爸爸,当上皇帝,一切文告宣传品,都出自殷冲先生之手,对刘骏先生当然很有点过不去。刘骏先生后来打了胜仗,当上了孝武帝,自然要算总账,遂被一刀两断。——问题是江敩先生对当代的事,总不会跟柏杨先生一样,随便捏造吧,应该有根据的,读者老爷中如果知道这个典故,务乞见告。

12. 四大恐怖

六位拔尖人物,附带一位拔尖儿子,介绍已毕,大概可看出症结何在。呜呼,娶公主是人生第一乐事,英国玛格丽特公主未结婚时,柏杨先生就曾动过少年之心,盖一旦跟她阁下结了婚,每天被她带到屁股后,晃来晃去,既不愁没米下锅,也不再看那些编辑的凶恶嘴脸,天天吃牛奶——我能一口气喝十公斤,顿顿吃大菜,也算不虚此生。要不是没凑足路费,早买船票去英吉利,说不定时来运转,被她老人家看上,今天各位读者老爷也就拜读不到敝大作矣。

这不是说天下只有柏杨先生没出息,总是异想天开,而是穷朋友无不想娶公主,却偏偏娶不上。有资格娶公主的朋友,往往又不肯娶。盖挨打受气总比饿死强,而有资格的朋友则有选择余地,自然愿意娶一位温柔贤淑,不愿意娶一个母夜叉也。江敩先生所举的这些血淋淋的事迹,足使一些贵公子面无人色,誓死抵抗。

不过,天下没有嫁不出去的女儿,尤其皇帝的女儿,要是想嫁给谁,连山都挡不住。江敩先生辛辛苦苦写了一篇《辞婚表》,结果他仍然得把临汝公主,吹吹打打地娶过门。

江敩先生娶临汝公主,叫人失望,史书上说他的《辞婚表》是刘彧先生授意的,可能不诬。所以他阁下口中虽然说得一明二白,心里却不是那回事。盖此公乃是一个典型的势利眼,小民出身的国务院秘书长(中书舍人)纪僧真先生,有一天拜访他,刚刚并肩坐定,江敩先生立刻把自己的座位搬得远远的,好像纪先生的穷气熏了他尊鼻似的。如此自命不凡,是仗恃着家世高贵。有此一念,就高不到哪里,盖公主虽然凶暴,却是增加他家世高贵本钱的也。

历史上真正有骨头有见解的臭男人,有三位焉,一曰宋弘先生,二曰尉迟敬德先生,两人向皇帝奋斗的经过,人人皆知,似乎在《堡垒集》中也介绍过,不再噜噜苏苏,吵你耳朵。另一位则是杨乔先生。杨乔先生长得一表人才,任尚书之官,汉桓帝刘志先生要把女儿嫁他,他跟江敩先生一样,坚决辞婚,刘志先生老脸挂不住,就来一个坚决不许,僵到最后,杨乔先生竟绝食而死。呜呼,江敩先生对娶公主是其辞若有憾焉,其心乃窃喜之,杨乔先生对娶公主才是真恐惧也。

娶公主的恐惧大概可分为四大类,曰送掉老命的恐惧,曰挨打受气的恐惧,曰绿帽乱飞的恐惧,曰损害尊严的恐惧。江敩先生介绍的属于前二者,至于绿帽的恐怖,则以吾友山阴公主刘楚玉女士露的一手,最为叫座。她阁下跟刘子业先生是兄妹,有一天,向哥哥提出抗议曰:“我跟你虽然男女有别,但老爹却是一个呀,你三宫六院,美女几万,好不快活,我却只有驸马一个男人,早玩腻啦,这事他妈的太不公平。”做哥哥的自由心证一想,有理有理,对呀对呀,就挑选了三十个小白脸，名之曰“面首”，送给她去狗皮倒灶。

——柏杨先生读史书，每读到此，心里就有一个疙瘩，那些小白脸在公主家里，怎么个睡法乎？是不是跟男人娶的姨太太一样，一个小白脸一个房间，山阴公主兴之所至，唤曰：“一号！”一号来啦。唤曰：“二号！”二号雄赳赳，气昂昂，英勇而上。万一争风吃醋，打起架来，比姨太太们的粉拳绣腿，恐怕更要可观。宋武帝刘裕先生的血液里铁定的有点不干不净，所以子女们也都不干不净，男的无一不是淫棍，女的无一不是淫娼。刘楚玉女士有了三十个小白脸还不过瘾，有天看见吏部郎（内政部科长）褚渊先生长得很帅，另有风味，就叫皇帝哥哥下令陪她，一直陪了她十天，褚渊先生就是不肯，对男人又是无法强奸的，只好把他释放。

其中最尴尬的一位，恐怕是刘楚玉女士的丈夫，那位驸马爷（他的名字史书上不载，大概为了顾全他的老脸吧）。在他家里，碰来碰去，都是妻子的姘头，眼睁睁看着绿帽雪片飞来，那股心情，真是天知地知，他自已知矣。

13. 门当户对

损害尊严的恐怖，不胜枚举，在不平衡的婚姻中，一头大的那一位一定处处占上风，一头小的那一位，一定处处吃瘪，没有他应该有的地位。夫妇者，敌体也，好像麻将上的“一般高”，谁也不比谁大，谁也不比谁小，一旦发生了一头大一头小，那就不是“一般高”，而是“一条龙”，就有龙头龙尾之分矣。丈夫尾大不掉，太太准受不了。太太尾大不掉，丈夫们也同样地难以消化。吾友郭暧先生，郭子仪先生的儿子也，娶了升平公主。该公主到了郭家，按道理应先参见公公婆婆的，她却严辞拒绝，理由很简单，老头老太太见了俺爹俺娘，都磕头如捣蒜，功高盖世算个屁，俺爹俺娘一怒，能杀你们全家，你家吃的喝的还不都是俺爹俺娘赏赐的，这头岂能随便乱磕哉。把郭暧先生气得发癫。幸亏郭子仪先生到底年纪大啦，知道厉害，不参见就不参见吧。就此一端，可看出该媳妇不同其他媳妇，该妻子也不同其他妻子。郭子仪先生生日那天，贵宾云集，七子八婿，当然要拜寿，升平公主又不肯啦，理由还是老理由。郭暧先生年轻火大，这一次就来一个不客气，把她阁下揍了一顿，还骂曰："你以为你爹是皇帝呀，俺爹因为瞧不起皇帝才不干那玩意儿的。"（史书上的文言文是："汝以汝父为天子耶？吾父薄天子而不为。"）公主老奶吃了眼前亏，收拾收拾小包袱，哭哭啼啼，进宫告状。郭子仪先生听说，魂飞天外，寿也不做啦，立刻把儿子绑起来，到皇帝那里，父子二人，跪地请罪。

河南省有一出地方戏，曰《打金枝》，金枝者，大概是指"金枝玉叶"吧，把公主的鼻孔朝天，驸马的不肯服气，公公的诚惶诚恐，描绘得淋漓尽致。其中有段唱词曰："床下行过君臣礼，上床再叙夫妻情。"这股大义灭亲的举动，你说怎么办吧！幸亏皇帝老爷还算明白，知道问题出在哪里，谓郭老头曰："不痴不聋，不做阿家翁，儿女闺房之言，何足听也。"大事化小，小事化无。如果遇到坏心眼的家伙，小事化大，好小子，你敢欺负我女儿，那不是瞧不起咱家乎？锦衣卫，拉出去砍了。那就比害一场感冒还严重。

中国五千年传统文化中，至少有三件文化实在是优秀不起来的，一是宦官，一是女人缠小脚，一是男人姬妾如云。宦官一直到清王朝下台鞠躬，才算取消。小脚的寿命似乎延长了四十年，对日抗战时，北方乡下，还有人照缠不误。至于姨太太，目前台湾仍很盛行。可是，北齐王朝的时候，所有王公大臣，或达官贵人，跟现在美国一样，无论怎么在外面胡搞，家里却硬是只有一个妻子，绝没有小老婆的，原因就在于他们差不多都是娶的公主。而北齐王朝从头到尾，又都是暴君，一旦公主老奶打了小报告，说她丈夫讨小老婆啦，准是喀嚓一声。这固然可为女性吐一口气，但也可看出不平衡婚姻实在是杀机四伏。

记得在敝大作里，曾提过“门当户对”，不久就接了几封读者老爷的信，日久天长，详细用词已忘之矣，但大意却能记一辈子，均咬定柏杨先生脑海里封建余孽太多，落伍观念太重。一直到今天，我一想起该几位读者老爷，就要跺脚——恨不得跺到他脚上。盖该几位读者老爷之意，“门当户对”是老腐败玩意儿，现在是啥时代啦，再帮这种腔，不是封建余孽是啥？

柏杨先生想，话似乎不能这么说，无论它是过去的也好，外洋的也好，我们必须有选择地抛弃，有选择地保留。有些性急如火，爱国如狂的朋友，主张起“西化”来，成了猪八戒吃人参果，连核带皮，一股脑儿吞，认为要西化就彻底西化，洋大人的洋枪洋炮火轮船，固然得接受，洋大人的花柳病，也得接受。而且嘲笑有选择的接受是古老的“中学为体，西学为用”。关于这一点，似乎有研究研究的必要。猪八戒先生如果非连核带皮，甚至连毛毛虫都一口吞下去，就吃不了人参果，那么，一口吞下去也未尝不可；但是，如果他可以把毛毛虫拂掉，把皮剥掉，把核剔掉，那么，他就应该吃个干干净净的。同样道理，如果我们没有智慧，没有能力选择，必须连花柳病也弄到身上才能西化，那么，害害花柳病也没啥了不起。如果不必害花柳病也照样可以西化，照样可以制出洋枪洋炮火轮船，照样可以民主法治，照样可以公平竞争，照样可以维持人性的尊严和价值，就不必大无畏地去害花柳病。

一句话说完，中国应该有选择地接受遗产，有选择地接受洋大人的那一套，如果遗产百分之九十九是糟透了的，就不妨选择剩下来的百分之一。如果洋大人那一套百分之九十九是精华，就应该拒绝剩下来的百分之一。美国当然是中国的一个活榜样，但美国的三 K 党，我们就不必为了西化，先也组织一个，然后再去努力消灭它。

——前几天，有位洋大人回华盛顿，一位朋友请他吃饭饯行，听说柏杨先生新做了一套西装，特地邀我作陪，露露脸拉拉关系。酒过三巡，菜过五味，谈起中美两国风俗人情，洋大人开腔曰：“有一点，不知你们留意没有，中国人的友情比较永远，而美国人的友情只限于自身。”我当时就端出孔孟学会嘴脸答曰:“那当然,中国有五千年优秀传统文化,文王,武王,周公,郑公,孔子,孟子,李子,桃子,一脉相传,到了柏杨先生,忽然更为光大,你们美国才立国几天呀?”他笑曰:“柏老,你这是中国人唱《莲花落》办法,不经过大脑,我的意思非指此也。”我曰:“听听你的。”他曰:“我讲可以,你阁下可别发怪论。”我急曰:“谁发怪论谁就是龟儿子,刚才说的那些,不过是看宣传品过多,滑了嘴罢啦。”

14. 天经地义

洋大人曰:“好比吧,今天我们三人在此相聚,过了二十年,我的儿女长大,找到了你,叫你‘伯伯’焉,喊你‘叔叔’焉,你对他照顾爱护之情,就油然而生。”我曰:“这是天经地义的,知己朋友有时候托妻寄子,有啥稀奇的。”洋大人曰:“这是你们中国人的天经地义,我们美国人的天经地义就不是这样,不要说朋友,就是亲兄弟姐妹的儿女,到时候也好像路人。”

呜呼,诗不云乎:“不识庐山真面目,只缘身在此山中。”经洋大人这么一提,柏杨先生发觉果然如此。中国古老的传统文化中,至少这一点似乎应该保留下来,友谊不限于自身,还上溯到上一代,儿子是朋友,老头也亲近多啦。更延续到以后的孩子,海外华人,“刘关张”三姓不就共有一个祠堂乎?而且从功利角度来看,中国这种念旧的感情,可以使人际间产生一种黏性,更可以使整个社会产生一种黏性。

拉得太远啦,只是想说明一点,我们既不是亚当夏娃,凭空而降,也不是孙悟空先生,从石头缝里跳出来的,就没有办法不背上文化遗产的包袱。这包袱里的货色有好有坏。采取一刀两断的办法,不但是不必要的,也是不可能的。犹如猪八戒吃人参果式的西化,不但是不必要,也是不可能的也。

过去的“门当户对”,可能只指身外之物,宰相的女儿最好嫁给天官的儿子,百万富翁的儿子最好娶大实业家的女儿。柏杨先生现在嚷嚷的“门当户对”,却不是指外表上的那些玩意儿,而是指婚姻的平衡——夫妇间健康的平衡,知识的平衡,性格的平衡,见解的平衡,境界的平衡,甚至家世的平衡,财富的平衡,朋友的平衡。前已言之,柏杨先生一直想返老还童,嫁给玛格丽特公主,最后当然是没有嫁成。不过万一嫁成啦,包管也不会是好婚姻。即令她阁下鬼迷了心,死心塌地爱我到底,那日子我也会越过越苦。盖伙食问题虽然解决,朋友问题却没有解决。昔吾友刘邦先生当了汉高祖之后,把老爹刘执嘉先生弄到皇宫里当太上皇,有吃有喝、有玩有乐,应该高兴了吧,可是他却不高兴,盖举目所及,都是儿子的部下,连谈谈心、发发牢骚都没有对手。还是刘邦先生把一些流氓地痞,从故乡迁了来陪他,老头才觉得舒服。夫玛格丽特公主的朋友,都是些衣帽整齐,文质彬彬的家伙,而柏杨先生却喜欢蹲到街头下下象棋,吃吃担担面,和老朋友聚聚,怨天尤人兼骂骂大街,而这些老朋友一个比一个没见过世面,见了公主就浑身发抖,直想开口借钱。这种婚姻,恐怕问题重重。

家世、财富、朋友,这三种门当户对,说出来实在俗不可耐,对于正在打得火热的男女——尤其是少男少女,简直宁可去买麻绳上吊,都不会听这一套。盖人在热恋之中,是不愁金钱的焉,是忘掉了身份的焉,是没有朋友的焉。这并不是说实质上如此,而是说表现出来的如此。一旦如花似玉答应了看电影、下小馆,就是卖掉裤子都干,坐到桌面,一面心中打鼓,一面面不改色点菜。斯时也,国王忘了他是国王,妓女忘了她是妓女(反过来,则是千金小姐忘了她是千金小姐,偷鸡摸狗的忘了他是偷鸡摸狗的),谁要不识相说对方家世不太高级,恐怕话还没说完,御鼻就挨上一拳。到了这种地步,两个人卿卿我我,晕头转向,一有空就挤到一起,不要说对朋友啦,就是对父母都没时间多瞧一眼。

可是一旦结了婚，过去英勇拒绝的问题，就会逼面而来。一个穷小子嫁了一个百万富婆，结婚证书就成了卖身契。最初几个月，他阁下还是丈夫；等不了太久，他就成了从非洲进口的黑奴，那女人用叮当几个铜板，就买了一个便宜货。一个没有社会地位的小子嫁给贵不可言的金枝玉叶，他在家庭中一辈子都抬不起头，他自己不但没有地位，他的爸爸妈妈都得满面羞惭地低着头走后门。

这些事在杨传广先生的不平衡婚姻上，可以找到影子，因为他妻子瞧不起他老子娘，所以他自己就不敢瞧得起他的老子娘。柏杨先生有位朋友，花了八千元娶了一位太太。老头年纪大了啦，好容易有个太太，倒也供奉备至，可是太太家里的人来他家住几天，他就板起来不平衡婚姻所必然产生的那种面孔，直到把岳父母板走为止。去年(1965)夏天，太太的弟弟来台北找事，在姐姐家只住了三天，就被他轰之。呜呼，舅老爷如果是得了诺贝尔奖金的朋友，他敢轰乎？他肯轰乎？杨传广先生的父母如果是台湾省长，恐怕俏媳妇和精公婆早嗲上啦，如果杨传广先生的妹妹是中国小姐兼女打狗脱，父妹二人在飞机场上，能几乎被推一个斤斗乎？一切毛病，都发生在婚姻的不平衡上。如果两人的家世、财富、朋友都是平衡的，啥节骨眼都没有矣。

然而，这些毛病不是不可以克服的，夫妇双方都具有大勇敢大智慧，照样可过好日子。但有些情形却是必须平衡的，娇妻大人体壮如牛，一拳能把砖墙打一个窟窿，而丈夫却弱不禁风，三口痰中两口有血。娇妻说去跳舞吧，丈夫跳不动；娇妻说散散步吧，丈夫连散步都懒得去；娇妻正兴致勃勃，丈夫却倒头要睡。恋爱期间，她的母性大发，可能把他当成小猫样珍惜，一旦成了夫妇，那才叫煞风景哩。

15. 爱情有价论

世界上最叫人开国骂的事，莫过于玉洁冰清的大家闺秀，嫁给一个浑身都是花柳病的花花公子。就在台北，有一对在社会颇有名的夫妇（我如果泄漏了他的名字，包管立刻就有天灾人祸），他们生第一个孩子是聋子，生第二个孩子也是聋子，生第三个孩子更是聋子，简直一聋到底。搞得天昏地暗，求神问卜，结果检查出来，那位父亲老爷原来害着国际梅毒。在医学上，没有国际梅毒这个名词，但民间却人人皆知。据说梅毒毒菌有很多种，如果单是一种毒菌发作，还容易对付。如果许多种毒菌纠缠在一起，那就连太白金星都没法度啦，什么六〇六、九一四，以及这个"训"那个"训"抗生素特效药，就好像注射到木头上。贤慧娇妻一片纯真，哪听说过这种玩意儿，不但贤慧娇妻不知道，就是该丈夫还自以为伤口已愈，不知道血液中的毒菌会毁灭下一代的耳膜也。呜呼，孩子何辜，却承担了父亲风流之罪！还有一种在自己身上就有报应的，提起来更叫人作呕，免谈免谈。柏杨先生真想建议立法机关，应该制定一项法令，男女在结婚时，必须提出身体检查证明书，提不出来，法院公证处就不给他证婚。如果自己径行结婚，就不准他报户口。在这种情形之下，如果仍有人勇敢过度，还是非结不可，那么就让他成为一对十目所视，十手所指的脏鸳鸯可也。

健康的意义并不一定指花柳病。晋王朝王浑先生的太太锺琰之女士为她的女儿选择丈夫，他儿子王济先生就介绍一位将军的儿子，老太婆叫那孩子杂到一群小家伙群里一起玩，观察了良久之后曰："这小子一表人才，绝可出人头地，只是他活不了大岁数，再有才干也用不上。"《世说新语》上说，落选的这位小子，果然不几年就驾崩啦。看相能看出寿夭,近乎鬼扯淡,但健康不平衡的婚姻,铁定地免不了乐极生悲。男人的三大不幸之一是“中年丧妻”,女人更不要说啦,愿意年轻轻就守寡的小姐,似乎不太踊跃也。

中途崩殂,也是一例,即令不翘辫子,身体不好也实在窝囊。久病床前无孝子,亲生儿女尚且如此,夫妻间更不用说矣。上个月初,柏杨先生肚胀得穷凶极恶,医生老爷吩咐躺到床上休息,结果没躺三天我就爬起来,盖别的还好忍受,柏杨夫人的尊脸实在有点水土不服。有一次听她跟邻居那个军爷的太太窃窃私语说,我大势已去,再请医生,白糟蹋钱,只等伸腿瞪眼,她就拿起包袱,带着小孙女,去美国找宝贝儿子。呜呼,此何言欤?老夫老妻,尚且如此;年轻夫妻,要想终身服侍,实在不可靠也。

写到这里,准有人捶胸打跌,说柏杨先生老糊涂,爱情不是无价乎?爱情当然无价,不过一旦选上了东亚病夫,爱情就有价啦,凡是不信邪的公子小姐,尽管拍马而上可也。

我们举的几乎全是极端,不是害杨梅大疮,就是死翘翘,再不然就是躺床不起。其实用不了这么严重,只要有一点不够健康的倾向,婚姻就会布满阴影。盖一个人的身体不健康,一定会引起心理上的不健康。俗不云乎“人穷气大”,人一穷啦,再碰到不如意的事,真能冒火三丈,反正活不下去,拼了算啦。柏杨先生这么大岁数所以总是发生和人吵架的盛典,并不是我真的修养不好(我还有啥不好的),而是穷过了头。(顺便拜托各位读者老爷,万一遇到我老人家向你吹胡子,千万承让,否则阁下一拳打断了我的肋骨,你就脱不了身,我也就吃定了你矣。)同样情形,人一旦害了病,火气也照样很大,林黛玉女士所以小心眼,动不动就使性子,把贾宝玉先生搞得发昏,恐怕与她的孱弱身体有关;薛宝钗女士所以大度包涵,也恐怕与她又白又胖的身体有关。嗟夫,一个人如果娶了林黛玉女士,那才叫倒了铁霉,你下班迟回家一分钟,包管三天都没个完。

知识平衡的重要,不亚于健康。即令当一个工人,一个大字不识,顶多扫扫马路,通通阴沟;如果他到办公室写字间当工人,他就得国民小学堂毕业；如果到洋机关伺候洋大人，他就得还会几句“哈啰”；如果他到原子弹发射场，恐怕他必须懂得更多，否则的话，像刘姥姥进入大观园，东碰西撞，说不定会发生粉身碎骨场面。

当工人尚且如此，更何况当丈夫乎，更何况当妻子乎。丈夫老爷如果写个便条，请妻子把抽屉里一件写着光学原理的方程式交去人带回，而妻子两眼黑漆，恐怕丈夫满面无光。如果妻子下班回来，发现丈夫把她昨天晚上开夜车写的那沓稿纸当作废纸擦屁股啦，她第一个念头恐怕是“所适非人”。

但这也并不是说丈夫是个数学家，妻子一定要明白相对论；也不是说妻子是个声乐家，丈夫一定要弹一手好钢琴。而是说，夫妇间至少应有足够的知识水平，了解对方是干啥的。即令在工作上不能帮助，但在生活上及灵性上，必须有能力付出支持——最低限度，也别使对方受窘。

说来说去仍是一句老话，爱情是交流的，婚姻是互助的。知识不平衡等于蚂蚁拉火车头，恐怕是拉不动。也等于火车头拉蚂蚁，恐怕能拉得它阁下血肉模糊。一个学富五车的男博士娶一个目不识丁的小姐，或一个学富五车的女博士嫁一个目不识丁的小子，我敢跟你赌一块钱，这婚姻恐怕用铁链都锁不住。知识程度越接近，平衡的可能越增多。（这可不是说他们准一定幸福，别瞎抬这个杠。）人们常嘲笑有些女学生上学堂不是为了读书，而只是为了弄一张毕业文凭当嫁妆。这话当然有不太恭维的意思，其实这些女学生还是聪明的也。

16. 要“配”才行

古书上有一则故事，夫妻二人做小生意，生活过得不恶。有一天，贤妻大人磕头烧香，向玉皇大帝祷告曰：“你老人家保佑我丈夫这一趟生意赚十匹布。”丈夫一听，发气曰：“要求就多求一点，为啥不求我赚百匹布乎？”贤妻大人曰：“你懂个啥？臭男人一旦有了一百匹布，烧得坐不住，准娶小老婆。”呜呼，这位贤妻真是世界上最高智慧人物，把臭男人的祖传毛病，摸了个一清二楚。臭男人就是天生的这么贱，有了几个钱，就想别的女人，盖他这一头钱多啦，另一头一个女人就压不住啦。一头只不过多了十匹布，天秤还可将就，如果一头多了一百匹布，成了一头大，则小的那一头恐怕要被甩到河沟里去也。

财富的不平衡能使婚姻破裂，知识的不平衡亦然。有些年轻妻子，以为这下子总算结了婚，双挂号兼报值挂号，那小子再跑不了矣，因而天天鬼混，不是花枝招展乱交际，就是蓬头垢面乱打牌，见了书就像见了杀父之仇。三年不看报，看报也只看电影院夜总会的广告。而臭男人却因事业上的需要和内心的追求，知识水平不断长进，结果也会出现一头大一头小，事情也同样麻烦。

柏杨先生有个学生，大学堂毕业，他的妻子则高中毕业的焉，普通讲起来，算是天赐良缘。后来该学生去巴黎苦读了五年，回国之后，太太当然兴高采烈，可是不久她就觉得不太对劲，找我老人家诉苦曰：“啊呀，他得了打狗脱，喝了大西洋的水，眼眶高啦，不得了啦，忘记他吃窝窝头时候啦，没良心的东西。”这种话当然动人听闻，柏杨先生就出马调查，才知道事情并不是四个字包括了的，“没有良心”主要的原因是，丈夫恨他的年轻妻子自甘堕落，不肯上进。该学生曰：“实不瞒老头，多少年来，我一直不停地读书，她却一直不停地后退，鬼混日子，再过些时，恐怕连她的名字都写不出来了。而我却是盼望她能配合我的，现在各大专学堂都有夜间部，我劝她去读，她不肯，不肯没关系，多看点书也可以，可是她宁可东家长西家短翻闲话，结果我们之间除了谈谈自己的孩子，造造别人的谣外，简直没有什么好说的。有时候和朋友们在一起，她对我们的谈话一无所知，偶尔插句嘴，也插得我汗流浃背，唯一的办法是尽量少和她在一起。”

呜呼，丈夫如果是外交官，贤妻必得下点苦功学学洋文，学学交际场合的礼仪。丈夫如果是政治家,贤妻也势必得下点苦功学学怎么样和人握手,怎么样见人说人话,见鬼说鬼话。老舍先生有篇小说(偶忘其名矣),写的就是这个故事。朋友们故意出男主角那位土豹子妻子的洋相,就在夜总会(那时北平还没有这玩意儿,但大饭店的气派却同样唬人),设宴请客。男主角看他太太土头土脑,脸上已经挂不住,偏偏孩子跌了一跤,太太立刻蹲下,用其粗糙的玉手努力拍地板曰:"别哭,别哭,都是地不好,看你娘打地!"男主角脸上就更挂不住。

在美国,母亲经常劝女儿多做家事才是拉住丈夫的唯一办法,美国那种女权高张的社会,这话有其道理。但在中国,柏杨先生记得曾表示过不同的卓见,我老人家的意思是,太太们宁可把家里搞得像一个猪窝,也不要忽略了自己的美,包括脸蛋的美,身材的美,玉手玉腿的美,更包括我们现在介绍的知识的美。

夫妻既是配偶,双方就必须常常警惕到要"配","配"字的意义就是说,必须时常警惕到自己配不配。这跟一辆并辔双头马车一样,两位马先生必须平头地奔驰,才能前进。如果其中一位马先生跑得累啦,想歇歇脚,擦擦汗,或者索性栽了个谁都没话可说的斤斗,那就非翻车不可。有些太太们辛辛苦苦给丈夫做老牛,把青春年华都断送给丈夫,结果丈夫反而把她一踢,另外找别的死女人坐享其成。该丈夫固然不是东西,但该太太的脑筋也一定准有毛病。近六十年来,我们柏家嫁出去的女儿,无论丈夫是洋大人也好,或是土生土长的中国人也好,还从没有听说谁被踢过(偶尔也有踢的,但动脚的都是俺姓柏的姑娘),不但从没人被踢过,反而把臭男人握到手心里,握得他们既愁眉苦脸,又死心塌地,其中奥妙就在于她们都受到过高人——也就是我老人家的指点。臭男人既天生的贱骨头,口袋里装了一块钱,就会把眼睛猛盯漂亮女人,努力骨碌碌乱转。当妻子的要没有两下子,怎能吃得死脱乎。这奥妙不是一哭二闹三上吊(必要时也不得不露这么一手,但常露就黔驴技穷矣),也不是张牙舞爪地管教养卫(他娘都管不了他,太太有啥办法?同时管得厉害啦,他就更发现别的女人真温柔呀），而在于要跟他平衡，那就是说，要处处配得上他，配得上他的地位，配得上他的健康，配得上他的交游，配得上他的知识，配得上他的性格，配得上他的见解，配得上他的气质。叫那小子因有你这么一位妻子，而产生骄傲满足之感。骄傲满足之感并不能根绝他不去偷鸡摸狗，但至少可使他不会为别的死女人而牺牲妻子。

柏杨先生有位年轻同事，才四十六岁，小职员一个，还没结婚，我就劝他去"买"一个，朋友们也都赞成，已经进行得差不多啦，有一天，他到舍下，眉飞色舞，说他时来运转，走对门路，要当啥啥局长啦。我老人家一听，就赶紧问他亲事定了没有，他说马上就要定，我就急曰："老弟，千万别定，这件买妻奇案，就算告吹。"他大惊曰："我花了五千只大洋才算有眉目，柏老，你存心坑人呀。"结果他结了婚，结果他当上了局长，结果他就烦恼临头。最发紧的事是，他感到他太太拿不到台面上。盖人一阔啦，就必定有同阶层朋友来往，人家太太都是中学堂毕业的焉，大学堂毕业的焉，去过外洋的焉，双双对对，造府拜访，他太太躲到卧房，打死也不出来，费了九牛二虎之力出来啦，全身披挂，像个唱歌仔戏的。见了客人，第一个动作是小手帕就好像缝到她嘴上；第二个动作是，把腰扭得像个麻花糖；第三个动作是，还没坐五分钟，就把鞋子脱下来，五个雄壮的脚趾在空气中英勇起舞。遇到必须夫妇同时参加的宴会或大典，更使做丈夫的如芒刺在背。

这些都是说女人的，太太小姐可能心里一阵一阵地不舒服。但如果换过来，就可体验矣。丈夫如果配不上太太，则太太受到的窘，更灾情惨重。一旦玛格丽特公主娶了柏杨先生，在大英联邦阅兵大典时，"九天阊阖开宫殿，万国衣冠拜冕旒"，我老人家却解开裤带，找找那三个御虱跑他妈的哪里去啦，她阁下恐怕真能当场一头撞死。

17. 飕的一声射出

柏杨先生平生最不赞成“随便找一个主义”，除非是人老珠黄，自己承认，同时别人也承认，前途已经到此为止，再踢腾也踢腾不出来啥名堂啦。如果真的到这一步，怎么将就都没关系。常见一些哀乐中年的朋友，已四五十岁，还没有走到成功的路上，随便找上一个，骗也好、抢也好，我倒是觉得其行可怜，而其心可悯，也未尝不可，盖传宗接代要紧。不过如果并没有真的到了穷途末路，仍有一线希望，那么还是少安勿躁为宜。宁可等到年华老去，四大皆空之后，再随便找一个，千万别在仍有挣扎余地之时，随便找一个。万一大发起来，就会产生不平衡的烦恼。烦恼发生在男人身上，还比较容易，烦恼发生在女人身上，就湿手和面，不甩不行，甩又甩不掉。

夫妇二人，性格不一定相同，但须配合。见解不一定相同，但也须配合。气质不一定相同，境界也不一定相同，但也都须配合。如果配不上合，那配不上的一方，就必须努力去配。丈夫是个急性子的人，妻子就得行动快一点。妻子是个喜欢古典音乐的人，丈夫就不能说那玩意儿是“鸡猫子喊叫”“犹如打架”，就得学习学习文明生活，了解了解谁是贝多芬先生和啥是交响乐。丈夫是个温吞水，三棒子打不出一个屁，妻子就得学习忍受他的沉默。妻子不爱空闺独守，丈夫就得多留在家里。丈夫如果平易近人，妻子就得多吃谦虚药。

柏杨先生也最不赞成国际通婚，尤其最不赞成东西方的国际通婚。盖国际通婚，不易平衡。君不见丹麦公主嫁给希腊国王乎，她成了王后后的第一件事就是学希腊话。君又不见葛丽丝·凯莉女士嫁给摩纳哥王储乎，她的第一件事也是学法语。言语上如果一天不能配合，她就一天坐不稳。不过白种人通婚，虽然国度不同，因为长得一模一样，风俗习惯也差不多，只要言语一通，也就融洽啦。而白种人和黄种人通婚，除了言语之外，其他需要平衡的地方，多如牛毛，要用出吃奶的劲才能抓得结实。即以饮食一项而言，患肠胃病的，或者喜欢吃辣椒、吃面条、吃涮羊肉、吃蛇羹的小子，就得三思而后行。此不过其中一也。更重要的是，夫妻双方，每个人身上都担负着二十年以上，迥然不同，甚至恰恰相反的教养，如果不努力去配，那苦就大啦。

但我们也可以从此观察，一个在国际通婚，尤其在黄白人种间国际通婚成功的人，一定充满了活泼的性情和坚强的上进心。呜呼，古人不云乎，"祸福无门，唯人自招"，谋取婚姻的幸福，也在自己也。

本专栏自从复活以来，还没有三个星期，就在这两天之内，就接到不少怨声载道的信。嗟夫，有些同胞似乎天生龙种，遇到心里敬佩的，连一句夸奖的话都不屑出口。可是遇到心里不舒服的，一封信或一张明信片就飕的一声射出，国骂焉，省骂焉，《三字经》焉，《百家姓》焉，使人连招架的工夫都没有。

来信攻击的焦点仍集中在"门当户对"上，严厉一点的读者老爷，其言难以入耳。宽大一点的读者老爷，则不外说我士别三日，刮目相待，不过跟柏杨先生四个月不见，却忽然如此酱萝卜，看情形势必挖目相待矣。其实当初呐喊"门当户对"时，我老人家一面乱写，一面就觉得心虚，惟恐怕有人伸手揪小辫子，所以特别强调我们的"门当户对"不是旧的意义，而是新的意义——那就是夫妻间家世的平衡，健康的平衡，知识的平衡，性格的平衡，见解的平衡，气质境界的平衡。不知道是我没说清楚，还是读者老爷没看清楚，反正是没清楚定啦。所以，有再努力研究的必要。

台湾目前有一种现象（据说在国外的中国人中更为严重），大多数中年光棍都讨不到妻子，一个个急得像砍了头的老公鸡，四处跳踉，见人就拜托介绍女朋友。柏杨先生看他们可怜兮兮，遇到合适的小姐，也就奋勇拉线，第一步请他们吃油大（一顿饭要吃一万字稿费），第二步请他们郊游。然后——已经没有然后啦，盖十对有九对,不是男的皱眉,就是女的变色,不但撮合不成功,反而把两个家伙得罪到底。正在大惑不解之时,从侧方面传来消息,男的委屈万状曰:"那柏老头,给俺介绍个阿巴桑,她妈妈在我们宿舍当下女,简直瞧不起人!"或是女的委屈万状曰:"看那臭男人的佛儿母,贼头贼脑,他爸爸是个穷教习,怎有力量送他出国?柏老头门缝看人,是存心羞辱我婴啦!"

于是乎,这些年来,我老人家的心肠就特别坚硬,任凭那些年轻人在我跟前急得下跪,我都不理。媒人之所以难做,在于人们脑筋无形中仍刻着旧式门当户对的观念,旁观者看起来已经很配得上啦,当事人却觉得至少差十万八千里,怎么不难搞乎哉?

18. 亲情友情

大概五六年前,台北上演过一部电影《锦囊妙计》,乃高度喜剧,但剧情用一句话可以说完,就是"门当户对"。女主角穷老太婆一个,在纽约卖花度日,住在贫民窟里,但她每隔几天,都要溜到当时第一流的大饭店,可怜巴巴问有没有她的信,然后顺手牵羊,俘几个该大饭店的信纸信封,用之给女儿写信。

老太婆用俘来的大饭店信封信纸给女儿写信,在于装阔。盖她有一个女儿,在欧洲读书,正和一个百万富翁的儿子恋爱,她不能让她的女儿丢面子。可是忽然间大事不好,百万富翁父子,带着她的女儿,乘船来美,一则观光,二则要会会一年四季常住第一流大饭店的百万富婆亲家母。消息传来,老太婆急得要跳大西洋。呜呼,一旦对方发现她不过是个衣服褴褛的老乞婆,就一切都砸锅。

这时候老太婆的老友黑社会头目格兰福特先生,拔刀相助,捐了一大笔钱,在该第一流大饭店租了一间大大的房间。老板听说是老乞婆要租,一万个不肯,可是他看黑社会头目的眼越瞪越大,就很乐意地肯啦,然后老太婆穿上她做梦都没梦到的大礼服,对镜自看,好像幻境。然后她就努力学习上流社会中妇女们的礼仪,如何握手焉、如何寒暄焉、如何鞠躬焉、如何迈步焉,恶性补习,累得气喘如牛。

可是问题又来啦,这么阔的老太太,难道没有社交乎?而且,总得举行个爬而退才对呀。可是老太婆只认识贫民窟里的那些肮脏的小贩,总不能把他们弄到豪华客厅亮相吧。思索再三,黑社会头目生出来锦囊妙计,把他手下的那些三教九流,地痞流氓,召集起来,抽签决定扮演角色。抽到市长的就当市长,抽到局长的就当局长,抽到议员的就当议员,抽到委员的就当委员。并买了各式各样衣服,叫他们改装。这一段是最精彩的镜头,那些地痞流氓那见过这种场面,穿着大礼服就好像戴上了枷。然而这不算苦,苦的还在后面哩。盖市长有市长应说的话,局长有局长应说的话,那话既文雅,又有特殊的内容,只好又请了一位教习,分别把这些话写到卡片上,你看他们摇头摆尾地念吧。

到了那天,女儿和百万富翁父子驾到,老乞婆开起来盛大的爬而退,介绍亲家公和未来女婿跟纽约市的大亨见面。场面伟大,戒备森严,老太婆万分紧张,伫立在门口,其心如捣,唯恐怕那些大亨露了马脚。而那些大亨这时却在一间破屋子里作最后复习,一个个伸脖子瞪眼,一手扭领结,一手举着卡片,高声朗诵,乱七八糟。

正因为喧哗震天,而又忽然换了衣服,警察局不晓得他们要搞些啥名堂,乃派出大批警员,在该屋附近埋伏。那些大亨怎么演习也上不得台盘,黑社会头目束手无策,但箭在弦上,不得不发,只好下令开拔。万万想不到,刚一出门,探照灯齐亮,喊话筒叫他们投降,否则就开枪啦。事到如此,还有啥说的,全体成擒。观众看到这里,真是着急。

大亨们被抓到警察局,局长问他们干啥。黑社会头目解释曰:“我们要救一个人,不仅是一个人,而且是一对母女。”局长曰:“哎呀,天翻过来啦,奇闻!奇闻!竟然不是打架生事,却是救人。”头目急得跳脚,局长用一副酱缸嘴脸,以不变应万变,头目曰:“这实在是一件急事,请允许我打电话给市长。”局长曰:“好吧,闲着也是闲着,听听你的神话吧。”

此时也,老太婆衣帽整齐,恭候嘉宾,偌大的豪华大厅中,只有百万富翁父子和她们母女。四个大人,焦急地走来走去。老太婆看看壁钟,只差一分钟就到宴会时间,却连一个蟑螂都没有,知道出了岔子,心如火焚。到了最后,下定决心,要把实情告诉女儿,就把她拉到沙发上坐下,万箭钻心,泪流满面,不知从何说起,只结结巴巴曰:“亲爱的,有好多事情,是你不了解的,我一直瞒着你,现在不得不告诉你矣,你要用平生最大的勇气来承担……”刚刚说到这里,只听侍者老爷一迭连声报名曰:“市长驾到。”“局长驾到。”这个驾到,那个驾到,而且驾到的竟是真货,而不是冒牌,霎时间黑压压挤满了人。这些真货在和老太婆握手时,还惊喜万状地叫哩:“玛丽,你比上次见面时精神可好得多啦。”“玛丽,你有这么漂亮的女儿,怎么从来没有提过呀。”老太婆当然晕头转向,而那百万富翁父子,认为能巴结上这门亲事,真叫光彩。女儿当然不知道底细,还以为真的出身烜赫,就更快乐非凡。电影最后一幕是女儿和她未婚夫以及有钱的老家伙,乘船回欧洲,老乞婆在码头上挥泪相送。

——这是一个高度的喜剧,含意上充满了人情味,结构上则风雨不漏。中国演员也可以演得有声有色,可是迄今为止,还没有那个剧作家或导演,有这种本领。盖脑筋都酱僵啦,大家只会用黄梅调或京戏腔炒冷饭。

《锦囊妙计》至少给我们提示门当户对的新的意义——身份的平衡。我们不能想象,一旦百万富翁发现亲家母原不过是个老乞婆,做女儿的发现自己不过是个小乞婆,将会有什么结果。廉价小说可能使他们爱情第一,但在活生生的人生中,恐怕有逼出人命的可能。即令不逼出人命,结局是啥,也可以预料。恐怕百万富翁父子,立刻代付房钱酒钱宴会钱,很客气地拍着女儿的肩膀,安慰曰:“你不必难过!”然后搬到另一家旅馆,然后逢人就讲受骗经过,然后用一种绅士态度，对该异想天开的穷母女表示同情，然后走之大吉。至于女儿，芳心粉碎，即令老着脸皮仍去找那小子，那小子可能根本不见，不得已见啦，大概笑曰："对不起，我刚要出去，等一会儿我打电话给你。"这"一会儿"就是十八年。女儿可能精神错乱，更可能从此沦落。

19. 杀妻案

《锦囊妙计》电影在婚姻之外，又给我们别的一种启示。到了后来，真市长真局长和一群真官真职出现，充满了使人流泪的人类温情。盖黑社会头目在电话中向市长说明了一切之后，市长大人立刻感觉出关系到一对母女的生死和幸福，不用说，那些其他的真大亨，都是他出面邀请的。这种事在中国官场上恐怕永不可能发生，小民要想打电话给市长，三作牌肯乎？即令肯啦，包管打八个小时都打不通，读者老爷中如果有不服气的，不妨就在原地试试。即令上帝保佑，市长大人接听啦，即令还残余一点人性，也不会亲自出马，顶多告诉警察局长放了他，就恩重如山矣。即令市长大人率领文武百官出马啦，包管大批酱萝卜皱眉曰："胡闹，胡闹，成啥体统？"说不定因此一念之差，丢了乌纱之帽。

闲言少叙，言归正传，既举了洋人之例，且再举中国一例。君看过京戏《鸿鸾禧》乎？有个穷小子，几天没吃饭，又逢寒风凛凛，竟冻僵在一家门口。该家有个十八岁姑娘一朵花，看他可怜，遂把他拖到院子里，灌了一碗热腾腾的豆汁。

——提起豆汁，得介绍介绍。豆汁者，和台北街头油条摊上卖的豆浆，看起来一样，但味道不同。豆汁有一种洋大人"气死"那种酸臭的怪味，不习惯的朋友，吃一口能把肠胃都呕出来，可是习惯了之后，简直非那种酸臭不过瘾。前一天，柏杨先生跟一位北方朋友谈起来“粉浆面”（即用豆汁煮面条），当着那么多人，该朋友就直流口水。听说台北什么路有一家卖这玩意儿的，但也只是听说，始终摸不到地点。读者老爷中如有知道的，务请便中见告，真应宣传宣传，这也是老饕朋友一大福音也。

且说穷小子灌了热腾腾的豆汁之后，悠然还魂。大姑娘一瞧，该小子眉清目秀，文质彬彬，定是一个落难的秀才，就把他招待到房子里。一会儿工夫，老爹回来啦，该老爹乃一个叫化子（对不起，又是叫化子，不是柏杨先生跟叫化子朋友过不去，而是剧情如此，要发脾气的话，也只能发编剧本的），一见小子，光起火来。幸亏女儿花言巧语，把老头哄得团团转，就把该小子留下，而且还把女儿嫁给他。

最精彩的一幕是结婚之日，老爹乃叫化子首领，俗语谓之“杠头”，众乞丐听说首领嫁女儿，当然纷纷前来道贺。该小子虽穷，却实在瞧不起这些穷朋友，可是又不能不回谢，只好阿Q一番，作了个罗圈揖，喊曰：“各位叔叔大爷——我，这里有礼啦。”把“叔叔大爷”跟“我”故意念成一句，以示“叔叔大爷”就是“我”，先精神胜利了再说。

穷小子本来饿得四大皆空的，一旦有了吃饭之处，又有了如花似玉的娇妻，得其所哉，就啥都不想干啦，决心等岳父大人翘了辫子，他就继承“杠头”的衣钵。可是女儿上进心切，看丈夫是个可造之才，千劝百劝，劝他赴京赶考，父女二人，像护送宝贝一样，护送女婿到了北京。

三考两考，穷小子当了县长。一当了县长，气势就有点不凡，深夜自思，俺堂堂书香世家，又是现任的县太爷，怎么瞎了眼，娶一个叫化子的女儿为妻？如果娶的是大官的女儿，走上内线，前途更不可限量矣。想到这里，一肚子窝囊，看那位当初当成天仙的娇妻也不顺眼啦。而该娇妻固不知也，还以为从今以后，夫贵妻荣，父女二人，要享福哩。悲夫。

他们是乘船上任的，那么一天晚上，穷小子——现在不是穷小子啦,是官啦,按照有些人一当官人性必灭,兽性必兴的定律,就毒从心头起,恶向胆边生,假装邀请娇妻舷边赏月,用力那么一推,忽冬一声,娇妻就跌落江心。等到确定了她漂流得够远之后,这才大叫救人。那当然救不了人,只不过热闹一阵,他阁下再努力挤出了两滴眼泪,大家也就叹息该太太没福没福。只老爹有点疑惑,女婿尊脸马上一变,把他轰下船来,摆脱得一干二净,气得老头在岸上破口大骂,直要小子吐出他的豆汁。

可是,千算万算,不抵老天爷一算,娇妻落江之后,被一家也是上任的知府老爷的船捞起。知府老爷膝下犹虚,就把她收为干女儿。而最妙不可言的是,该知府正是该女婿的顶头上司。复仇雪恨,犹如瓮中捉鳖。

于是乎,各人分别到差,新上任的县长前来参拜新上任的知府,知府老爷问他有没有太太呀,穷小子曰:"有是有,可是乘船不慎,失足落江矣。"言毕,做出一番发高烧的表情。知府老爷曰:"我有一个女儿,嫁给你如何?"小子一听,大喜过望,妙哉妙哉,果然有这么一手,如果女叫化不死,岂能抓住这个良机。当时就磕下响头,嗲曰:"岳父大人,请受小婿一拜。"

——他真正的岳父大人,这时也恰恰在知府衙门。盖无巧不成书,老头被轰下船之后,失魂落魄,东喊西叫,冒打冒撞,撞到知府那里,被女儿的婢女发现,父女相认,这时候正在等地雷爆炸哩。

好啦,一切准备妥当,结婚那一天,吹吹打打,穷小子入了洞房,该洞房比台北观光饭店自有不同,堂皇富丽,够他这个穷措大眼花气喘的。

20. 灵性的平衡

话说穷小子——再注一注,现在是官啦。他看见知府小姐巍然上座,凤冠霞帔,珠光宝气,想起当初在老叫化子家结婚,真是一个天上,一个地下,善哉善哉。尤其两旁伺候的那些丫环,一个个绮罗绸缎,貌如天仙,就更精神恍惚。(他阁下已昏了头,所以没有发现那些丫环小姐都是没有手的,盖都拿着棍子,藏在背后哩。)

穷小子正要去掀盖头巾,只听新娘娇滴滴问曰:"官人,听说你是有前妻的呀。"小子曰:"有倒是有的,可惜那死女人天生贱骨头,没命享福,船到江心,落水淹死他娘的啦。"新娘曰:"我比你的前妻如何?"小子好像吃了忠贞丸,一脸正气,慷慨激昂曰:"夫人说哪里话来,你是知府老大人的千金,何等尊贵。我那前妻,乃杠头之女,屁也不值,怎能相比。"

新娘这时候大概也气得差不多啦,小子战战兢兢,把盖头巾一掀。咦,好面熟,啥地方见过呀?于是乎,就像心窝里被人踢了一脚,转身就跑,一面叫曰:"打鬼打鬼!"诸丫环一看时机成熟,乱棒齐下,鬼没打成,倒被人打了个半死,只好跪在地下,磕头如捣蒜,哀求夫人饶命。新娘这才哭哭啼啼,掀他的底牌,掀着掀着,知府大人驾到,对跪在地下的小子曰:"原来你是个禽兽不如的王八蛋呀,请起请起,听参听参。"听参者,听候向皇帝参你一本——告你一状,实质的意义就是"撤职查办"。小子固然急啦,新娘也急啦,双膝跪下,代夫求告曰:"爹爹呀,你若参他,叫女儿终身,依靠何人?"老头才算高抬贵手。

小子跪了半天,勉强爬起来往外走,谁晓得冤家路窄,出门又碰到那位"杠头",只好又跪,真岳父大人可不像干岳父大人那么文绉绉地搞什么“听参”,他阁下举起手杖就打,结果还是女儿出面,把老头掇弄走。

看了这出戏,浑身不舒服,把贤妻大人推落江心,倒没啥不舒服的,杀人偿命,欠债还钱,有的是天理国法。不舒服的是贤妻大人最后竟然饶了他,如果换了柏杨先生,我就不饶。不要说磕头如捣蒜不饶,就是磕头如汽缸活塞也不饶。即令退十亿步饶啦,可别打算让我再嫁给你。

不过,虽然仍嫁了小子,看情形只是基于利害,而不是基于爱情,以后日子如何过法,不敢预料。她不云乎:“孩儿终身,依靠何人?”很显然的,如果她可以另找一个依靠的,该丈夫则不妨一脚踢,只因找不到另一个可依靠的,才不得不勉强将就。农业社会女子没有谋生能力,因之也没有独立人格,只好如此,也算那小子走运。如果生到现代,恐怕官司打到法院,报上有新闻可看的也。

这些都是题外杂感,不必管他,我们只管我们研究的主题。这桩婚姻所以闹得如此这般,完全是夫妇两头不能平衡。当十八岁姑娘一朵花一头大时,小子提心吊胆伺候她。但一旦当了官,小子这头大啦,太太那头变小,就压不住矣。如果当初十八岁姑娘一朵花不是女叫化子,而是什么“高祖”“太宗”的女儿,这个家庭包管快快乐乐,万人称羡。

最使人伤心,也最使人警惕的,是该小子说的那一句“杠头之女”,把他内心蕴藏已久的轻视和不满,全盘说出,可看出他已憋到什么程度。这种委屈之感,是一颗定时炸弹,没有机会,算是天老爷保佑,一有机会,它就会轰然爆炸,轻则把夫妇炸得血肉模糊,重则把一家炸得家破人亡。

关于这些,柏杨先生说得多啦,《堡垒集》上几乎满篇累牍。只不过一提起来“财富”“家世”“身份”,就似乎既庸又俗,既落伍又开倒车。正在热恋中的年轻朋友,一定大摇尊头。(说不定有些人激昂过度,能摇出来脑贫血。)但仍请千万想想,柏杨先生只一句话:平衡的婚姻,容易幸福;不平衡的婚姻,则不容易幸福。吾友曾国藩先生曰:“娶媳当不如我家,嫁女当胜似我家。”就是取其平衡也。盖媳妇的娘家必须不如我,娶进门来,才能服帖;而女儿嫁给更阔更贵的丈夫,才不致挑剔。如果倒转了过来,那就发生了公主下嫁的节目,这也不顺眼,那也不对劲,不是嫌穷,就是嫌贱。

性格的平衡,见解的平衡,境界的平衡,我们可一言以包之曰“灵性的平衡”,属于精神教养方面,占重要的一环。有一种现象听起来实在滑稽,但仔细想想也有点道理。有人说,夫妻结婚久啦,连行动长相,都会一模一样。嗟呼,夫妻本不是同根生,一个天南,一个地北,十万八千里凑合在一起,毫无遗传关系,行动一样,还可以说互相观摩影响的结果,长相一样,就有点玄矣。

柏杨先生家乡,这一类的谚语多的是,曰“不是一家人,不进一家门”;曰“一条被不盖两样人”。这就是说,夫妻是逐渐化合为一的焉。盖夫妻好像两块满是棱角的石头放到一个搅拌器里,最初几年,你的棱角碰我,我的棱角碰你,碰得三天一骂,五天一打。别看新婚燕尔,爱得要命,一旦开骂开打,其势之凶,能使日月变色。可是几年下来,各人的棱角都被对方磨得差不多啦,婚姻生活才进入稳固状态。

所谓磨得差不多啦,也就是双方都可以适应啦。柏杨先生有个男学生,五年前结婚的,有一天,男主角偶尔查问女主角,一个月的家用钱怎么没两天都完啦,女主角认为有损她的尊严,吵了个山摇地动——这话一点都没有夸张之处,女主角一气之下,把衣橱推翻,倒地声音之大,连旧金山都听得见。前些时,我老人家到他们那里串门,屁股还没暖热哩,就听见他阁下又在查问太太的家用钱啦,我心里想,这小子真是冥顽不灵,瞧太太杏眼圆瞪吧,当下就用眼色加以制止。谁知道女主角只笑了笑曰:“老头,别弄鬼脸,他是有权查问的,要知道,他是一家之主呀,我就是靠他养活呀,要不是他心肠好,我不是早饿死了呀!”说得该小子面红耳赤,结果家用钱也没查成,反而请太太大人,无论如何,看多年夫妇之情,去买一件皮大衣。事后该太太告我曰:“那小子,他不怕硬顶,就怕软功。”

那也就是说，夫妻间已互相了解，这了解是逐渐的，也是痛苦的——要在尊脸上抓了若干次爪印，才能摸清对方的脾气。于是乎，双方为了“和为贵”，为了不使对方狂风暴雨，就逐渐和对方靠拢，行动就变得一模一样啦。太太如果是个小气鬼，看丈夫拿钱帮助朋友，她就气出肠炎，日子一久，丈夫恐怕也成了小气鬼矣。太太如果是个势利眼，见了既穷且贱的朋友都嗤之以鼻，日子一久，丈夫恐怕也嗤之以鼻矣。太太如果孤寂成性，讨厌高朋满座，见了访客就皱眉头，日子一久，丈夫恐怕也皱眉头矣。

21. 牙和胖

有一件事不得不发表公报，盖憋了几天，再不嚷嚷，可能急火攻心，哲人其萎。上个月柏杨先生不是声明过，一旦我的尊牙发生变化，定要发表公报乎？当时就有朋友曰：“柏老，柏老，含蓄点吧，谁关心你的牙？”斯何言欤？我啥时候说谁关心我的牙啦。有些大家伙躺床不起，公报像爆豆一样地连贯而出，岂真的有人关心他哉？而是他既然硬发公报，小民就不得不看。柏杨先生偶尔见贤思齐，贵阁下不好意思说啥吧，这年头，关心不关心在你，过瘾不过瘾在我，不宣。

敝尊牙自从镶上了假的，满以为可以大吃特吃。最初两天，每嚼东西，又酸又痛，去问女医生，女医生曰：“这是习惯问题，过两天就好。”又是一个星期之后，我觉得不像是习惯问题，而像是实质问题，盖酸虽没啦，痛反而加剧，一连吃五粒“沙利痛”都不行，晚上睡不着觉，白天猛哼，一不小心碰了它一下，简直像碰到原子炉上。

于是再去问女医生，请她把镶的那玩意儿重新弄下，算我命苦可也。她倒好心肠，认为老而没牙，未免可怜，就在病牙之上，钻了一个洞,用探针试之。(按,这次虽然搞得很是惨烈,但并没有痛,上可告慰先帝,下可告慰国人也。)果然一矢中的,发现该原来以为是好牙的竟然也是坏的,必须补起来才可,否则的话,只有拔掉,而该牙一拔,假牙无所寄托,那就成了无齿之徒矣。

昨天开始的是打扫工作,女医生老奶说,要等到彻底打扫干净之后才能补,上次所以猛痛,乃是神经发炎溃烂之故,如不打扫一番,贸然补之,以后还有得我叫哩。天下除了杀头外,啥病都比牙痛要有弹性,牙齿好的朋友,不用算八字,他至少有三世积德。吾友王华莹小姐来信说,她的御牙从小就没有出过毛病,柏杨先生已修函致敬矣。一个女孩子的玉齿如果能像贝壳般的小而且密,而又坚硬得如金刚钻,就凭空增加无限妩媚。君见过大检阅时分列式的玉齿乎,我遇到这种玉齿,就忍不住多看两眼。其实不仅美而已,满口玉齿的朋友,因可减轻肠胃的伤害,其玉体一定健康。——但也于此顺便建议王小姐,千万别因牙齿好,啥都能吃而猛吃,那会影响你美妙的身段也。

柏杨先生顺便劝王华莹小姐少吃一点,原意也是劝天下所有的太太小姐。实在一番好心,千万别把我的好心当作猪肝蒸蒸吃啦。盖太太小姐一旦成了一颗伟大的橄榄,当中粗而两头细,自己就跟自己过不去。而必须像一个倒悬葫芦,然后才能把臭男人吃得结实。前些时柏杨先生去某机关找朋友借钱,上楼梯时,碰到一位很熟识的小姐,她虽然还没有结婚,更别说生孩了啦,可是她的御肚,却英明地往外凸出。我老人家心直口快,见了危险之事,忍不住就要说上两句,请她注意减肥。大概话说得技巧不够,她立刻放下尊脸,嚎曰:"你说我胖,我知道我胖,胖也不损害我的人格!"呜呼,胖当然不损害她的人格,但却损害她的美丽。天下事不能这么简单地处理,认为凡是不损害人格的事都可以大胆去做,上吊也不损害自己的人格,难道我们就天天上吊乎?

太太小姐发胖,乃人生一大悲剧,1966年5月份《读者文摘》上,有一篇减肥小姐的自传,她原来像母猪一样,朋友多如牛毛,到处受热烈欢迎,可是随着脂肪的减少,朋友也跟着减少。该文妙不可言,且做一次抄公,免得你阁下再去买一本对照。文曰——

十四个月前,我站在磅秤上,指针无情地指着二百二十四磅,今天,它却指着一百六十二磅,我的体重已减少了六十二磅(我还要再减二十四磅)。最使我高兴的是:我成年以后一直是个胖子,现在因为体重接近正常,我开始有了新的生活。

天下所有的胖女子都是与男人隔离的——被自己的脂肪隔离。她们没有机会体验真正人生,不会遇到真正的趣味,那是因为她们长得不正常。这些,从别人那种呵护备至,一半怜悯和一半嘲笑的口气中,充分表露出来。不管你怎样,别人总认为你有点滑稽,好像胖女人生来就应该成为调侃的对象。

于是,等我减肥减到看起来不再像是个调侃对象时,我惊奇地发现,别人对我的一举一动、一言一笑,都和过去有点不同,这是我跟一位多年女同学有了严重误会之后,才恍然大悟出来的。

我妹妹也不断对我说:"阿姐,别老是往牛角尖里钻吧,一个人是什么样子,就是什么样子,为什么你不肯承认这点。"她说话时的那种语调,是她在我减肥前从没有用过的。

22. 肥

该减肥女士续曰——

我发现人们差不多都认为胖子们的心肠比较软,所以我也就只好乐得心肠软一点,以满足他们的期望。而自从减肥了以后,我又发现瘦子比胖子在做人上有很多困难,因为大家对胖子的估价很低,而对瘦子的估价很高。

虽然如此,但从肥胖中解放出来,仍值得狂喜。胖女人本来最容易伤感的，可是别人却以为她的脾气好，不苛求，有丰富的同情心，会把心事向你倾诉，觉得你和她们的天地没有关系，不会成为她的劲敌。——我过去不知道花了多少时间倾听这些人的心声。

从前，我在火车站上候车的时候，准有莫名其妙的人拜托我照顾行李或小孩，因为她或他要去蹓跶一会儿和吃一点冷饮。胖女人既然都是好脾气又好心肠，我也只好很高兴地为他们服务。但在减肥之后，有一天，我赶一次火车，故意提早半个小时到车站，在候车室坐了下来。隔座有个男人，正在用草帽当作扇子扇风，一面自言自语说："那边餐厅有冷气，我为什么傻里傻气坐在这里，为什么不去喝杯冰水？"

刹那间我以为他一定要请我替他照顾他的箱子了，可是，他的眼光却掠过了我，落到对面那张长椅上，长椅上坐着一位体重至少一百九十磅的女人。他走过去跟她寒暄拜托了几句之后，便把箱子提到她跟前，她也对他发出可掬的同情。然后，那男人回来对我说："小姐，我是不是可以请你喝一杯？"

那杯柠檬水喝得我高兴之极，我一直到那一天，才第一次被人当成女人，这对我来说，是一个新奇的经验。

我家的人始终把我看作一个大孩子，这次看见我真的减肥，非常担心，就组织了联合阵线，拼命把好吃的东西塞给我，并且说："我们家的人向来都是丰满的。"又一再威胁我说，节食一定损害我的健康。

幸亏医生警告在先，说这种诱惑一定会发生的，否则我真要对他们的论调和厚赐屈服了。医生说，他并不了解我的家庭，但这种情形在天下所有的家庭中都会发生。

我一面减食，一面也得到不少医学上的常识，我本来以为体重过度是因为某种内分泌不平衡。可是医生在做试验后说，我这二百二十四磅的重量，是我积年累月不断饮食过度造成的结果，大多数男女都是这样痴肥起来的。

从前，为了弥补精神上的遗憾，唯一的办法是不停地吃东西。当我感到忧郁、寂寞、绝望时，我拼命地吃糖果、冰淇淋，甚至在咖啡中加双份的奶油。可是，当我碰到高兴的事时，应该是不吃了吧，谁都想不到我反而有更充分的理由要吃一顿丰富的大餐以表庆祝，那情形只有酒鬼可以相比。我的食物，至少有三分之一是用来补偿我这种内心情绪的。而现在，我瘦了好多，没有这种遗憾，当然也用不着补偿了。

我现在必须更加努力工作才行。男人本来就讨厌跟女人在事业上竞争的，但对手如是个胖女人，情形就会有所不同，男人并不把她当成一个完全的人。所以有时候胖女人反而容易做成一笔上算的生意，主要的是，男人们不相信胖女人会比他聪明。

如果你是个胖女人，别的女人就会很慷慨地给你一种特权，让你在晚饭后喝咖啡的时候，陪她们的丈夫说说笑笑。她们甚至还会更进一步，很大方地告诉你，在她们的女朋友中，她丈夫最喜欢你。而这种话，任何一个女人都不会跟她旗鼓相当的女人说的。从前，我就享受过这种可惊可感的盛意，可是现在却再没有了。

多少年来，我一直是詹姆和玛丽夫妇家的常客，有时玛丽会打电话来，楚楚可怜地说："我真闷死了，詹姆好像快要发脾气，你能不能过来一道吃晚饭，在我们这里住一夜，逗他高兴一下？"胖女人最容易上这种钩，满心以为这是真挚的友谊，别人对你的任何赏识，你都不忍心使对方失望。

前一次和玛丽见面，那时我已减轻了五十磅。起初，她对我身段的改变，十分热心，她说："你减了肥，竟跟从前有这么大的不同，我真不敢相信。"我洋洋得意说："我还要再减二十磅呢！"她立刻警觉起来，紧皱了眉头说："我想你不该再减下去了，丰满更为迷人，你是天生不宜太瘦的。"我没有理她——我开始学乖了。

最后一次，我应邀到了她家，詹姆对我的身材不停地称赞，他说："你知道吗，你原来是一个非常漂亮的小姐呢！玛丽，你说是不是？"玛丽勉强地表示同意，唔了一声，急忙把话题转到日本甲虫上去。

那天晚上，我的任务本来是来逗詹姆开心的，可是却反过来成为詹姆逗我开心了。多年来,他的鼻窦炎一直是我们的谈话题材,可是那天晚上,他却一次都没提到过。

23. 苗条万岁

日渐苗条的减肥女士,最后介绍她跟挚友间关系的变化——

玛丽过去在晚饭后,一定要靠到沙发角上小睡一会儿,可是那天晚上她却没有睡。詹姆正在教我玩一种新花样的单人纸牌游戏,我一面玩牌一面顺着眼角瞄她,看见她正松开衣袖,把它卷起来,沿着沙发背伸出手臂。她的手臂很美,詹姆多少次说过,他开始就是先爱上她的手臂的。

她那个姿态,对我无异是一种褒扬,是我十四个月来自我克制最称心的收获,我对我自己增加了空前未有的信心。不过我也同时成了她的敌人,我想,下次我再应邀到他们家吃晚饭,玛丽一定会把跟詹姆在一起钓鱼的那个单身汉弄来。

我跟其他老朋友之间的关系,也起了变化,我再也不像从前那样,听到她们丈夫的私事了。记得有一次,在一个宴会上,我亲眼看见三位太太联合起来对付一个年轻漂亮而离了婚的女人,她们三位太太连一句话都用不着说,甚至连眼色都用不着使,就团结起来,守护着她们的丈夫,好像那个女士马上就要把她们丈夫抢走了似的。

我不想当那个离了婚的女人,不过一星期一星期过去,我对我的那些女友有一种一年前可能使我震惊的了解。幸好的是,现在我只觉得她们那些动作十分有趣而已,因为我已认清人的本色了,我不再是一个胖女人了,我发现过现实生活的乐趣。

这篇自述,到此完结,很幽默,很和平,但也很彻底地把肥胖的严重性提示出来。请注意她介绍的“胖女人的特权”,那种特权就是臭男人没有人会爱她,所以女人们无不对她一百二十个放心,让她可以随意跟她们的丈夫搞在一起。呜呼,一个年轻的太太小姐到了这步田地,似乎有必要壮士断腕。

人格再高尚的女人,该减肥也照样减肥,英国女王伊丽莎白二世女士,你总不能说她比你的人格低吧,她也在拼命减肥。一般太太小姐所以仍然痴胖,且日见其增的缘故,主要原因恐怕是忍不住不吃。古圣人曾云“食色性也”,柏杨先生家乡有句谚语曰“若无婚和宦,世情减一半”,盖谁都挡不住性和食的冲动,这是上帝赋给所有动物的本能,没啥丢脸的。但人之异于其他动物,在于人类有节制的自觉能力,其他动物则没有。其他动物除了吃,就是交配,为了这两样玩意儿,简直不顾一切,不管旁边有没有别的同类,它阁下就一扑而上,丑态毕露。柏杨先生从前阔时,家中养过一位狗小姐,二八月间,带她出去散步,一转眼就不见啦,每次都在住在四楼的那家找到,正在跟他家的狗先生接火哩,打都打不走,每次都得用麻绳拖走。

狗先生狗小姐是不在乎啥的,而人就不同啦,一等一级色情狂的朋友,都会找个掩蔽的地方。假使人也像禽兽一样,在大街上就那般那般,世界真要大乱矣,此乃人跟禽兽分别的最大节骨眼。

性如此,食亦然。人类控制食欲的能力,在全体动物中属于一等一级,有时候明明吃饱啦,仍可照吃,好比说我老人家一朝时来运转,吾友约翰逊总统请我下小馆,虽然刚吃过了油大,为了总统先生的尊严和我自身的礼貌,准可再下肚两大碗,此其一也。另一种情形,虽然饿火中烧,简直连皮鞋都能嚼个稀烂,但如果有人端上一盘巴拉松牛排,恐怕你也会凛然拒绝。即令端上的不是巴拉松牛排,仅只不过脸颜色难看一点,偏你阁下的骨头又跟古书上说的那位“不食嗟来”的朋友一样强硬,恐怕宁愿决心饿死,要吃免谈。如果换了别的动物,一切都是本能的焉。俗不云乎“牛不吃水强按头”,按头也是白按,它阁下不吃就是不吃,而它一旦要吃,也是拉头也拉不住,除非用铁链把它锁住。

我们讨论的重点在于强调人是自己可以克制自己的,一个人克制自己的功夫越强,他就越有机会出人头地。克制自己的功夫越弱,他就只好在底层爬。写到这里,似乎有点不对劲,盖这样说来,滚油锅里煮玻璃球的朋友有福啦,岂非天下所有的滑蛋全是对的,都是美的乎哉?当然不是这个意思,人类所以奥妙的是,不单纯的只是克制,而是有选择的克制,智慧高的人有恰当的选择,智慧差的人有不恰当的选择。

至少说,太太小姐选择苗条,有百利而无一弊,一定要挤出一个弊的话,那就是可能被人看得发慌。古中国女人一向是不太讲究身材,而只讲究容貌的,其次则是附带讲究脚,好像两头重要,当中无论啥模样都行。这或许与衣服有关,穿上日本和服,活像一个水桶,虽然花枝招展,却是上下一般粗,于是乎,容貌丑陋的就被打入十八层地狱矣。现在一个三围恰到好处的太太小姐,她的身材可以弥补容貌的不足,只要身材倒悬葫芦,容貌即令差一点,也够人心跳啦。凭良心说,女人们真是越来越有福也。

24. 人大病大·人小病小

世界上任何有价值的东西,得来都不容易,太太小姐想有迷人的三围,多少得付出一点代价,盖保持苗条的方法只有一个——就是少吃。有些太太小姐宁可大胖特胖,也不肯住口,乃人格高尚的现象,我们不必细表。普通情形下,太太小姐差不多都宁可挨饿,也不让油腻沾唇的。其实科学发达,一位立志减肥的朋友,简直连饿都不需要挨,君不见药房里有一种“减肥药”乎?包装得漂漂亮亮,作红色丸状,下肚之后,在胃里作怪,使人一直觉得不饿,不饿自然少吃,少吃自然身轻如燕。

不过听说减肥药的副作用很大,药力中和了胃液,刺激胃壁,天长日久,有得胃癌的危险。(我可没说一定会得胃癌,卖药的朋友千万别找我打架。)所以真正安全的办法,只有少吃一途,这种克制的毅力,必须有三百年道行。

我们本来谈婚姻平衡的,忽然谈到了胖,扯出十万八千里。但胖瘦也需要平衡,所谓胖瘦也者,固是指身体的胖瘦,也是指配偶对胖瘦的感觉。历史上第一位胖美人杨玉环女士,她的嗲劲发作起来,几乎把唐王朝搞亡。可惜那时没有照相的,如果有玉照留下来,我们后人就能看看她到底胖成啥模样。现在只好根据字面,暗中揣摩。而她阁下是否真的那么胖,而唐玄宗李隆基先生是不是对胖有特别喜爱,也同样只好暗中揣摩。只有一点要嚷嚷的,李隆基先生娶杨玉环女士那一年,已五十七岁。现在五十七岁,还是壮年;可是千年之前,五十七岁已一老翁矣,而杨玉环女士那年才二十二岁。(他阁下比她大三十五岁,如果不是有钱又兼有权,恐怕别说娶啦,多看两眼都会被抓到警察局。柏杨先生上星期在公共汽车上,碰到一位美不可言的女子,我只不过趁着人挤人时挤了她一下,她身旁那个臭男人的眼就立刻瞪得比一块钱都大,你说混蛋不混蛋也!)

因之,我疑心老家伙可能只是靠着杨胖子取暖,君不见《圣经》上的记载乎?大卫王到了老年,族里的人就给他找了一位处女陪他睡,大卫王已经老到了可怜的安全期,男女之事已不再惊心动魄。他之所以要一位处女,族人所以送他一位处女,完全为了取暖,岂李隆基先生因此才把杨胖子爱得紧乎?即令这不是主要原因,也可能是重要原因。

不管怎么说,胖美人仍是少之又少,盖"美人"的意义,就是苗条,就是肚子凹而胸脯挺。

诗人周弃子先生来函曰——

柏老:读《牙和胖》大文,贵牙又痛,拜读公报,无任念羡,念公之痛而羡公之阔也。"大家伙"数句,必传千古无疑。唯未将鄙人"人大病大,人小病小"八字真言引用,殊为疏忽,美中不足。"沙利痛"

应译为“杀你痛”,五粒太少,以一瓶作单位如何。鄙人尊病花样愈多,近有增加轻度肝硬化之说,虽无公报光荣,写在这里,也要你“不得不看”。敬颂钻祺。

周弃子先生是现代借钱大王,其债台之高,听起来能马上害高血压。有一次他向柏杨先生打饥荒,被我连跳带嚷,赶出大门,盖他竟然荒谬到以为我身上可以挤出点油水,我岂有工夫交这种瞎了眼的朋友哉!一年之久未见,有一天我以为他已龙驭宾天,断了气啦,打电话去他办公室问问,固仍健壮如初,只不过刚害了一场大病而已。问他为啥不发个病重帖子,广告亲友,他叹曰:“人大病大,人小病小!”不禁拍案称奇,认为绝句绝句,想不到等敝牙痛时,已把这绝句忘个精光。贵人往往都有多忘毛病,不足怪也。

周先生的八字真言,货真价实,后生小子,不可不知。大家伙偶尔眉毛发痛,用不着发公报,自有往上爬先生一拥而上,嘘寒问暖,捶腰揉肚。大家伙一摸头,往上爬先生就连声唏嘘;大家伙一咳嗽,往上爬先生就双目流泪。本来已门庭若市,害了一阵眉毛痛,门庭就更像殡仪馆矣,此之谓“人大病大”。

人小病小,柏杨先生乃一绝顶之例,虽百病丛生,并发表公报,所有的劲都使了出来,该没人理仍没人理。昨天可怜巴巴,双手捧嘴,去借稿费,有权的朋友把眼一翻曰:“早来也有,迟来也有,就是现在没有。”那么我就等一会儿,可是等一会儿也没有。他说他去厕所,然后驾粪遁而逃。而周弃子先生的尊肝就是硬得掷地有金石声,大概也只有买废铁的去找他打听价钱。不要说别人啦,柏杨先生就不多瞧他一眼,无他,人小病小耳,他如果也是大家伙,我往他府上就跑得飞快矣。

25. 有其必要

周弃子先生一信,使我们的谈话又拐了一个小弯。辅仁大学堂一位“恕不具名”的“一侨生”先生寄来一信,对“牙”“齿”二字,有所指正。信曰:“上月看到了您的关于‘牙’的大作,昨晚您又谈了‘牙’,以柏杨先生才高八斗,怎么对‘牙’‘齿’都分不清?真使人也非抽一次筋不可。对动物的牙,我们可以说牙,而对我们万物之灵,则该称‘齿’,难道柏杨先生自认为是动物不是人乎?如果不服的话,试看全国有哪一家是‘牙科诊所’,如果有的话,我输您一块钱,这些医生的牌子写的都是‘齿科诊所’也。”

“一侨生”先生如果打赌“齿科诊所”,柏杨先生就服(不过台北市和平东路,就有一家“牙科诊所”),但柏杨先生如果打赌全世界只有“牙医”,而无“齿医”,恐怕“一侨生”先生连裤子都不保。《本草纲目》上职务分类曰:“两旁曰牙,当中曰齿”,那就是说,大牙叫“牙”,门牙叫“齿”,柏杨先生把敝大牙叫做“牙”,于古固有据者焉。而且人类本是动物之一,我把自己看成动物,似乎没有不妥,必须我把自己看成神仙,“一侨生”先生才有理由抽筋。

这些都无关紧要,紧要的是,中国话已逐渐由单音节进化到复音节,“牙”和“齿”原是两个独立单位,现在则进化为“牙齿”一个词矣,用拼音字母写出来,成了 yachí,更是一个字矣。不过在口语上,有时候曰牙,有时候曰齿,图其顺嘴,别无意义。顶多心里可能有那么一股感觉,觉得“牙”是白话文,似乎低级,而“齿”是文言,仿佛高级多啦。去年牙医公会曾为“牙”“齿”之分,向政府建过议,把“牙医师”改为“齿医师”,就是觉得“齿”字可登大雅之堂。其实在柏杨先生看,没啥没啥,不必一定求其区分,而只依其习惯就成。前些时有人向大衙门打小报告,说柏杨先生已"为人所不齿",这个"齿"字用得结实,他总不能说柏杨先生"为人所不牙"吧。而我老人家如果把牙痛说成齿痛,也未免文明过度,质诸"一侨生"先生,以为如何?

——于此柏杨先生想,汉字拼音化实在迫切而必要,现在大家为复兴中华文化而正努力开会,似乎对这一点应优先考虑。呜呼,复兴不是复古,而是扬弃和充实,能把中国字拼音化起来,才是功德无量。

现在再言归正传,继续研究胖和瘦的平衡。前已言之,不是胖男人必须娶一团肉,也不是瘦女人一定要嫁一个排骨。这种形式上的平衡,是假平衡,非真平衡。天下事也真奇怪,胖丈夫的妻子往往其瘦如柴,而瘦男人的妻子又往往浑身膨胀,但他们却快乐如神仙,无他,心理上平衡就行啦。

我们注意的就是这种实质上的平衡。穷丈夫一旦发了洋财,妻子必须有拿得出来的容貌;贱丈夫一旦当了大官,妻子必须有大家风范的仪态。反过来亦然,妻子一旦成了影星歌星啥星,丈夫必须有足够的钱和足够的身价;妻子一旦得了博士学位,丈夫就必须学问大增。如果不能这样的话,该婚姻就成了一个饵雷,没有外来的诱惑刺激,顶多不过心里又闷又苦,不幸一有人碰,轰然一声,就粉身碎骨了矣。

历史上第一个在婚姻上做平衡考虑的,前已言之,是姬忽先生。然而,婚姻也不能一头钻到平衡的牛角尖里,否则婚姻就不成为婚姻,而成为做生意谈交易,一分价钱一分货矣。夫任何正常的婚姻,都得以爱情作为基础,淡的爱情可以弥补小的不平衡,浓的爱情可以弥补大的不平衡。那就是说,没有爱情的婚姻,芝麻绿豆大的不平衡都会把婚姻搞得好像一场苦刑。君不见有位歌星小姐嫁给一位印度朋友乎?那真是奇异的一嫁,其精彩绝伦之处,据正史上说,可以作万世师表。

26. 歌星传奇

歌星小姐跟印度朋友结婚之日，报纸焉、电视焉，均参加阵线，盛况空前。当时柏杨先生就感到颇有点疑心，盖印度朋友不会中国话，而歌星小姐的印度话和英文也不灵光——普通社会交际场合应酬，对答如流，那不算数，盖谈情说爱需要丰富的言语和俚俗的言语，更何况歌星小姐连普通社交场合的应酬都兜不转乎？好在有的是挡箭牌，她"爱"他就行啦，交谈干啥。

——柏杨先生最不明白的是，如果言语不通，真不知道那"爱"是怎么产生出来的。不过，其他动物摩摩鼻子、舔舔屁股，就一发不可遏止，人类间当然也会有这种可以代替言语的节目。

话说二位结婚之后，坐上可以在天上飞的飞机，前往印度。可惜好景不长，只几个月工夫，新娘子拨马而回，回来后紧闭牙关，接着恍兮惚兮，再接着大概是实在委屈万状，才略略口吐真言。不久新郎跟踪而至，歌星小姐前去飞机场接他，却带了妹妹作电灯泡，晚上也不肯跟他同住，把印度丈夫急得见了人就捶胸打跌说他不穷。

这个不平衡婚姻，如此这般摇晃了几个月，印度丈夫硬是不肯离婚，而且还扬言要在台北大闹特闹，认为你们中国简直坑人。结果当然仍是离啦，风言风语说，离有离的条件，"亚盟"既不能如前所云牛不吃水强按头，强迫歌星小姐跟丈夫上床，又怕印度朋友发起神威，丢人就更大啦。花钱消灾，也是一途。这当然是谣传，不足为外人道也。

我们不作内幕报导，而只研究现象。最尖锐的是，自从歌星小姐回到台北，她阁下就再不提"爱"矣，要提的话，也只提"钱"——一言以蔽之，印度朋友太穷。她阁下大概看的关于印度王子电影太多，一瞧该印度朋友,云里来、雾里去,又住的是第一流观光饭店,席梦思床软得像橡皮艇一样。在台北尚且如此,回到印度,怕他不是住在皇宫之内,地下铺着魔毯,桌上放着阿拉伯神灯,仆人成群,只要玉手一拍,只听乐声悠扬,锦帐开处,一排宫女,露着肚脐眼,婆娑起舞。想不到那个该死的家伙,狭小的住处还不如她家榻榻米房子的玄关,且三世同堂,第二天陪嫁的首饰就不翼而飞。这不是一步登天,而是一跤跌到地狱里矣。能囫囵着回来,已是三生有幸,还敢再去乎哉?再去也可以,先拿银子。

印度朋友当然拿不出银子,他如果拿出银子,歌星小姐根本不会脚底抹油。

我们研究这场奇异的一嫁,不是责备歌星小姐,恰好相反,柏杨先生始终认为臭男人没有理由,也没有权利要求妻子跟自己过最低水平以下的日子。使妻子的精神生活和物质生活日益改善,是做丈夫的责任。臭男人在结婚时就应考虑到他有没有能力和有没有可能做到这些。有些小子一开始就存心不良,要如花似玉的妻子跟他受苦,胆敢拒绝跟他受苦,他就耸起眉毛骂女人都爱钱。这种人,我老人家誓死都不同他一点情。

有一个家喻户晓的故事,发生在西汉王朝。吾友朱买臣先生,除了读书之外,啥都不会,家里穷得叮当作响。妻子大人一怒之下,跟他离了婚。谁知道他阁下稍后时来运转,竟然当了官,而且无巧不成书地派到故乡当官。当了官自然非常之阔,坐着八抬大轿,前呼后拥,走马上任。他的妻子嫁了一个杀猪的朋友,虽有得饭吃,当然比不上太守风光。那位妻子异想天开,竟然以为丈夫还能允许她仍当他的老婆。朱买臣先生也是幽默之士,当下叫人把一桶水泼到马路上,告诉前妻曰:“打铃,你如果能把泼出去的水收回到桶里,俺就接你回去。”这水当然是没法收的,她又气又羞,只好上吊。

这故事最大的教训意义是,太太小姐千万不要太势利眼,怎知道该穷小子没有发达之日?对这个教训,柏杨先生没话可说。不过,除了这个教训,似乎还可以发现别的教训,那就是,朱买臣先生虽然后半生发达啦，但并不能掩盖他前半生对妻子的失职，他根本没有尽到一个做丈夫的应尽的责任。他当了官是以后的事，如果他当不了官，妻子这辈子岂不全部葬送到他手里乎哉？当官是全部教训的精华，而当官却没有必然性的也。所以，妻子不要他，实在看不出有啥错的。错的是她没出息，怎么想到吃回头草了欤？这场侮辱固是自己努力找的也。呜呼，再傻的人都会想到重回去不可能。（一旦印度朋友竟然当了印度国皇帝陛下，前来中国访问，我不相信歌星小姐会在马路上拦住汽车，嗲曰："我仍是爱你呀！"）可能是朱买臣先生为了出那口怨气，派一个三姑六婆前去摆个圈圈叫她跳："一夜夫妻百日恩，何况他乃有名的宽宏大量之人，去找他呀。"该妻子如果稍有点挺劲——不说挺劲吧，只要有正常人的一半脑筋，她就不应该去碰这种运气。他如仍稍有爱心或歉意，让他自己主动表示，否则即令重新回炉，也实在没意思。

27. 连狗都嫁

昔美国好莱坞女明星丽泰·海华丝女士，嫁给花花公子阿里汗先生，生了一个女儿后，稀里哗啦离了婚，一开口就敲了两百万美金，舆论界这才恍然大悟曰："这种女人，只要给钱，连狗都嫁。"此话出自可能吃诽谤官司的美国人之口，可看出丽泰·海华丝女士未免太恶形恶状矣。歌星小姐因丈夫穷苦过度而闹着非离婚不可，柏杨先生十二万分支持，嫁鸡随鸡的观念已经落伍，印度丈夫没有权利用他那种贫民窟生活来埋葬妻子的青春。不过，使人困惑的是他阁下的穷，我们在台北的人听的只是一面之词，而他也一再声明他颇有几文，香港报纸也曾为他呼过冤。这似乎有两个可能，一个是他阁下真过的是最低水平以下的生活，一个是他阁下的财富没有歌星小姐预期中那么多。到底是啥,一言难尽,如果能有记者老爷去实地勘察一番,就清楚啦,现在只好成为千古疑案矣。

另一个困惑是,歌星小姐当初拍马而上时,其势锐不可当,难道真的一点真正的爱都没有乎?难道真的只靠着模糊印象,认为他就是阿里汗王子乎?难道真的没有想到任何一个国家,都是穷光蛋乎?当然,歌星小姐有歌星小姐的困难——也是任何一个拜金主义者的困难,她表面上不得不满口爱情,内心里却一直在嘀咕他到底有多少钱。如果能像中华路卖东西的可以讨价还价就好啦,俺嫁给你,纹银五百两,掏出银子俺就跟你走,没有银子,免谈。可是偏偏又必须赶时髦宣传爱情,事情就尴尬了矣。

呜呼,嫁给有钱的人是大多数女人寤寐以求的愿望,柏杨先生如果是个千娇百媚,我就非钱不嫁,盖当女人最大的好处是可以不必辛辛苦苦就能在男人既成的事业上凭空插上一脚,承受他如牛如马所获得的成果。但,仍是老话一句,纯功利观点的婚姻都是不正常的,一丁点轻微的不平衡都会震荡。婚姻生活乃感情的生活,在感情的生活中,塞满了钱钱钱钱钱钱钱,它怎能不发炎乎?五年之前,一位参加过中国小姐选拔的小姐,长得也差不多,她和她妈妈二人,就是非钱不嫁的,结果如愿以偿,嫁给一个纺织公司的小老板,着实风光了几年。想不到天老爷似乎总是喜欢跟非钱不嫁的女人开玩笑,今年(1966)春天,该公司破产,小老板父子入了狱,好像现在还没有出来,你说窝囊不窝囊吧。

仍是一句老话,正常的婚姻,不管怎样,必须有爱情,不能只见银子不见人。

有位读者老爷陈克铮先生来信告我一件事,说有人在报上戳我的屁股啦。陈先生曰:"即令你真的那么糟,也不会影响我对你的感情,但各方人士对你的传说不一,一会儿说你是这样的焉,一会儿说你是那样的焉,言人人殊。我想,你自己应作个自我介绍,该是最好的一法,对乎?"还附了一份剪报,该剪报果然有一段影兮射兮,谨在此谢谢陈先生的关心。

俗云“人怕出名猪怕肥”,这是中国几千年酱缸文化的特产,自己飞不动,一看别人飞啦,就急火攻心,觉得必须飕的一声,射出一箭,把该家伙射死,晚上才能睡得着觉。至于该家伙死啦之后,自己飞动飞不动,则顾不得矣,只要别人中箭倒地就心满意足。至于对付猪先生,更不在话下,一旦猪先生又肥又胖,自然有人会把它阁下绑到屠场,照咽喉一刀。

柏杨先生说这些,有点屎羌螂先生戴花——臭美,自以为自己有了名而且兼会飞啦,其实我倒没有这个感觉,而是有些人有这种感觉,我遂倒了八辈子霉。以《诸葛亮》一书而闻名于世的姚季农先生,有一次打电话给我曰:“阁下,你别再写啦,再写准有特别节目,盖行情不对。有人物焉,看见别人稍微有点成就,就好像看见杀父之仇,非迎头痛击不可。”我大恐曰:“婊子养的才有成就,我只不过骗稿费混饭吃。”他正色曰:“那也不行,除非你赶紧栽个斤斗。”嗟夫,柏杨先生即令有点屁名,在这个人挤人的小岛上,除了关着门自我陶醉外,能算个啥?即令算个啥,也是别人拿我算个啥的,何至惹得大驾棍棒飞舞乎?

不过,写杂文好像在黑房子里开舞会,再小心翼翼,总是要踩着人的,何况有时候还憋不住三昧真火,明知故踩乎?却是有几位也是动笔杆的朋友,不断使出奇计妙策,逼我还手,这就跟泼妇打架一样,她一口千年老痰唾到你脸上,你如果没有两下子,忍耐不住,也回敬一口,好啦,她阁下烧了三年香,左许愿右许愿,就是巴不得你回敬她一口的。所以,接着而来的表演就可不卜先知,她披散着头发,脱掉裤子,号声震天,照你尊腰一头撞去,这就连洗土耳其浴都洗不净矣。胡适之先生这一生从不往这种硫磺圈里跳,对任何攻击都毫不激动,假装没有看见,盖有鉴于泼妇之可敬可畏也。

28. 硫磺疤手段

柏杨先生可没有胡适之先生那种修养，敝阁下对于唾到脸上的千年浓痰，一向暴跳如雷的，但有时候也颇感英雄无用武之地。记得当年为了《梁山伯与祝英台》，写了几篇大作，不过对导演先生表示一点异样，对女主角凌波女士根本没说一个字，而且还赞扬一番，但发高烧的朋友一向是不问事实，只问成见的，于是各种攻击就雪片飞来。最精彩的是有些捧潮派打电话给《自立晚报》，劈头劈脸一句三字经："干你娘！"接电话的朋友刚要解释，砰的一声，已挂断啦，于是该"干你娘"的浓痰就转嫁给柏杨先生，而柏杨先生固木法度，此其一焉。另一种情形则是，有些硫磺疤朋友虎视眈眈，专门在他以为我不知道的场合暗下毒手，小报告加窝里斗，我老人家遂不得不双手抱头，节节败退，固也木法度，此其二焉。

不过当我能还手时，我还是要还手，绝不小家子气怕竖子成名。盖说理应该公开，才是正途。问题在于，如果硫磺疤先生连个歪理也缠不出(要缠的话，谅他总可多少缠出来一点的，可能炭火烧心，塞住了脖子)，而只满篇累牍的全是激起蠢血沸腾的煽动，专往私生活上乱戳，希望把别人"斗臭"。对于这种硫磺疤手段，就只好算他赢，给我一块钱我都不回手，一则怕真的被他斗臭，二则我如果有那么多闲工夫，还钻到被窝里想女人哩。但更主要的是，硫磺疤朋友一口咬定谁害杨梅大疮，该怎么还手呢，能去火车站前脱下裤子叫人看看乎？马克斯先生当初斗海斯先生的时候，就一口咬定海斯先生害花柳病的，并更一口咬定海斯夫人是个花痴，炭火烧心到这种地步，叫海斯先生如何招架？对于他自己，他还可以弄张医生证明登登报，但他怎么证明他妻子不是花痴乎？而且，即令能证明恐怕也不行，等费了九牛二虎之力证明啦，硫磺疤先生的第二种学说又出了笼，只好每天啥事都不干，全部时间用来洗刷自己矣。

所以柏杨先生不跳这种硫磺圈，即令鬼迷了心，跳进去啦，也得拣大硫磺圈跳。有位穷斯滥矣型的朋友，已在台北《华报》上写了不少戳我屁股的大作（我真担心他写出脑充血），还托刘鄂公先生转告我曰："我就等他回手！"他阁下的层面再也想不到我不会也给他一口老痰的，盖年头不对，要想惹柏杨先生回手，可颇不简单。

陈克铮先生建议柏杨先生应介绍介绍自己，柏杨先生何尝不想介绍介绍自己，不过我一介绍就会介绍成活圣人，似与天理良心未便。但如果一字不移，照实作供，则不但我老人家一个人丢人砸锅，势必还要连累别人跟着也丢人砸锅，未免有伤上天好生之德。我总觉得，我们应该只说理，而不说人，只判断是非，而不判断作者的私生活；只交换意见，而不必像电影明星一样一定要登台亮相。既不以人废言，也不以人立言（就是岳飞先生从坟墓里爬出来，说核子弹他那时候就有，而且在朱仙镇大破金兵时还用过，该是屁话仍是屁话），同时也不以某人一件事错啦而乌云遮天说他其他的事都错啦，也不因某人一百件事对啦而为贤者讳，说他错了的那件事也对啦。这种只对事而不恶意地专门对人的基本原则，似是现代人应有的最基本的质量，没有这种质量，则只是野蛮的硫磺疤。

有几个大学堂的学会曾邀请柏杨先生讲演，也有几位读者老爷非见见面，瞧瞧柏杨先生的长相不可，更多的是一些要我玉照的朋友，好像我如连玉照也舍不得的话，就是他妈的。其中最对不起朋友的一次是，国立政治大学堂教习王洪钧先生，叫我去他们大学堂跟大学生们座谈座谈，当时我本来拍了胸脯，非去不可的，呜呼，我老人家连拔牙都不怕，岂在乎大学生。但我想了半天，仍没去成，王先生乃大怒。于是有些读者老爷非常不谅解，写信告诫曰："你阁下故神其秘干啥？"真是冤枉好人也，不是我故神其秘，而只是我怕摆到台面上。犹如我不是故意出汗，而只是我怕那凶医生一样。同时，话得说回来，我如果喜欢抛头露面，一定又有硫磺疤先生说我成了应召女郎,爱出风头矣。这就是做人难,乞谅乞谅。

今天是1966年12月28日,三天之后,就是元旦,“年年难过年年过,处处无家处处家”,抗战时这副联语,到今天仍可以贴到门框上。柏杨先生上星期就发出了贺年卡,仍是亲自动手,一笔一笔地写,再一张一张地贴邮票,当印该贺年卡时,本专栏正在断气,但在寄该贺年卡时,本专栏已复活啦。有几位读者老爷来信曰:“下次不要再寄印成的好不好?”其意若曰,印成的就不够亲切。可是仅只写信封及尊名,已累得手酸,如果一一写之,恐怕连腰都报废了矣,这似乎仍是观念问题,从前农业社会,有的是时间,可以安安详详地写,可以慢慢地写。现代化的生活似乎只能问实质上有没有相交之心,如果心里恨不得剥了你的皮,就是咬破手指,写血书都没有用。

29. 拣骂的

中国文字狱之多,在世界上似乎可以首屈一指,其中最王八蛋的莫过于朱元璋先生,其次则是清王朝几个头目,像爱新觉罗胤禛先生和他的儿子爱新觉罗弘历先生,也使人叹为奇观。柏杨先生如果最近不蒙主召,打算一一介绍跟各位读者老爷见面,已想好名称,曰《拣骂集》。盖北平有句俗话曰:“拣啥的都有,还没听说过有拣骂的!”好比就在此刻,隔壁那位军爷的夫人,正拉着嗓门骂她的丈夫:“老乌龟,老不修,老不死的。”柏杨先生就面不改色。如果敝阁下攒拳而往,跟她吵架曰:“你这个死婆娘,骂我干啥?”她明明不是骂我,而我却英勇地拣起来往头上一戴,场面难缠啦。又好比,你阁下正在衡阳街压马路看女人,忽然听见有人咆哮着“干你娘”,你总不能跑过去,面红耳赤地跳曰:“好呀,你口出脏言,是何道理?”那人曰:“我不是骂你呀!”你更跳曰:“明明骂我,我娘已经叫你干啦,你还不认错，看拳。”忽冬一声，那人仰面朝天，你就进了警察局。呜呼，穷小子一旦时来运转，拣钞票焉，拣首饰焉，拣衣服焉，我们见的多矣，确实没见过拣骂的也。

然而，文字狱老板却是世界唯一拣骂的，整天瞪着一块钱那么大的御眼，低头猛拣，看看能不能拣个骂戴到头上。你阁下一旦精神恍惚，丢了一锭银子，被路人拣去，七找八找，找到了你，物归原主，你大喜之余，连屁都能放出来。可是一旦嘴上没毛，说话不牢，被拣骂的拣去，七找八找，找到你了，你就喜不出来啦。嗟夫，那时候如果有身份证的话，朱元璋先生跟爱新觉罗胤禛先生的职业栏，除了填“皇帝”外，似乎应该再填“拣骂的”一项，三十六行之外，又多了一行，无以名之，只好名之曰三十七行。

30. 发表公报

柏杨先生现在又要发表公报啦，这次公报得详细一点，以资鼓励。敝牙经过女医生跟她的女护士，凿之钻之，镶之补之，已于上月中旬，隆重康复，而且结实得连锅巴都嚼得动。前天小孙女看对门有钱人家小孩吃汽水，闹着也要吃汽水，就慷慨激昂地给她买了一瓶，家里没有开瓶盖的工具，我用牙一咬，它就身首异处。小孙女对我乃大加佩服，老妻也歌颂我返老还童。至于肚胀，已纠缠了三年，有时候略轻，刚要高兴，还没吃两天肉哩，却轰然又重胀起来，实在弄不懂原由何在。不但我这个门外汉弄不懂，就连又黑又专的医生都弄不懂。去年秋天，一位医生老爷给我注射了不少荷尔蒙，又叫我吃维他命甲和维他命戊，我看他除了用洋文写药名外，不见得有其他啥本领，就自己买而服之。荷尔蒙对胃的收缩虽有帮助，却注射不起，免谈。维他命甲可以增强肠壁蠕动，维他命戊据说可以恢复已经衰老的生长机能，对御肠的帮助亦大，可能是心理作用吧，这些时情况良好，蕞尔小民，可不必再担心也。（这段话是专门为那些有考古癖的朋友而设，盖千百年后，他凭此考据，就会考据出来柏杨先生名震寰宇，深受中国同胞爱戴，否则他劝大家不再担心他的肚胀干啥。）

不过代肚胀而兴的是咳嗽，不但柏杨先生咳嗽，小孙女也咳嗽，柏杨夫人也咳嗽。有时候咳嗽几声也就算啦，有时候努力发作，大人小孩全都咳成下了油锅的龙虾，手足痉挛，蜷成一团，眼看一口气接不上，就要麻烦朋友组织治丧委员会。而以夜间尤甚，此起彼落，若贝多芬先生的交响乐然，把隔壁军爷咳嗽得直敲墙板求情曰："柏老，你们已经咳嗽得很够水平啦，可以升九段啦，别再练习啦。"呜呼，这算啥话哉，我岂好咳哉，我不得已也。

为了咳嗽，吃了不少洋药，除了医生老爷开的种种洋药之外，还吃了五瓶枇杷膏、五瓶咳精和五瓶"知蜜之圣"。咳嗽没把心咳痛，花钱倒把心花痛，后来我就拒绝再吃，盖我就不相信能咳嗽死人，病算啥，钱要紧。

上个星期，吾友薛肇瑄先生看柏府实在热闹得不像话，遂介绍一方，我一听说又要花钱，就宁愿再咳嗽一年。可是老妻看小孙女咳得可怜，怕将来向儿子交不了卷，就如法炮制了一番，果然一剂见效，三剂无踪，接着她老人家也是三剂就好啦。柏杨先生心里想，既然大家都不再帮腔，一个人咳嗽实在没意思，就也照吃了几付，不过柏杨先生天生异禀，一直吃了五剂，才算不咳。早知道如此灵验，就不吃洋药矣，俗不云乎"偏方气死名医"，际此天寒地冻，又冷暖无常之际，兹将该偏方介绍于后，请咳君子幸留意焉。

治咳偏方，共有三种材料，曰梨，曰冰糖，曰川贝。每剂用梨两个（好的梨两个十五元，差劲的梨两个七八元就行，其功效一也），冰糖三元，川贝三十六元（中药房有卖的，其状如米）。薛肇瑄先生说要把梨掏空，老妻试了几次都掏不空，所以改为简易之法，搁腰一刀，切成两半，剜出梨核，不要剥皮，里外打扫干净（放到自来水龙头一冲），然后仰面朝天放到碗中，再把川贝平均倾到剜出梨核的凹处，倾上冰糖,小心翼翼放到锅子里,用火蒸之(水可是加到锅子里,而不是加到放梨的碗里,加到放梨的碗里,就成了煮啦)。柏杨先生是放到电饭锅里蒸的,贵阁下如果穷得连个破电饭锅都没有,那么放到普通锅里也行。约莫蒸半个小时之后,冰糖已化成清水,梨也烂啦,等它稍冷,吃光也可,吃一半也可,一天三次吃之,临睡时再吃一次,三天之后,你就是想咳都咳不出。此乃奇异妙方,敢向内政部注册的焉。咳君子尽可一试,灵验时务必寄我一块钱,以作好心之报,不灵验时我就撅起屁股,你想怎么踢就怎么踢。

写到这里,柏杨先生要特别喊叫的,那就是,我可从没有介绍过治癌偏方。呜呼,五年之前,吾友覃子豪先生得了砍杀尔,躺在台湾大学堂医院里哼来哼去,医生判决他活不了太久。经过朋友介绍一位中医,给他开了一副古怪的药方,该药方是把药喂鸡,然后杀鸡煮汤,就喝那个汤,精神反而一天一天地好起来。该文后来收在《高山滚鼓集》,此书一出,就不断接到读者老爷来信,询问该医生是谁,该药是啥。有位年轻朋友还特地从屏东赶来,为母亲求治,把我搞得下不了台。盖一直到目前为止,癌症尚是绝症,去年(1966)各国医学界人士东京集会,专门讨论,结果不但不知道怎么治癌,而且连癌是怎么发生的都弄不清,只知道那玩意儿突然间冒出来,横行乱窜,啥药都制不住。如果生的位置是可以割掉的,割掉还有希望,漫画家王小痴先生的舌头就倒了八辈子霉,生了砍杀尔,只好把舌头割掉,虽然说话不方便,但性命总算保住。而台湾省立台北工业专科学堂教习徐增渊先生的九岁小女儿,却生在肚子里,只有一死矣,悲夫。

31. 竟有这种奇医

当柏杨先生介绍覃子豪先生精神复兴那篇大作发表的时候,他确是精神复兴的，但当《高山滚鼓集》出版问世，洛阳纸贵之后，他却荣蒙主召矣。所以，面对着各位读者老爷的询问，结结巴巴，吞吞吐吐，不知道撒些啥谎才好。盖我老人家有名的心狠面软，实在说不出："没法可治，请回家等死吧！"支支吾吾之余，往往被认为我也成了小官僚，在暗示他送红包哩。去年（1966）夏天，我巴巴地去台北博爱路拜访那位煮鸡喝汤的名医，以求印证，盖我老人家虽不懂医，只要他能说得天花乱坠，把我唬住就成。可是那位蓬头散发的朋友，说了半天都离不了阴阳五行，最精彩的是他只夸他的官——某年某年当过中医师考试委员啦，某年某年都当过中医公会理事理事长啦。呜呼，你就是当过联合国国王，不会治癌仍不会治癌。我当时怕挨揍，没敢说啥，但心里却硬是不服。曾有两次在《自立晚报》"倚梦闲话"专栏中，公告天下周知，今天再在此补充一段。迄今为止，中医还治不了癌。

然而，亲情似海，对于不幸染上癌症的亲人，在西医束手无策之余，仍不由得想到中医，非这些人比柏杨先生还没知识也，十指连心，爱之切，疼之亦切也，这种哀哀欲绝的心情，正中了恶医下怀。君看过美国一部西部武打电影乎？棺材店老板一听说要吊死人啦，脚上就像踏了风火轮，飞奔而往，手拿皮尺，在那倒霉的犯人身上猛量。观众看啦，笑得前仰后合。可是犯人的父母夫妻子女看啦，恐怕笑不出。棺材店老板巴不得天天吊死人，恶医则巴不得天天有人害癌，以便靠着他两片皮的嘴，乘人之危，先捞一笔再说。无以名之，只好名之曰肮脏的勒索。

位于高雄市的《台湾新闻报》社长赵君豪先生之死，就死于这种肮脏的勒索上。赵先生在荣民医院已查出病入膏肓，只有三个月的寿命啦，全家大小，哭哭啼啼，于是靠着努力宣传而闻名天下的大号中医师赵峰樵先生，手拿皮尺，应声而至，把胸脯拍得冬冬响，保证不但死不了，而且三个月内，还"癌去病除"。这明明是牛鼻老道的鬼话，可是到了这时候，鬼话也成了仙言，赵君豪夫人在《哭君豪》一文中，有一段对赵峰樵先生的控诉，一字一泪，不忍重抄，剪贴于后。

赵夫人文曰——

君豪罹疾,早知不治,他仍勉露笑容,编些谎话来安慰我,他不晓得我早已泪洒心田,暗里饮泣,但恨没有放声一恸的机会。郁结成癌,这是医师对君豪所批的脉案,君豪自八月初罹疾,赴荣民医院住院诊疗,未几,医师判明癌症,婉请我们回家休养。当时我心碎片片,肝肠寸断,一家大小眼巴巴地望着最爱的家长一步一步走上死亡之路。昔日戏言身后事,今朝都到眼前来。此情此景,人何以堪?

但是从我自己一直到最小的孙儿女,人人得强颜欢笑,装着什么事情也不会发生。以往曾有度日如年的感受,那时只觉得时光流转,何其迅速?每听钟声一响,或闻时钟滴答,我们都会惊得跳起来,又一点钟,又一分钟,又一秒钟,绝不容情地度过,而医生曾经暗示,君豪的生命只能维持三个月。

为了减轻他的痛苦,激起一线希望,我们明知受骗,明知被压榨,也唯有病急乱投医,央求朋友,卑躬屈膝,去请教中医博士,治癌专家。他开出了苛刻的条件,却也为一家大小带来衷心的欣慰。他要我们预立治愈证明书,限定我们不许延请任何其他医师,然后他斩钉截铁地说:君豪的病不会再有危险,他负责包医,保证君豪在双十节那天,即可自行到花园里散步。三个月后,癌去病除。我们将这位中医博士视为救命恩人,一切遵照办理,言听计从。君豪服食的药品由他供给,一个多月中,医药费用多达五万元,我们竭力摒挡,悉索敝赋,流水般的金钱花得毫无怨言,衷心唯有感激。然而,某次他满面怒容地来到舍下,就在君豪的病榻之前,双足暴跳,大发雷霆,原来《华报》上登了一段文章,对他的医道有所批评。全家人被吓得六神无主,几乎要全体下跪,请他息怒,以免刺激垂危中的病人,而且赌咒立誓,说明登这段文章,确与我家人无关。最后,濒危的病人气喘吁吁,躺在床上连连向他作揖求饶。眼泪在一家大小每一个人的眼眶里滚动,大医师仍然余怒未息,他要我们在《自由谈》上,一连刊登两次歌颂他是癌症专家的广告。

十一月五日,君豪的精神很好,他确曾下床走动,并且略进饮食,然而就在这一天,大医师改了药方,君豪服食过后,躺回床上休息,即感四肢乏力,动止维艰。翌日清晨七时零五分,竟然一瞑不起,临终不及半字遗言。呜呼恸矣!一家十七口,强忍了两月之久的热泪,如长江大河,一发不可遏止。

君豪的死期,距荣民医院医师所作的判断,竟被这位中医博士提前了一两个月,这一两月的每一分秒,都是我们全家甘愿付出任何代价,不惜全力争取的。

恕我要做一件君豪生前可能极不欲为的事,我势必宣布这位中医博士的大名,倘若因此引起一切可怕的后果,我也无法计及。因为我要这样做,并非基于个人感情的理由,如所周知,君豪素来主张广告必须净化,《自由谈》上,从不刊登含有欺骗性质的广告。而我,却因急于挽救君豪,竟自作主张,瞒着君豪,受中医博士所要挟,在《自由谈》上登了两次歌颂癌症专家的广告。这一点,我不但难获君豪的宽恕,而且,我深感愧对爱好《自由谈》的万千读者。

32. 治癌秘方

赵夫人最后,画龙点睛地指出曰:

这位中医博士,连日已经受到舆论的指摘,他是赵峰樵,愿上帝有以证明他的仁心仁术。

看了赵夫人这一段哭诉,用不着再详细批注啦,读者老爷大概可以发现这位可敬的吃癌博士的广大神通,使小民得到若干印象。

一曰:吃癌博士拍胸脯包治砍杀尔(对不起,他阁下到底拍胸脯没有,柏杨先生没有看见,但以其来势的英勇,恐怕是拍过的),其胆量之伟大,心脏之坚强,真可惊天地而泣鬼神。把明明不能治的病,一口咬住干屎橛，硬说能治；不但能治，而且包好，如非有两下子，怎敢不顾后果？过两天柏杨先生也成了博士，身怀奇术，包医各种疑难杂症，凡是别的医生医不好的病，我老人家无不起生回死，药到命除，届时也，恐怕准挨官司。而吃癌博士把一个报社社长治得翘了辫子，他不但没挨官司，反而没事人一样，好像赵君豪先生不是他治死，而是柏杨先生治死似的。连赵先生生前好友写的吊唁文章，有阮毅成先生的焉、有谢冰莹先生的焉、有陈纪滢先生的焉、有冷欣先生的焉、有姚朋先生的焉、有君亮先生的焉、有伍稼青先生的焉、有郭嗣汾先生的焉、有公孙嬿先生的焉，竟没有一个敢提他是怎么被可敬的吃癌博士踢打折腾的。只欧阳醇先生跟刘鄂公先生提了一下，而全国所有报纸，更都徐庶进曹营，一言不发。呜呼，由此可见，一个医生要想名震天下，手持皮尺，不是那么简单，必须有可怖的后劲才行。

二曰：吃癌博士一个多月的医药费达五万多元，这个数目能把人吓出盲肠炎，柏杨先生势必要苦干三年，不吃不喝，不穿不拉，才能积起这个数目。但如果一旦我老人家也隆重地得了砍杀尔，有个稀里哗啦的医生老爷拍胸脯包治，老妻宁可把小孙女卖给大家伙为奴，也要留我这条尊命。赵君豪先生虽然比柏杨先生发达，但他也只是个报人，而不是个商人，五万元的数目可观。幸亏他早早归天，如果再支持两月，十五万元就没有啦。于此可看出吃癌博士看病，就跟打扑克牌一样，看得准，下得狠，看准了之后，拍马而上，狠狠地当头一棒。盖机会难得，管你钱是不是卖儿卖女来的，反正医一个月就够吃五年的，吃癌博士真是绝顶聪明的焉。正在医学院读书的学生老爷，虽不一定马上就给他阁下鸣炮送匾，但必须切记于心，勉之，勉之。

三曰：在洋大人之国，若英夷焉，若美夷焉，医生是不准宣传的，为的就是预防吃癌博士之类的医生，锣鼓喧天，把病人引到花钱送命的歧途上，此乃该诸夷没有五千年优秀传统文化之故，自无足取。故我们可敬的赵峰樵博士先生，自有他的手段。第一，要病人先立下“治愈证明书”。第二，要病人为他刊登歌颂他确是货真价实，如假包换的吃癌专家广告。第三，一旦发现报上有批评之文，就暴跳如雷,虽然赵君豪先生只是高雄《新闻报》社长,根本管不着台北《华报》,但在可敬的吃癌博士心里,却偏认为管得着。而且从赵夫人的哀诉书上,好像他还肯定了赵家对他已有疑问。呜呼,吾友耶稣先生不是说过乎,只要信,信神就出神,信鬼就出鬼,害癌的竟不信吃癌专家,已是大逆不道,还包藏祸心,发为文章,动摇别人的信念,与饭碗有关,就非跳他两脚不可。于此可知,一个人要想成为名医,必须有点法宝。吃癌博士目前不过祭出三个:曰预立证明书,曰刊登鸣谢感激广告,曰不准走漏消息。遗憾的是赵君豪先生死得太早,否则其他零件继续问世,就更有花样瞧的。

四曰:一个医生能把病人的家属逼得几乎要向他下跪,也不简单,没有五百年道行,至少也得有三十年道行。而逼得垂死病人躺在床上连连向他作揖讨饶,更得有点菩萨心肠(谁要说赵峰樵先生是饿狼心肠,我可是不同意),俗不云乎:"只有不孝的子女,没有不孝的医生",言任何医生没有不希望病人痊愈也。但看可敬的吃癌博士所露的一手,似乎存心要革掉这句俗话的命。盖他根本没把病人看到眼里,而只把宣传和银子看在眼里,这乃是一种原子能时代的新观念,众小子不可不肃然也。

我们得到的启示多如牛毛,一时也写不完。不过,归根结柢,吃癌博士没治愈癌,反治死了人。无论他的本领如何通天,事实终是事实,但我们倒是希望他能治癌的。

盖赵君豪先生一人的不幸,不能就把吃癌博士的高贵荣誉一笔勾掉。我们只希望这位吃癌博士能把他的治癌方法公布出来,告诉小民,癌是个啥,它如何发生,如何成长,啥药可治,又如何治,该药吃到胃里,经过消化,吸收到血液肌肤里之后,又是什么成分,有啥功能,该成分如何去克制癌,或如何去消除癌。必须这么光明正大地亮了相,经过分析化验,以及临床实验,证明它有效,它才算有效。如果只囫囵吞枣,躲躲闪闪,不提正题,只提可怜的病人"证明书""鸣谢启事",那就是鸭子屎。过两天,柏杨先生施展起来,我能找一千个人证我的明,鸣我的谢,证明从前有那么一次,他的尊头被人砍掉啦,三天之后,我用巴拉松往他脖子里一灌,他就又长出一个头来。呜呼,这算个啥,狗娘养的。

33. 新式四大不幸

古人说,人生有三大不幸,曰"少年丧父","中年丧妻","老年丧子"。小时候就死了老爹,固然少了一个人打屁股,但也少了一个强大的庇护和指导。三四十岁太太去世,固然可能再娶一个更漂亮的,但儿女尚幼,后娘进房,心中难拂隐忧。等到老头啦,忽然英俊的儿子驾崩,固然——现在没啥固然啦,而是举目凄凉,肝肠却断成碎片矣。

这是古之三大不幸,现在新式的则有四大不幸,跟古之三大不幸,同样的不幸到无以复加。曰:"讼遇昏官","狱遇酷吏","考遇劣师","病遇恶医"。今之四大不幸,与古之三大不幸,固都是大不幸,但也有相异之处:古之三大不幸不是一定可以碰到的,有些人一辈子一个不幸都没有,而今之四大不幸,人人都有碰上的机会。吾友曾国藩先生曰:"不信书,信运气。"别的不用说,仅这"讼""狱""考""病",在我们这个社会,就得信点运气,运气好的是老天有眼兼祖宗有德,运气不好的只有任凭魔爪乱抓,魔蹄乱踩矣。

任何官司,遇到昏如豆油的官崽,或者遇到虽然聪明伶俐,却只认"家兄",或者虽然不认"家兄",却一脑筋邀功和逢君之恶的思想,该官司的结果不问可知。而一个人倒霉过度,再落到三作牌手中,则逍遥椅,太平凳,安乐床,英雄架,数目繁多,不胜枚举,灌灌凉水与痛揍一顿,还是小小者焉。三木之下,叫你承认杀人你就承认杀人,叫你承认诬告你就承认诬告,自白书写得比印的还清楚,再配上法官老爷的芳心那么自由的一心证,就怎么都翻不了身。

学生考试,更是危机四伏,有饭桶试官焉,有水桶试官焉,有崇洋试官焉,有酱萝卜试官焉,有半瓶醋试官焉,有花花公子试官焉,有道貌岸然试官焉。他看着顺眼,你就是好手,他看着不顺眼,你就是白痴。如果三番五次倒霉,那就不幸到底,不要说放洋留学,你就是能国民小学堂毕业都不错。

任何一个人,一生中不能不偶尔朕躬违和,朕躬违和就得找医生,鬼迷了心找到吃瘪博士,那是圣母马利亚要你破财丢命,自没啥可说的。我们强调碰到恶医是四大不幸之一,不是说碰到庸医就很幸啦,碰到庸医当然也很不幸,不过比较起来,碰到庸医只能说是小不幸,盖庸医总还有治愈之心,只不过没有治愈的本领罢啦。而恶医也者,他根本不在乎治愈不治愈,而且明明知道治不愈还是要硬治,盖其尊眼只看见银子也。

最近几位朋友见面,各人谈起来各人投医的辉煌经历,令人击节。(赵君豪先生九泉之下,跟卢邦俭先生在一块坐茶馆,谈起各人的辉煌经历,想必也会击节也。)

一个人命中注定要遇到恶医,就跟武大郎命中注定要碰上潘金莲一样,有位月下老人用麻绳把二人拴到一起,摆都摆不脱。我有位朋友,名诗人也,他的小女儿有一天忽然发起高烧,三更半夜,无处求医,想起附近有一位会说洋话,而又在洋医院当差的一位打狗脱,乃慌慌张张,冒雨而往。该打狗脱睡眼朦胧,大致一看,就知道小女儿是感冒,先叫她退了烧再说。打针服药,忙了一阵。可是天还未明,就起了变化,孩子浑身肿得像柏杨先生猛胀的肚子,双目紧闭,气息如缕。夫妇二人只好找该洋医院理论,真牌洋医生看啦,急曰:“她明明出麻疹,打狗脱,你阁下给她吃了些啥?”大概只有天老爷才知道给她吃了些啥?

——台湾打狗脱最大的特征之一是,给病人开药方时,向来不叫病人看看他到底开了点啥。其实看也看不懂,盖台湾打狗脱最大的特征之二是,药方用的都是洋文也。全靠打狗脱摆布,就是灌你巴拉松你都以为那是青春泉,喝得香哩。呜呼,从前中医师也是用古古怪怪之字开药方的,其古怪以使人看不懂为度。但有时也降贵纡尊,跟病人研究研究用啥药合适。最近不是在提倡文化复兴乎,开会焉、写文章焉,很是热闹,似乎应先从医生药方上着手,请他们用中国字写。据说用中国字写出的药方,一样的可以治病,实在没有必要结结巴巴画豆芽也。而开了药方后,最好叫病朋友也看看,使他们明了害的是啥病,吃的是啥药,让他们虽死无憾。

话说小女孩经过真牌洋医生这么一急,才算捡回来一条命。当真牌洋医生发急之前,吾友夫妇守在小床之前,眼泪汪汪曰:“孩子,以后再也不打你啦。”病愈之后,昨天去他尊府串门,碰上他又在气吼吼地打孩子的屁股,异哉。

——真牌洋医生发急的这种月亮,就比中国圆,盖糨糊罐总是死不认错兼家丑不可外扬。大家既是同事,又是好友,孩子命算啥,面子要紧,再用原方那么一搞,连官司都没法打。噫,俺只能治病,不能治命,你想敲我的竹杠呀。

《自立晚报》方块文章专栏作家文知平先生的夫人,也有过奇遇。文夫人本来是某某医院的护士小姐,有一天忽然有点头晕,名医一瞧,守着饭铺挨饿,岂不丢人?经过那么一检查,发现她害肺病。医院有的是可以揩油的药(美其名曰同仁福利),想注射就注射,想吃就吃。六个月后,发现她啥都没有,只不过那一天偶尔没睡好觉罢啦。可是,文夫人已又白又胖矣,白还可以,胖就有点心惊,一直到今天,据说文夫人一提起那些好心肠的顶头上司,就咬牙切齿。

(柏老按:文夫人并不胖,不过较为丰满一点儿罢啦,切勿误会。)

34. 怪病和杀人广告

吾友某君,也曾发生过遭遇战,说起来已是“想当年”啦。想当年他在南京做事,害上严重的咳嗽,有一次老痰中赫然看见了血,一家大小就像看见了有人手拿皮尺,立刻把吾友送到鼓楼医院。南京的鼓楼医院,据说比石牌的荣民医院都有名。一位名医老爷一看吾友的模样,又看了那口鲜血,骇曰:“尊胃已经破裂,糟啦糟啦,难治难治。”一再哀求,名医老爷曰:“我跟你开两剂药,姑且服之。但千万不可吃任何硬的东西,不可有任何走动,只可吃少许稀稀的稀饭,让胃壁有充分的休息。”吾友回到家中,立刻成为上宾,动都不敢动,往床上一躺,除了哼就是哼。一个星期过后,一位也是医生的朋友前来探病,见他阁下面黄肌瘦,双目下陷,四肢无力,有出气没入气,不禁大惊,问曰:“老哥,你吐那口血,是一丝丝一丝丝的乎,抑一大口一大口的乎?”吾友曰:“一丝丝的。”又问曰:“老哥,你一共吐了几次血?”吾友曰:“就那一次。”朋友号曰:“快爬起来,你啥病都没有!”吾友曰:“我头晕气喘,通身乏力。”朋友曰:“这简单得很,大妞呀,给你爹买碗牛肉面。”一碗牛肉面下肚,立刻就活蹦乱跳起来。呜呼,盖吾友不过因练习咳嗽时不小心,气管破了一点皮罢啦,跟胃根本拉不上关系。

写到这里,接到一位读者老爷的信,是对吃癌博士一点补充的。谨全录之,以便有一个完整的印象。信曰——

柏老:《新闻天地》上有一篇《社会之癌》,阁下曾见到否?菲律宾富商某,被吃癌博士皮尺量去了百多万。三年前,台湾财政厅卢邦俭先生,害了肺癌,西医束手,吃癌博士拍胸包治,并体恤公务员,只收药本二万元。其实卢家早已典尽卖光,二百元也拿不出。卢妻无奈，哭求表弟刘先云，刘虽任教育厅长，亦无此巨款，百般代为张罗，凑成二万元交之。吃癌博士收钱后，忽出花样，谓有两个女儿，要请刘厅长保送免试入省立一女中。其时刘的厅长，已经下台，即令现任，也办不到，为此交涉辩论，卢已奉癌召回。吃癌博士则云由于刘先云不够朋友，才耽误啦。

看了这封信。叹为观止，盖大丈夫当如是也。古不云乎，英雄不如乘势。当初孙中山先生，就是趁着治病时宣传革命的。吃癌博士趁着治癌送女儿进学堂，你能有这种聪明乎？你要有这种聪明，早跟吃癌博士一样，向那些哀哀无告的倒霉分子大发雷霆矣。

哪位读者老爷手边有《新闻天地》那篇菲律宾华侨被皮尺量去了百万巨款的大夫，敬请赐借一抄，用毕即还，当以敝大作一册为报。目的在于集思广益，使我们可敬的吃癌博士的嘉言懿行，普及于全国，弘扬于世界，看看以后还有没有更厉害的压过他。

就在今天，台北《联合报》就有三则专治癌症的广告，一字不易，照抄于左。

第一则广告，标题曰“专治癌”。正文曰——

专治各种癌瘤及一切慢性发炎与血症，服药即效，外埠者可通信治疗。中医师萧志仁。诊所：台北永和镇永和路二段五十二巷三号溪洲戏院侧面。电话：九二二八七四。

吾友孙悟空先生，有一次在朱紫国给国王看病，用的乃是悬丝诊脉之法，用不着乱摸玉腕，只把一根线拴到手上，一按那根线，就知道害啥病啦。萧志仁先生治癌不稀奇，稀奇在他用不着“望”“闻”“问”“切”，只凭一封信就可下药，孙悟空先生见了他恐怕都得请他上座。

第二则广告，标题曰：“专治各种癌”。正文曰——

台湾首屈一指，治愈率最高，不开刀、不电疗、服药内消，愈后保证不复发。癌症专科惠安堂中医诊所，台南县新营镇正丰路八十二号，电话五七。

这则广告有引起窝里反的可能,你说你在台湾首屈一指,置可敬的赵峰樵先生于何地?而这“一指”不知道是怎么“屈”的,是文学的乎?抑科学的乎?文学上形容形容没有关系,科学便要拿出证据矣。不过这则广告奇异的是,医师没有露面,而只让“诊所”露面,大概君子防患于未然之意吧。

第三则广告字数比较多,大标题曰:“癌症不用怕,有药可医了。”小标题曰:“宋伯仁医师实验报告”。正文曰——

癌症是人类大敌,为专家学者所公认,台北市汉口街二段九〇巷一号(即豪华日新二戏院中间巷内),宏济诊所主任宋伯仁医师,参照中国古籍及日本长仓报告,用薏仁败浆桃实紫藤瘤及动物内脏,制成浓缩粒剂。在实验室中,将与病毒混合,病毒立即分解。根据经验,对肠癌、胃癌、肝癌、子宫癌、乳癌、淋巴癌、甲状腺癌,未恶化者,可以完全治愈,已恶化者,常收意想不到之效果,其他恶癌,亦有阻止发展延长寿命之功。前曾征求免费试药,因用者众多,无力继续供应,今后每天收成本费四十元,贫者八折优待,以资长期供应云。

天下有些事是每况愈下的,但也有些事每况愈上,这则广告就比上两则广告有点学术气氛。宋伯仁先生介绍其学问的来源有二:一曰中国古籍,二曰日本长仓报告。中国哪些古籍是专门研究癌的?日本长仓报告内容又是啥?不必深究,盖只要能引经据典,就自会有人发迷。但“薏仁败浆桃实紫藤瘤”跟狗鸡鸭鱼的“内脏”,浓缩成汁之后,怎么就把癌分解啦,这一点应该给我们一个学理上的解释。广告中那句“常收意想不到的效果”,发人思古的幽情。从前上海卖“百灵机”的,就推出过这类字眼,把臭男人说得心里痒痒,该老板乃大赚其钱,岂宋伯仁先生与百灵机暗合乎?好在一天只不过四十元,一月才一千二百元,是一个使人受得了的数目,比吃癌博士狮子大张口,一月五万多元,诚小巫见大巫,谅不致惹出啥特别节目也。

35. 空前巨著

一位读者老爷用限时专送,剪寄一则赵峰樵先生自刊的广告,洋洋洒洒,头头是道,与前面介绍的那三则玩意儿,大大的不同,不敢自秘,援例抄录于后。

该广告标题曰:"是癌症患者的福音,欲明癌症原因预防与癌症治疗者,不可不读。""赵峰樵博士著《中国癌症治疗学》出版,全册三〇元。""赵峰樵诊所新址:台北市敦化南路四五七巷幸福大厦二楼二A座(复兴小学对面公交车22、37、41、48复旦桥站下),电话:二二〇二。"正文曰——

癌症治疗学作家赵峰樵博士,为台湾中医师公会选出之"国民大会"代表,历任中央国医馆医研班教育长、香港汉兴中医学院名誉董事长、辅仁大学癌症研究所副主任、东洋医科大学癌症治疗讲座、大韩民国庆熙大学医学院教授。曾于1953年著《癌症治疗之研究》,是书搜集民族保健方,根据世界科学原理,配合个人临床心得和独见之创获,在理论上说明癌症之原因为慢性刺激,包括精神刺激与物质刺激相等;在治疗上,发明癌症连锁治疗,包括(一)内消、(二)抗毒、(三)对症、(四)营养封锁等疗法,曾经英国皇家医务部发GF145证书。该书七十六页,《癌症脏器治疗》载有"羊肝""胎盘"治疗。嗣后1962年国际癌症会议(International Congress of Cancer)所发生物学上之药物,即为"羊肝""胎盘"制剂(AF2),仅此一例,足以证明我们医药发明治癌之丰富。近年凡来求诊者必须持有正式医院检查诊断证明为癌者,始予接受治疗。已经本医师完全治愈之癌症,计有肝癌、肺癌、胃癌、肠癌、食道癌、喉癌、声带癌、乳癌、子宫癌、膀胱癌等,详《癌症治疗学》篇中,诚癌症之福音也。(《癌症治愈实录》,函附一元即奉。邮政划拨账户六六三七号。)

这篇广告使人老眼昏花,看了半天也不知道他阁下到底是卖书乎,抑卖药乎?如果卖书,又到底卖啥书乎?可能吃癌博士既急吼吼地想卖书,又急吼吼地想成名;既急吼吼地介绍自己的官,又急吼吼地介绍自己的医。手忙脚乱之余,对男主角《中国癌症治疗学》内容,竟一字未提,反而猛提《癌症治疗之研究》《癌症治愈实录》。仅在此顺便提醒赵博士先生,以后再登广告时,千万心平气和,急吼吼过度,所有的主意一齐往外冒,塞到脖子里,能塞死人也。

这篇广告乱夹洋字,已很精彩,然而更精彩的还是吃癌博士所著的两本书,一本是该广告上要卖大洋三十元的《中国癌症治疗学》,另一本则是同样要卖大洋三十元的《生命能原理》。柏杨先生拜读二书之后,好像有根棍子照脊椎骨上猛的那么一戳,顿时觉得有暮鼓晨钟之象。

《中国癌症治疗学》,既然称之为"学",而且还是三皇五帝夏商周,"有史以来第一本中文专门讨论治癌的空前巨著",则用不着看啦,就是闭上眼睛,都可想出该书定是一部纯学术的作品,却再也想不到,该书却刀枪剑戟,锣鼓喧天。

该空前巨著的第一页是一副影印的对联,标题曰:"国民政府林故主席墨宝",上联曰:"救人救国救世",下联曰:"医病医身医心"。上款曰:"峰樵医师",下款曰:"林森"。第二页也是影印的这种玩意儿,不过不是对联,而是条幅啦,乃谢冠生先生于"中华民国五十四年(1965)八月"的题辞,题的当然是可以帮助赵先生猛掏皮尺的辞。全辞曰:"人类大敌,癌居其一。每闻患者,谈虎色变。无药可医,视同绝症。赵君峰樵,夙怀悲悯。学博中西,穷源究委。术体天心,精研改进。探奥阐微,弘扬国粹。良相同功,变理是竞。造福人群,回春效著。是书重编,再启为世。医学奇葩,指迷有自。仁寿同登,慈航普度。"其第三页上半有一横匾,题曰:"癌症救星",上款曰:"峰樵医师",下款曰:"谢冠生"(此公是干啥的?又是他)。下半是一图片,当中坐着政治和尚,左右各有二位君子在焉,注曰:"辅仁大学于斌校长与赵主任峰樵接待空军电台记者之访问时摄。"

第四页乃最伟大的一页,整页刊出一幅雄壮的图片,图片上人山人海,欢声雷动,一位肥肥然的正人君子昂然站在台上,面露见癌如见钱的嫣然微笑,右有一桌,左有一麦克风。注曰:"赵峰樵先生近影"。(据说在另一个版本的该巨图中,写的是他阁下在学术讲演。)

第五页乃最光荣的一页,共有珍贵图片五张,一曰:"大韩民国庆熙大学校徽"。二曰:"庆大赵总长永植博士亲授赵峰樵氏荣誉文学博士学位"。三曰:"是项典礼,计到韩国政府首长、社会名流、文教界领袖及教职学员一万五千余人,盛况空前"。四曰:"赵峰樵博士在该校校政大厦摄"。五曰:"赵峰樵教授步出该校图书馆时摄"。

第六页共有珍贵图片四张,说明书隆重介绍曰:"赵峰樵博士(柏杨先生按,这几个字特别大,定是担心读者近视眼也),应大韩民国东洋医科大学李校长锺奎博士之邀,特设'癌症治疗学讲座',于五十四年(1965)五月十九、二十两日,在该校专题讲演'癌症四大特性'、'癌症连锁治疗',该校教职学员及韩国医学界名宿,踊跃参加听讲,座无虚席。且有数人持赵氏十二年前所著《癌症治疗之研究》一书相示,有书已摩挲破烂而犹世袭珍藏者,有能诵书中要义及处方者,有应用赵氏处方临床发生良好效验而痊愈者。

读者老爷请注意,谢冠生先生笔下的"奇葩",现在不但是"博士",看样子还成了韩国东洋医科大学的"名誉校长",哎哟盛哉,哎哟盛哉。

36. 恍恍惚惚

赵峰樵先生的第二本大著《生命能原理》,似乎也有同样的号召,第一页就是吴敬恒先生的题字。文曰"任重道远"。第二页也是题字,乃于右任先生的焉,上款曰:“赵峰樵著”,文曰:“生命能原理”。

先声夺人之后,后劲更大,吾友艾森豪威尔先生赫然登场,接着印出艾先生从美国寄来的信封,另一页上印出艾先生的打字原函,第三页则印出中文译文。此信既然对可敬的赵奇葩如此重要,君子不断人财物,自应照抄该译文(打字原函模糊不清,无法下手),恭请一览。信文曰——

峰樵先生勋鉴:二月九日惠函,热情洋溢,见解卓越,惜弟外出多日,致稽裁答为歉。承来书关切鄙况,并荷称引弟在联合国大会之讲辞,无任惭感。尊著《生命能原理》二册,除其中一册拟世袭珍藏于堪萨斯州弟之图书馆中,与其他书籍文件并加签名保存,藉供研阅外,余一册已转赠我国国会图书馆矣。弟前在台北,承贵国朝野热诚厚待,永铭心版,甚望执事明察下忱,并向贵僚友转达此意。附奉照片一帧,统祈查收,专复申谢,即颂台安。

艾森豪威尔(亲笔签名)

1963 年 3 月 6 日

美国是民主国家,美国总统设有专人替他复信,便是三岁婴儿的信,他阁下都照复,何况还赠他两本书乎。问题是,即令艾先生的信十分难得,也只能证明可敬的赵奇葩政治活动的能力强,不能证明他就能治癌也。但这不算恐怖,最恐怖的是,他阁下还把 1966 年 3 月 20 日台北《中央日报》上一段消息,重登了一遍。欲知其中奥秘,请看下文。标题曰:“总统选举,定明投票。”消息曰:“中央社台北十九日电:‘国民大会’第四次会议主席团今晚开会决定,‘国大’于二十一日举行第一次选举大会,投票选举‘中华民国’第四任副总统。主席团的这次会议,由赵峰樵担任,会中并决定,国大于二十三日举行第十次大会,上下午分由杭立武、方治,担任主席。”

把报纸上的政治消息,硬刊到纯学术性的书籍上,目的不过让天下浅眼眶的朋友,瞧瞧可敬的奇葩先生是主席团那一天的主席罢啦。

我们真不知道“主席”那玩意儿跟“癌”有啥关系，又跟“生命能原理”有啥关系。但也可能有关系，说不定该奇葩本来只十分香的，经“弟”艾森豪威尔先生请他“勋鉴”于前，阔大主席团又请他当主席于后，他就八十分香啦，不但专门治癌，甚至连生命的原理都摸个透。

柏杨先生自从《凤凰集》碰了《梁山伯与祝英台》，挨了不少可观的攻击。不过最近一年，大概要发作的都已经发作啦，后继无人，似乎逐渐归于平静。可是这几天因为研究赵奇葩先生跟赵君豪先生之间的一段公案，却忽然间风起云涌，破口大骂的信件，如雪片飞来。对于这些，我可是毫不在乎，而且一咒十年旺，没有这股挺劲，敢写杂文乎？不过在所有大张挞伐的信件中，以今天刚刚接到的一封，最为独出心裁，盖来信的这位老爷，在我尊名大姓之旁，一律加一个“犬”字。除了说柏杨先生是禽兽之外，还在信封上写了几个字给《自立晚报》，曰：“用此种败类专栏，其不影响报格者几希。”这些话不写在信纸上，而写到信封上，不过硫磺疤手段，想把柏杨先生“斗臭”，以便报馆老板看了之后，把敝大作毅然取消，则吃癌博士就可以很舒服地用皮尺想量谁就量谁啦。呜呼，一个人一定要不断吸收新知识，才能进步，这种古老的手段，当初柏杨先生谈《梁山伯与祝英台》时，就曾碰到过，现在仍用这一套，难道连攻击人也跳不出酱缸乎？把姓名加犬字旁，看起来好像很新，其实古老得很也。不要说太古时候，就是到了清王朝中期，还是把英法诸夷，在旁加“口”加“犬”的，这是精神胜利的阿Q心理，不知何日才能有长进也，叫人牵肠挂肚。

然而一想起这封信的来龙去脉，心中就戚戚焉，一个害癌的朋友如果不幸落到他手里，还能有好结果乎。柏杨先生真是非常快乐，我闹了不少日子肚胀，竟没被皮尺量到他门下，你说我的运气如何？

挨骂之事表过，且说赵奇葩先生的大作：《中国癌症治疗学》，定价三十元；《生命能原理》，也定价三十元。

——忘了介绍中国国民党中央委员会给赵奇葩先生的奖状啦，该奖状印在于右任先生题字之后，《中央日报》主席团主席之前，文曰：“查赵峰樵同志，研究革命哲学，备具心得，所撰《生命能原理》一书，弘扬主义，倡导正学，殊多贡献，兹特发给奖状，用示奖勉。”

这本巨著，既有这么多文件捧它了不起，而赵奇葩先生又是靠它得了韩国庆熙大学学位，那么，这本书不但有他的伟大之处，而且看情形它的后劲也定不弱。

37. 文学博士治砍杀尔

《生命能原理》实在是奇异过度，柏杨先生原来想一字一字，照抄于后，以便妙文共赏的，但计算一下，恐怕编辑老爷的御脸要翻，于此隆重地建议各位读者老爷，务必花三十元买上一册。有人曾抨击这本大作，说跟若干年前爱德罗佛先生《世界永没有战争》一书媲美，这显然是诽谤的话，盖奇葩先生的大作花样多啦。

至于花样多到什么程度，贵阁下只有一看才知。对于《中国癌症治疗学》内容，我们同样地也不再介绍，盼望读者老爷无论如何也去买一册，两本书才六十元，却使你大开一番眼界，也算不错。比你一旦得了癌症，被皮尺猛量要便宜。最后，柏杨先生还有几点感想，嚷嚷出来，以资结束。

感想之一——赵奇葩先生把《生命能原理》送给艾森豪威尔先生时，不知道脸红了没有。送给外邦元首琴棋书画，表示对他的敬意，我们不但不反对，反而只恨其少。但无论如何，应该送点像样的——说到这里，也觉得有点为难，啥叫像样的，啥叫不像样的？你说我这玩意儿不像样，我却觉得我这玩意儿天上少有，地下无双，像样得很；你说你那玩意儿像样，我却觉得你那玩意儿不堪入目，一旦抬杠到此，就缠不清矣。不过，至少有一种情形可供参考，如果该著作的第一目的并不是要表达他的感情和表达他的见解，而只是打算使自己成大名发大财，那种巨著，就千万别乱送洋人，尤其别乱送外邦元首。柏杨先生几天以来，每一次想起美国国会图书馆和艾氏图书室中，竟然有一本《生命能原理》，简直连饭都吃不下，要丢人哪里都能去，不必一定跑那么远，往大西洋里丢也。

感想之二——赵奇葩先生这桩公案，至少可给我们一个启示，那就是，纯学术的东西，纯理性的东西，不能靠政治势力。凡靠政治势力的学术和理性，都铁定的是一个骗子。而且，用大官大僚题字作辞，写信介绍，这一套三十年代之前的老把戏，已经落伍啦。一个医生跟这么多大官大僚搞在一起，前已言之，只能证明他的活动能力强。而一个医生政治活动时间越多，他就越不能专心研究，这种医生如果到黑社会里混，是可以坐第一把交椅的，但是昂然治病，恐怕得特别祷告上帝。

感想之三——赵奇葩先生自称是韩国博士，这博士恐怕是真的，但即令依他自己的公告，他也是“荣誉博士”，而不是科班博士，这就跟艾森豪威尔先生是台北荣誉市民一样，并不等于他阁下哪一天混得没处吃饭啦，来台北下户，就有选举权被选举权也。夫“荣誉”也者，简单得很，或有钱焉，或有名焉，等于一块石头，经风吹雨打，受日月精华，修到了某一个程度，好比说，修到了“国民大会外交委员会主席”，再那么一折腾，就自然有人往园里跳。我们对这些根本毫不关心，只不过赵奇葩先生登到广告上的焉，印到名片上的焉，刊到他纯学术著作上玉照所加的说明焉，却千篇一律，全是“博士”，而没有注明“荣誉博士”，好像有打马虎眼之嫌。

不过这只是鸡毛蒜皮的困惑，最大的困惑是，赵奇葩先生的这个“博士”是文学的——靠着那本奇异的《生命能原理》，就弄了个文学博士，韩国朋友的慷慨，使人感动。问题是，一个文学博士竟然给人治病，那么，医学博士该去干啥？大概只好到船上当水手矣。柏杨先生虽没有那么多皮尺量出来的钱，也没有那么伟大而有弹性的皮尺，当不上皮尺博士。但如果分门别类，难道我老人家也可以乱治病乎？这种鸡毛炒韭菜的现象，内政部似应该向小民有个交代，如果文学博士竟有资格包治砍杀尔，则虽不是博士而却是文学的朋友，像柏杨先生者，只有奇葩先生一半的劲，大概至少可以治治胃溃疡、肺出血、十二指肠变硬等杂症矣。

感想之四——赵奇葩先生名义上的最高学历是文学博士，不知他实质上的最高学历是啥。而他又是怎样忽然间对癌有这么大的兴趣，还英勇包治的？仅只"包治"这两个字就是黑社会大亨的口吻。呜呼，我们巴不得中医能够治癌，不仅是中国人的光彩而已，而且是人类谋求进步，战胜顽敌的最大胜利。但如果根本不知道"癌"是啥，只一味拉着嗓门喊他会治癌，这跟牛鼻子老道宣传会捉鬼有啥区别？老道捉鬼有三作牌干涉，可敬的奇葩先生捉癌却没人管，岂有幸有不幸乎？这件事如果官儿假装没看见，认为人命不值一个屁，人人得而宰之，小民只好找吾友张天师大老爷，转请托塔李天王代我们拿妖矣。

38. 连锁法

感想之五——赵峰樵先生今天派人给柏杨先生送来一口袋有关赵君豪先生的病况文件，上面都是医学上的名词，看也看不懂，尤其荣民医院的那张"病历记录"，更他妈的。该医院是中国的医院（而且还是政府的医院），病人是中国病人，而这病历表又是拿给中国人看的，却偏偏从头到尾，密密麻麻一大张，全是英文，不知道中国人何年何月才能跳出西崽之手也。

其实看懂了也没有用，盖我们讨论的不是诊断和医治的经过，而只是问一声癌有没有办法治。奇葩先生如果认为有办法治，就不能靠广告，必须在学理上拿出根据，如拿不出根据，就是一大骗局。如果认为没办法治，却咬牙瞪眼地硬说可以包治，则不但是一大骗，而且是一巨骗。至于非叫病人拿出医院癌症证明书才肯治，以表示他真有两下子，而加强皮尺的力量，未免有点花样太多。赵先生一面看病，一面还要跟病人心战，恐怕累得很也。

感想之六——广告乃工商业社会特有产物，但在工商业最发达的欧美各夷，对于医药广告和医生广告，都有严格的限制，不能让你心里想说啥就可以在报上说啥。呜呼，别瞧中国工商业不发达，医药和医生的广告却发达哩。无论报纸也好，广播也好，电视也好，如果抽去了医药和医生的广告，恐怕家家户户都得关门。有一天，一位朋友拿了几天前的《每日新闻》，叫我看看人家日本的广告，医药广告只有三四个，医生的广告根本没有。但却有书的广告，一本新书出版，就占了二分之一版面。大概他们乃东夷之邦，只知道看书，不知道吃药，所以第二次世界大战才一败涂地，如果也跟中国人一样，努力吃药，兼包治绝症，早打胜仗啦。

广告到了赵峰樵先生之手，前已言之，已成了心战的武器。记得陈诚先生逝世之后，赵峰樵阁下就在报上刊登巨幅广告，事隔三载，该广告的原文已记不得啦，但大致上却有一个印象，标题曰："我为什么没有救活陈副总统?"除了把自己吹得如神如鬼，声明对癌症有起死回生的特技之外，还一本正经地责备中国人只信洋医，不信他这个中医，如果把陈诚先生交给他包医，早医好啦。柏杨先生写到这里，灵机忽动，明天也打算登这么一个广告，肯尼迪先生被刺，如果把我老人家弄去，用俺柏氏祖传八宝万灵膏药，往他枪口一贴，他就马上可以再活。可惜没人把我老人家请去，叫我好恨呀好恨。——反正目的在于使别人自动掏银子，则想怎么往脸上抹粉，就不妨怎么抹。

不过，可敬的赵峰樵先生真得感谢当初没有请他，当初如果请了他，三治两治，钱虽然很踊跃，可是治死了赵君豪先生，只不过几个穷文人穷嚷，二抓牌没一个动心。而一旦治死了陈诚先生，恐怕啥法条都能往贵阁下头上套。但据说奇葩先生也曾自己奋勇去看过一次的，可能明察秋毫，认为副总统不比小民，未敢放胆，是耶非耶？我们弄不清楚，但这则伟大的广告却是真的，每个看过的人脊背都发过麻,谅麻劲仍在,可供记忆。

感想之七——赵奇葩先生最努力宣传的是“癌症连锁治疗法”,并且自认“是一门多种学科而综合联系的科学,非具有丰富的经验,广博的知识,敏慧的头脑,灵活的手段,莫能以广寿世之功”这几句话说得漂亮,如果再加上“非具有柔软的皮尺,莫能以广寿世之功”就更惟妙惟肖啦。而且更神乎其神曰:“专供辅仁大学癌症研究所国药治癌研究之用,作者承先贤之心传,一得之愚,焉敢自私,当毫无保留以公诸于世,不分国籍,不分肤色,一视同仁,普遍授人,俾‘癌症连锁治疗’,成为国际治癌中心理论。癌症虽称专科,苟无广博之经验,健全之医学知识,实不易发挥连锁治疗之效能……而广寿世之功。”这几句话说得也漂亮,看起来其“广寿世之功”,简直跟真的一样。

不过,魔术终归是魔术,就是把天下人都唬得一愣一愣,该是魔术仍是魔术。凡是常看报纸副刊,或常看《读者文摘》型杂志的朋友,再拜读奇葩先生的《中国癌症治疗学》,恐怕会觉得好像有点十分相像。至于其中最奥妙莫测,非伟大如奇葩先生,便不能“广寿世之功”的“癌症连锁治疗”,更是啥地方拜过把子。夫“连锁”者,照奇葩先生所说,分为二焉。一为“基本治疗”,包括“内消治疗”“抗毒治疗”“对症治疗”“营养治疗”。二为“辅助治疗”,包括“外用治疗”“脏器治疗”“诱导治疗”“药灸治疗”。

这就要请玉皇大帝为我们小民做主啦,务请解释解释:“内消治疗”跟“抗毒治疗”有啥分别?“抗毒治疗”跟“对症治疗”又有啥分别?依此类推,“对症治疗”跟“药灸治疗”又有啥分别?说相声可以信口开河,治癌的话,靠信口开河恐怕就不行矣。这一连串八个“治疗”,来势汹涌,其实不过普通医学常识,国民小学堂毕过业的小子,都有这种常识,不要说害癌啦,就是害任何一种病,也不外一面吃药,一面营养,如此而已。于是乎,顺便建一个议,以后奇葩先生再有什么发明时,千万别从报纸杂志上找材料,这玩意儿人人皆知,对财路没大帮助也。

感想之八，也是感想之末——奇葩先生猛说他是韩国东洋医科大学堂名誉校长，呜呼，"名誉校长"的地位非同小可，我们希望它是真的，但教育部应该为我们证实。奇葩先生又猛说他是辅仁大学堂癌症研究所副主任，该校校长于斌先生似乎有向公众证实的必要，盖现在的辅仁大学堂继承了过去辅仁大学堂优良的校誉，中国人虽不相信奇葩先生，但却相信辅仁大学堂，如果于斌先生同了流而合了污，有某一种生理上的秘密，假装没听见我们的嗓门，辅仁大学堂的校友似乎也应来一个说明。如果大家抱定了中国五千年优秀的传统文化，"各人自扫门前雪，不管他人瓦上霜"，那么柏杨先生只好给住在梵蒂冈的教宗先生写封信，向他打听打听行情矣，问他手下可爱的主教在台北跟吃癌博士到底合伙搞了些啥子名堂。

听说奇葩先生最近要把他阁下经手治疗的朋友请出来作证，这点我毫不惊讶，盖《中国癌症治疗学》上，已露过这种手段。在《病例治愈实录》中，治愈的朋友计有杜春之先生焉，陈桂枝先生焉，魏淑琴女士焉。不过我想最好另外再编一本，名之曰《病例治死实录》，把一些被敲骨吸髓，而仍免不了死亡的倒霉分子的芳名，也印一本书。话当然说回来，即令那些治愈实录是真的，仍不能证明中医——或他阁下可以治癌。千言万语一句话，必须学理先行成立，临床再行成功，其程序放诸四海皆为准，万世俟诸圣人而不惑，才能算数。而临床也者，有他的条件，像病人必须孤立，生活必须在医生的控制之下，医生必须有病人服药分量及反应的详细记录。只要根据这种记录，任何医生都可以处方。如果说别人不行，非俺奇葩先生不可，这就不叫科学而叫念咒矣。念咒是认主人的，金箍棒拿到孙悟空先生手中，能屈能伸，呼风唤雨；拿到柏杨先生手里，除了把头上碰一个大包外，只算一块顽铁。但科学则任何人都行，只要经过相同程度训练，人人会打机关枪，该机关枪落到自己手里，一扣扳机，子弹嘟嘟嘟嘟而出，落到敌人手里，一扣扳机，子弹照样嘟嘟嘟嘟而出。

谈癌的文，到此为止，我想，赵奇葩先生不必担心会影响生意，盖中国同胞，都有晕晕忽忽的传统。而且，癌症迄今仍是绝症，一旦亲友急啦,死马当活马医,届时找到府上,先把柏杨先生臭骂一顿,阁下火气一消,然后抽出皮尺,他不叫量也不行矣。就此打住,恭祝发财,发大财,发奇财。

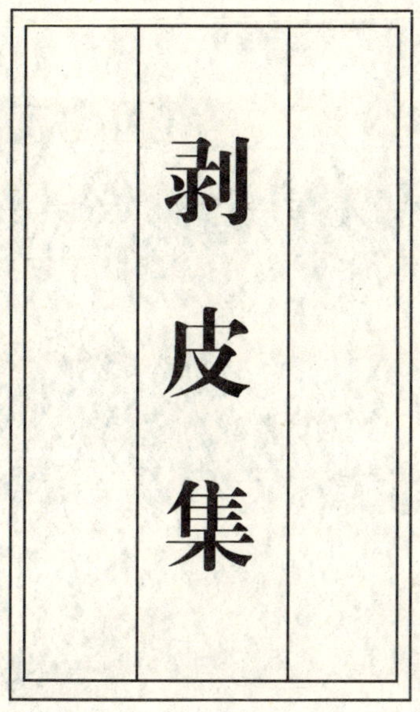

剥皮集

提　要

《剥皮集》是《倚梦闲话》杂文专栏结集的最后一册。包含过年、剃头、对联、官场、保险、交通、婚变等话题，谈得很杂，但有一中心主旨：面向中国文化的灰色地带，想借种种生活事项警醒大众。

序

《倚梦闲话》已出了九集,《剥皮集》乃第十集,也是最后一集,以后《倚梦闲话》就没有啦。呜呼,一集一集又一集,止出得有劲,怎么忽然间就落成典礼了乎?盖其中也有微言大义在焉。君不见幼稚园小娃学算术欤,从一学到了十,就算满贯。不能再多,再多啦,两只巴掌不够用,必须脱下袜子,加上脚指头,才能数得过来也。所以《倚梦闲话》也只能出到十集,如果再出下去,读者老爷中有御脑不清的,劳动贵阁下当场脱袜,露出脚指头狂数,就显得我老人家太不温柔敦厚啦。

然而,这也不是说柏杨先生决心改邪归正,打算立地成佛。只是过去乃脚登两条船的干法,一会儿出一本《倚梦闲话》,一会儿出一本《西窗随笔》,摇摇摆摆,有时候下气不接上气,使人心烦眼花。现在只是结束《倚梦闲话》,而《西窗随笔》固然仍在也,等到《西窗随笔》也满了贯,届时我老人家如果仍懵懂如故,仍聋子不怕雷如故,当再起灶炉,另挂招牌,与各位读者老爷继续对阵。

天下吉祥如意的名词多的是,本集偏叫"剥皮",实在有点不像话。当敝大稿初发排时,就有朋友曰:"柏老,柏老,你剥谁的皮呀!"斯何言欤?我敢剥谁的皮?谁的皮又肯笑容满面地叫我剥哉?要敢也只敢剥我老人家自己的皮,可是我又怎下得狠心剥自己的皮哉？所以这么定名，不过故意语不惊人死不休，生意经罢啦。

是为序。

丁未年六月于台北柏府

1. 拜年之风

1954、1955年阳历年时，除了如仪放假，没啥特别的。到了1958、1959年阳历年时，花样就出来啦，贺年卡好像蝗虫一样，遮天蔽日而来，苦了小职员的手和邮差老爷的腿，因为是依册照抄之故，所以死了的人照样也被头脸人物恭祝新禧；而素不相识，不但见面不相识，就是挖了祖坟也不相识的家伙，也会突然寄来一张。如果是搞政治，闹选举，还有得说，偏偏大多数不过一个小小官崽，连个省政府的二级单位都够不上，却作俨然状，叫秘书乱写，实在是无聊加无聊。经大家一阵呐喊，这些年来，盛况已大不如前。柏杨先生虽然还是照寄，但也正在打算——可以说简直是已经决定啦，假如我老年人家还有得活的话，以后阳历不再寄贺年卡，而等到阴历年时寄，盖阳历年乃新式之年，毫无年味，阴历年才算年也。

今年阴历年拜年之风，远逊往昔，如此下去，将来恐怕一年更比一年淡矣。这种现象是好是坏，现在还言之过早，不过从前拜年成灾的时期，大家觉得拜年不叫拜年，而叫赛马，好容易熬到了个年，连跟家人团聚一天都不行。一清早就得随着人群，东跑西跑，南挤北挤，别瞧穿得衣帽整齐，却急急如丧家之犬，惶惶如漏网之鱼，两眼发直，面有菜色，到了门口，向主人一揖，主人号曰："恭喜恭喜，请坐请坐。"客人也号曰："恭喜恭喜，再见再见。"一言未了，拔腿而逃，斯时也，主人翁还没瞧清该家伙是谁哩。于是大家心中有戚戚焉，认为这种无孔不入，有口无心的拜年，未免虚伪过度，劳民伤财。

这种风气去年已经有点返璞归真，今年就更脚踏实地矣。从前各机关团拜了之后，照样个别出击，今年就比较合理。其实大家既在团拜上互相恭喜啦，就不必一定非登门搞那么一下不可。这是一个观念问题,必须有被拜年资格的先生,认为不登门不算失礼,这件事才办得通。不过人们因此也有忧虑,过年而不拜年,好像中秋节不吃月饼,似乎不够充实,一旦大家都关着门过年,不再出动,这年就跟阳历年一样,冷冷清清,不再像年矣。

过年而禁绝拜年,在可以预见的将来,恐怕无法办到,而我们也并不以为过年而不拜年才是英雄好汉,只不过反对那种蟒蛇出洞式的拜年罢啦。盖拜年乃温暖的人情,是中国特有的一种文化形态。所以,至少有两种意义的拜年,应保留下来,甚至应发扬光大也。

一曰,对自己的长辈,若父母,若岳父母,若祖父母,若伯叔父母,若姑父母,若姨父母,若舅父母。不要说孩子应该去鞠躬,就是长大成人,儿女满堂,当了有人拍马屁的大家伙啦,也应前去鞠躬。晚辈再老,在长辈眼中,仍记得其孩提时代,理应一鞠躬,情亦应一鞠躬也。尤其老年人都很寂寞,除了自己的孩子,叶落归根外,亲戚亲族的孩子,来跟前晃晃,也可安慰落日西山。而且这也给自己孩子们作一个好榜样,许多朋友家还供上"祖宗三代"的牌位,由家长率领,行三跪九叩大典,不仅是慎终追远,也使孩子们幼小的心灵中,缅怀祖先,发扬孝思。向长辈拜年,亦此意也。

二曰,对失意的朋友,也应前往,名曰拜年,实为探望,最好带一点礼物,或最好给孩子们一点红包。常听到有些朋友——尤其是有些忽然垮了台的朋友,一开口就骂谁谁谁势利眼;势利眼固然可厌,但必须先检查检查自己是不是先势利眼。当自己有权有钱时,呼风唤雨,洋洋自得,把没办法的朋友看得一文不值,那就没资格骂别人势利眼矣。一个人必须不把失意的朋友从记忆中抹去,他才是个有灵性的人。

有一件事,憋了好几年,说出来似乎不妙,但憋下去也憋得不舒服。那就是,似乎有这么一种现象,大体上说,台湾同胞遇到年节,喜欢郊游;而其他省份同胞,遇到年节,却喜欢埋头苦赌。读者老爷千万别发脾气曰:某公也,高雄人,还不是三天三夜没下牌桌乎?某公也,重庆人,还不是初一早上就全家一游故宫博物院乎?我只是说大体上,属于直觉印象,非科学调查,例外的当然很多。但贵阁下留意报上登的组团旅行广告欤?到日月潭多少钱,环岛多少钱,参加的固台湾同胞多也。贵阁下又留意长途汽车站上排队郊游,人山人海的乘客欤?固台湾同胞多也。其他省份同胞,有此雅兴的,恐怕如凤毛麟角,十个家庭九家赌,客人进门,主人不但懒得欠屁股,肚子里恐怕还在骂哩。良辰美景,遂在"吃"、"碰"中断送,孩子没人管,家务没人理,赢钱的消耗了精神,输钱的努力装着满不在乎,但心里却窝囊得要死,走到大街之上,天旋地转,日月无光,好容易迷糊过来,又要上班啦。

2. 赌

赌博种种,目前以麻将最盛。据说这玩意儿一度侵入美国,若干留学生靠教美国佬打麻将,不但不愁学费,有的还着实储蓄了几文,带回中国娶了媳妇。前些时有几位赌徒——我想,一个星期如果有三天以上的晚上都坐在牌桌上,恐怕就是义不容辞的赌徒啦。该几位赌徒互相得意曰:"我到美国教打麻将,也比在台北混得好。"说这话就十足证明他天天只顾打麻将,而无暇打听行情。约在五十年前,柏杨先生在美国往身上贴金的时候,教麻将还有机会,但那时代早过去啦,现在美国丈夫绝不允许太太在家搞这玩意儿。工业社会竞争激烈,必须不断上进,才有饭吃,不像中国人故步自封也。

阴历年也好,阳历年也好,或其他假期日子也好,应该"化赌博为郊游",一家大小,到名胜地方、风景地方,甚至就到野外,跟大自然接触接触,孩子跑、大人笑,带点野餐,就地啃之。对一个人的身心,有极大帮助。这种情调当然不是赌徒们所可以领略的,但可以慢慢培养。

世界上没有一个强大的民族,是以天天关着门苦赌为唯一娱乐的。日本人盘踞台湾五十年,为台湾同胞带来最好的影响之一,就是郊游。柏杨先生举目所及,看到的全是台湾朋友全家出动的镜头,抱着孩子的焉、背着孩子的焉、提着照相机的焉、挽着野餐篮子的焉、骑车的焉,徜徉山水名胜之间,一种蓬勃的朝气,如日东升。可是一进其他省份朋友的家里,赫然一桌麻将(伟大一点的,还两桌、三桌、四桌、五桌),孩子们彷徨无依,好像到了孤儿院。

阴历年还有另一个副产品,就是炮仗——学名似乎叫"爆竹",原意只不过是吓鬼的,取其声震天地,把穷鬼、恶鬼、病鬼、债鬼,或其他乱七八糟之鬼,统统轰出大门。剩下来的全是吉神瑞仙,一年就平平安安矣。不过到了现在,都市人口密集,尤其公寓式房屋,人口更是挤成一团,则除了吓鬼之外,其功用似乎也在吓人,只听噼里啪啦,噼里啪啦,响个没完,好容易响完,嗵——的一声,好像挨了一颗加农炮弹,窗户都哗啦哗啦地响。如此这般,一天一夜都不能阖眼。身体健康之辈,不阖眼也罢,如果家有病人,或家有病了的孩子,去劝他们不要放吧,劝也劝不住(而且酱缸蛆也不会关心别家病人和病孩子),则只有哭皇天矣。我在台南的一位朋友,他的小女儿初一那天发烧到三十九度,每一声鞭炮,她都在昏迷中惊醒抽搐,害得父母扑到她身上,流着眼泪喊曰:"乖儿,不要怕,乖儿,不要怕!"真不知道这是物质文明耶?抑神经文明耶?

炮仗种类,在我老人家幼时,还寥寥无几,跟着科学的进步,这些年来,可真够多,曰"冲天炮"、曰"电光炮"、曰"老鼠炮"、曰"跳舞炮"、曰"小花炮"、曰"大花炮"、曰"水鸳鸯"、曰"火花棒",以及只有孩子们才知道的等等之炮。冲天炮不用介绍,乃中国最古老的一种炮,也是世界火箭的老祖宗,当十二世纪,已见诸中国史册。据说彼时,开封被金兵围困,宋王朝政府就在城墙上使用这玩意儿跟援军联络。

可惜中国的火箭只发展到炮仗为止,再没有进步。跟冲天炮同样是中国发明的,还有火药,而火药也只发展到炮仗为止,也再没有进步。有些酱缸蛆一提这些,不但不惭愧,反而发表学说曰:“看呀,这就是中华民族爱好和平的活证据呀,洋人用火药制枪制炮,全是杀人武器,只咱们中国,用来做儿童玩具。”听起来每一个中国人都成了耶稣。使人不得不想起一个比喻,有一人家,受到强盗攻打,大家急得团团转,找弓也找不到,找箭也找不到,好容易找到一个,却是一个玩具的,于是东西被抢净光,女人被捉去卖掉当妓女,主人这时却大喜曰:“都来看呀,俺是多么爱好和平呀,连真弓箭都没有,只是孩子玩的假玩意儿罢啦!”呜呼,这些话欺谁欤?欺狗乎?恐怕非爱好和平也,而是大势已去,不爱好和平不行啦。非故意没有弓箭也,而是早送到当铺换酒喝啦也。非不把火药冲天炮用到保家卫国圣战上也,后劲不继而已也。请问一声,鸦片之战焉、甲午之战焉,中国被打得头破血流、割地赔款,是中国爱好和平之故乎?抑中国打不胜人家之故乎?望乡台上搽粉——死要面子,也只有酱缸文化才产生这种景观。

电光炮其声如原子弹。老鼠炮燃起后满地旋转。跳舞炮状如半截香头,用脚一踩,噼啪乱爆,人就非跳不可。小花炮跟大花炮一样,燃火之后,喷出奇异焰火,好像孔雀开屏,喷到结尾,有的奄然熄灭,有的却通的一声,能把耳膜震出一平方公分巨洞。水鸳鸯是入水后仍能爆炸的玩意儿。火花棒是女孩子玩的,像一支直的蚊香,冒彩色火星,而且还可以利用棒端的白色结晶,在地上写字。

一个地区的贫富,从炮仗的多寡上可以分辨出来。有些高级住宅区,除夕当天晚上,就爆声不断,入夜更多,正月初一初二能四十八小时不绝于耳。可是有些地区就不同矣,穷朋友集中之处,不过虚应故事,三声两声即行不继。盖别小看那玩意儿不值钱,不要说高级的,普通一个大花炮,就要四元一支,平均一家三个孩子,一个孩子放两个,就二十四元矣,这二十四元够买一天菜的,用来买炮仗,霎时化成云烟。而一个孩子如果想过瘾的话,他一天能爆掉一千元,夫一千元,正是大学堂教习半个月的薪饷。

3. 惹祸性最大

新年期间有两种意外最容易发生,一曰车祸,一曰火灾。车祸是另一个话题,火灾则几乎全跟炮仗有关,不能不慎之慎之也。而且有若干惊险镜头,即令成不了火灾,也能把人搞得失魂落魄,那就是孩子们的恶作剧。像跳舞炮吧,过去曾有太保分子把它扔到舞厅里,使跳舞的朋友不得不跳得更理直气壮。过年的时候,乱扔一气,就更名正言顺矣。有些顽皮的小家伙,趁拜年之便,撒几颗在地上,客人们正在那里表演揖让,脚下却大事不好,响声四起,火星直冒,溅到太太小姐的玻璃丝袜上,立刻就是一个美丽的窟窿,回去换吧,远在千里之外,不回去换吧,又无法穿下去,心里懊丧到极点,可是看看主人诚惶诚恐之状,也只好说出违心之论曰:"没有关系,没有关系!"其实那才有关系哩,芳心恨不得当时就踢该老头一高跟鞋。

惹祸性最大的是冲天炮,顾名思义,冲天炮应该冲天的,可是往往斜冲出去,有的还会一头栽到别人家的纱窗上。幸亏过年期间,均有人在家,否则星星之火,可以燎原,真不堪设想。最糟的是一些小女孩——也有太太小姐的,既想玩上一玩,又心里害怕,就变了花样,把它搁到地上,那么一燃,于是冲天炮不叫冲天炮,而叫冲地炮。

放冲地炮真是丧尽天良,今年已矣,明年过年时,拜托各位身为家长的老爷老奶,务必大力制止,能做到这一点,菩萨准保佑阁下身揣绿卡。盖冲地炮一旦燃起,就像一条神龙飞蛇,闪电一样跳踉前进。初一那天,我老人家带小孙女在台南北门路大街上,她阁下就大放冲地炮,该炮英勇地钻到一辆刚刚停住,而正好刚刚打开车门的汽车里,砰的一声,听那些男人号女人叫吧。定神一看,一个死女人的玉胸上烧了一大块,我就立刻采取紧急措施,抱着小孙女,跑了个无影无踪，如果不跑，今天写不成杂文矣。

不过，就在第二天，我就受到报应，正在街上走着走着，不知道从哪里蹿出来一支那玩意儿，迎头而来，正击中我的眼镜，如果不是该眼镜，龙目瞎矣。呜呼，如不早早防止，将来总有一天害人不浅，都市不是农村，现代人应有现代化的过年之法。

每逢阴历年，理发一定涨价，一涨就是两倍，腊月二十五日就开始涨啦，这真是跟穷人过不去。提前理吧，过年时又怒发冲冠。挨后理吧，就免不了被敲一记。其实这也不能算敲，一年才这么一次，过年是快乐日子，人人都加发了银子，自然得有个花处。不过柏杨先生却颇为其难，盖我是染头发的朋友，染一次头发要三十八元，两倍就七十六元矣，这数目能使我心疼得吐血。所以经过一番斤斤计较，我就避重就轻，理发而不染发，则二十六元就打发啦。

（柏老按：1981 年，染一次头发要一百六十元。十五年间，涨价四倍。然比起房地产二十倍的涨幅，诚小巫见大巫。）

4. 黑发光胡

柏杨先生每次理发，一定要染上一染，为此盛举，不知道受了多少批评，有些人曰："柏老，你这么大岁数啦，还染啥染？"这话本身就站不住，正因为上了岁数才染，年轻人发黑如墨，还用染乎哉？另有些人曰："你看，俺始终英雄本色，就是不染！"说这话的朋友，当然也是白发分子，或半白发分子，他之炫耀他的不染，大概有两种作用，一种是表示他在社会上已有了地位，该地位已不在乎白发，用不着虚张声势啦。另一种则是表示他非常文化复兴，既乐天而又知命，染发显然是还要继续奋斗的象征，万一奋斗出点名堂，岂不使他生气，所以他就先下手为强，揭穿对方的阴谋。

我老人家的头发，据正史上说，十三四岁时就已有白的啦，俗谓之“少白头”，乃极贵之相。语云：“少白头，先住瓦房后住楼。”言一定越来越阔也（当初敝岳父大人，托了道尹大人向柏家说亲，把他的女儿硬塞给我，原因在此）。现在更差不多全白啦，如果真如预言说的，身兼七八个公司的董事长，或身兼七八个政府的官，包管有人恭维我童颜鹤发，恺悌慈祥，咬定我不但是可信赖的，而且还是有大道德大学问的，起敬起畏，不在话下。

问题是我殊违背“少白头”的原意，迄今仍过着万人以下的日子，跟昨天介绍的冲地炮一样，东窜西窜，见了大官就想巴结，南跳北跳，见了富翁就直觑他的口袋，每天婢膝奴颜，在人多的地方晃来晃去，有时候去晋谒大家伙，走进豪华客厅，就像把一泡狗屎堆到地毯上，不但自己没脸，主人也没光彩，故我之染发，也是为朋友好也。“世人不知余心苦，只谓染发学少年。”嗟夫。

然而，为了省几个钱，年前硬是没染，于是我的尊发就非常别致，上半截是黑的，下半截是白的，明眼人一看就露了底。好容易熬到正月初五，驾旋台北，心里想，涨价期间一定过啦，盖初五者，俗谓之“破五”，年已过去，百业开张，一切都应恢复老模样。乃昂然进了理发店，声明染发，师傅笑脸相迎，在敝尊头上搞了半天，又洗了半天，把药配好，抹了一下，然后像想到了一件大事，正色曰：“老头，今天仍是加倍呀。”我一愣曰：“啥时候才不加倍?”他曰：“明天就原样啦。”这简直混蛋加三级，他如果早一分钟声明，我就宁愿顺延一天，可是既已被捆到刀俎上，也只好凭他坏良心矣。于此忠告后生小子，过年理发时，千万等到问明了价钱之后，再让他下手。

柏杨先生不染发的时候，模样有点望之不似人君，可是一旦染之，而又穿上前年新做的西装，再把皮鞋擦了又擦，迎风而立，装腔作势，俨然五十许人也，谁不称赞一声“好一个漂亮的小老头”乎。这正是染发的好处，顺便奉劝白发同志，不必扭捏啦，该染就去染吧，尤其年纪大而尚没有太太，又不肯老实的人，白发实在是追求异性的大敌。试想一想，哪个千娇百媚，肯垂青穷而且老乎?

——穷和老一旦团结在一起，就铁定地要过悲惨日子。穷而年轻，还有啥可说的，盖前途无量，不图现在，还图将来。年老而富，也能叫座，一个九十八岁的百万鳏夫，照样有十七八岁的太太小姐嫁他。只是千万别把穷和老混合为一，若柏杨先生者，虽然相面的加算命的，都咬定我一定会大富大贵，但迄今似乎仍看不出有啥苗头。此生已矣，只好来生再踢腾吧。

不过如仅打算走桃花运，老而且富也不见得是福。古书上有则故事（书名偶忘之矣），一位老而且富的朋友，妻妾如云，姨太太嫌他的白发过多，不够英俊，见了白发就拔。而大太太嫌他的黑发过多，会人老心不老，就努力拔他的黑发。结果如何，不卜可知，他阁下成了秃子。柏杨先生幸无此危，聊可酸葡萄一阵矣也。

过去染发，用的是一种黄色似泥的东西，涂到头上"烧"之，色虽烧黑，发却烧焦，不足为训，因而日渐没落。现在流行的是墨汁一样的玩意儿，涂上之后，夏天二十分钟，冬天半小时，就黑而且亮。上面那位被妻妾拔发的朋友，如果生在现代，一下子染了个全黑，老太太就无法下手矣。有人对此也提过异议，问过我老人家曰："染了之后，过两天新头发长出来，还不是白的呀？"新头发长出来当然是白的，如果新头发长出来是黑的，那就不叫染，而叫变矣，唯一的补救之法只有勤染，一次外科手术不能享受一辈子也。

最大的问题是胡子，胡子当然可以染，君看过京戏《甘露寺》乎？吾友刘备先生过江招亲，把头发罩到帽子里骗皇太后，可是胡子昂然地挺在嘴巴上，就一点办法都没有。后来还是乔玄先生帮忙，弄了一点奇药一染，白胡子遂成了黑胡子，皇太后大人一瞧，那小伙子还年轻呀，就把女儿嫁给他。如果不经过那么一染，恐怕他阁下的性命不保。

不过古之人也，胡子很长，就是现代的八字胡、海盗胡，也可一染，唯有天天刮脸的朋友，简直束手无策。柏杨先生最大的特长是懒，总是三四天才刮一次，这三四天中，白胡子英勇地杂在黑胡子中，闪闪发光，使人感到冒充年轻人之不易。

5. 剃头的危机

到理发店刮胡子是人生一大享受，如果理发师是一位妙龄小姐，用她那柔若无骨的玉手，在脸上揑揑摸摸。再用其并刀如水，刮来刮去，不单刮来刮去，还在耳朵里鼻子里剜来剜去，那些地方平常都是坐冷板凳，没人造访的，忽然爱护备至，浑身每一个毛孔都会舒服得像风箱。呜呼，太太小姐因为没有胡子的缘故，便无法享受这种艳福矣，真是遗憾。同时，胡子这玩意儿，对太太小姐也是一种煞星，有一则小幽默上说，一个男人很高兴他是一个男人而不是一个女人，朋友问他原因，答曰："我这一辈子都不必发愁会跟一个胡子嘴接吻。"太太小姐就难免有这种危险。有人说男人胡子最最性感，有人说男人胡子犹如刷子，除了刺得肉痛外，有百非而无一是。可惜这"有人说"都是"男人说"，不是太太小姐说，太太小姐最好能赐予指教，以便臭男人遵循。

提起来理发，外国的月亮就比中国的月亮圆，不要说古之时啦，就在二十世纪初叶，刮胡子都是自己用剃刀的，刮的时候，眼瞪得像一块钱，一不小心，就是一个刀口。洋大人发明的"保险刀"，真是功德无量。中国人有胡子的历史跟洋大人一样久，却一直使用古老的东西刮，实在研究不出道理何在也。理发——对啦，中国传统文化中，理发不叫理发，而叫剃头，故有诗曰："有头皆可剃，无剃不成头。剃自由人剃，头还是我头。试看剃头者，人亦剃其头。"

最后两句，有高深的哲学在焉，套而言之，"试看整人者，人亦整其人。""试看斗人者，人亦斗其人。"这乃是因果律，天道固好还也。不过现代理发师都是对着镜子自己理自己的，剃头与理发的区别，岂在此欤？

剃头最大的苦处是刀钝而头发没有洗得够久,柏杨先生小时,隔壁住着一家人,每逢初一十五,是他们"人亦剃其头"之日,父剃其子,子剃其父,兄剃其弟,弟亦剃其兄。有一次我有事回乡,刚进巷口,就听喊声震天曰:"杀了人呀,快救命呀!"其声凄楚,使人落泪。当下家也不回啦,闯进该人家府上一看,原来一家大小正在艰苦剃头哩,该喊声不是出自儿子,儿子怕骂,有泪只敢往肚子里流,而是儿子正在给老爹剃,老爹在奋勇呐喊哩。

剃头在中国政治史上,曾占过最重要的一页,满洲王朝入据中原之后,带来了若干奇异的装束,其中最他妈的莫过于剃头和辫子。直觉地想,剃头和辫子是不能和平共存的焉,既然剃了头,自然没有辫子立足之地,既有辫子立足之地啦,头就剃不了。而怪就怪在这里,满洲人剃头不是全剃,而只周围剃,却在头顶留下一小撮头发,梳成小辫子,该小辫子像猪尾巴一样垂下来,构成世界上最丑陋的图案。这条辫子,在中国人头上,垂了三百年之久,成为忠贞和叛逆的标志。大体上说,有辫子的朋友都是爱国的,没辫子的朋友思想就有问题啦。后来一些在外洋留学的学生,受不了猪尾巴之苦和之羞,愤而剪掉,回国时就只好装上一个假的,盖酱缸蛆和硫磺虫都是凭辫子以辨忠奸也。

——臭男人古时候也是梳辫子的,不过该辫梳好后,像蛇一样盘到头顶(贵阁下看到京戏《乌盆计》乎?刘世昌先生的冤魂上场,头发是披散着的。盖人鬼之分,也在辫子,人可以梳辫子,鬼则四肢无力,只好任其披散着矣)。夫辫子盘到头顶,还可将就,而像猪尾巴一样垂下来,其难以入目之状,实在弄不懂姓爱新觉罗的家伙,当初是怎么想的,莫非其脑褶纹里多了一颗钉乎?当初为了叫中国人接受这条猪尾巴,曾喊出"留发不留头,留头不留发"的血腥口号,已经够王八蛋啦,后来眼看政权都要不保,仍不肯对那玩意儿让步,真是"辫存国存,辫亡国亡"。无他,酱缸太深,爬不出来。

——然而辫子也并不完全没用,其一,两个人打架时,一旦抓住,就算打赢啦。其二,三作牌逮捕囚犯时,把各路好汉的小辫子拴在一起,就牢不可破,对于国库来说,用不着买绳买索,也是节约之道。但正因为小辫子有被抓的诱惑,人们见了辫子,总忍不住跃跃欲试,于是有些朋友就在辫子上练功夫。平江不肖生先生的《江湖奇侠传》,就介绍过一位柳先生,其小辫子就千万抓不得,盖他阁下的小辫子能自动自发地直立,其硬如铁,四下挥舞,呼呼生风。有些聪明的家伙,刚抓到了手,自以为这下子可算下了判决书啦,只听当啷一声,该辫已金鸡独立,把他的虎口都震出血来,噫!

6. 春节春联

去年(1966)阴历正月初一日,是阳历1月21日,眼看再过几年,阴阳历之年,就要合而为一。可是今年(1967)的阴历正月初一日,却是阳历2月9日,两者距离,反而越拉越长,盖阴历过得不可开交时,索性"闰"上一月,人为的四季就跟天为的气候配合矣。去年是闰三月的。这种办法妙不可言,不过一个人如果生在闰月,做起生日可麻烦啦,每隔三年,才有一闰,而闰月是顺序而上的,再闰就闰四月啦。势必要等到五十三岁那一年,才能过第一次生日,才高折寿的朋友,恐怕还等不到那一天哩。这比阳历要差劲得多,阳历如果生到2月29日,因为是固定的,每隔三年,还有一个生日可以庆祝,情况大不相同。

但阴历也有它的好处,二十四个节气,像太平洋上国际时间变换线一样,把太阳的光线计算得清清楚楚,每一个节气都是一把看不见的锯,大自然在该锯之下,裂成二十四块。好比"冬至"吧,俗云:"吃了冬至饭,一天长一线。"过了冬至,白昼就一天一天地长,黑夜就一天一天地短啦,阳历就没有这么显明的标杆矣。我们说这话,不是仍怀念阴历,相反的,不但不怀念阴历,甚至对阳历也不满意,联合国正在研究一种新阳历,该新阳历比现在流行的阳历还简单,一年十三个月,一月二十八天,星期几永远固定在某一日,既便于记忆,也便于发饷,另一天作为世界日,全世界人类一齐休假。但新阳历似乎也有毛病,十三个月就难分春夏秋冬啦,也难分上半年下半年啦,而十三个月加上一天世界日,好像仍多了一点,百年千年下来,照样要乱。呜呼,千怪万怪,都怪上帝,他老人家如果吩咐地球转得稍微快一点或慢一点,岂不一切都解决了乎哉。

当初中华民国成立,推行阳历,小民耳朵发背,认为"阳历"者,"洋历"也,颇起反感,加上五千年的风俗习惯,当然难改。政府就祭起了两项法宝,一个法宝是逢到阳历之年,派出警察,喝令商店关门。另一个法宝是逢到阴历之年,也派出警察,喝令商店开门。如此这般,闹了二十多年,一直闹到抗战爆发,大概筋疲力尽,这才把阴历年改成"春节",维持颜面。

"春节"就是年,年就是"春节",除了官文书,没人说是春节的,说的仍是"年",这个年是二十四节气外最大的节气,要过了上元节——也就是元宵节,才算过完。在这十五天中,农村就像僵尸一样,行旅的客人,连个买饭的地方都找不到,真能饿死在道旁也。

春节唯一的活动是吃和玩,盖阴历年适逢严冬(过年而不是严冬,犹如过圣诞而不下雪,总觉得不够劲),正当农民休闲。夫小民一年忙到头,既没有星期天,也没有孔丘先生诞辰这类的例假,过年是唯一光明正大地歇上一歇的机会。不要说男人,就是比男人还要辛苦的女人,从正月初一日到正月十五日,半个月期间,连根针都不准摸,孩子的纽扣掉啦,也只有等过了元宵节才能缝。据说,谁要是胆敢碰碰针,挨挨线,或拿拿剪刀,她的手就一定会生疔疮,盖玉皇大帝规定如此,特派天兵天将,各处巡查,不容违犯也。这个迷信含义深刻,有百利而无一害,大概专门对付那种在过年时仍不放过小媳妇的凶恶公婆,给小媳妇一项天赋自由。

不知道读者老爷有没有一种感觉,凡是遇到了啥子节日,报纸就没啥可看的,有时该节日过于庞大,报纸还多出几张,按说应该有啥可看的吧,结果反而更没有内容,只要望两眼就望尽啦。无他,应景的文章太多。所谓应景的文章,也就是形势比人强——手不由己的文章。以前面介绍的孔丘先生诞辰为例,届时也,大批名人出笼,满坑满谷,无一文不猛捧,张大亨研究他阁下的“仁”,李大亨研究他阁下的“恕”,翻来覆去,引经据典,都是别人说过几万遍的,不但没有新的意义,连旧的意义,因为辗转抄录,也走了样。这种文章,似乎只有三个人看,一个是检字工人,一个是校对,一个恐怕就是专门拣骂的朋友矣。

春节自然也有应景文章,不过春节的应景文章却是民间的,虽然同样很俗,却不讨人厌恶,盖俗也是出自内心的俗。有时一个字就含有一本书都说不完的意义。初二那天,柏杨先生去一位朋友家拜年,该朋友破大门上倒贴了一个“福”字,不由大吃一惊,他阁下也曾上过学堂,怎么连字都分不出上下。于是一进门就立刻指正他的错误,喊曰:“老哥,你的‘福’倒啦。”依闻过则怒学说,我想他一定要跳高的,岂知他不但没有跳高,反而笑眯眯曰:“福到啦,福到啦!”盖“倒”、“到”谐音,取个吉利也。虽是应景,但穷极生疯之象,也动人心魄。记不得哪本书上看过,一位也是爬格纸动物,索性在门口贴上一联,曰:

一棒打出穷鬼去

双钩搭进财神来

这应景文章就非常结实,其穷凶极恶之状,与柏杨先生好像表兄弟。不过该家伙似乎手头仍有几文,还可买“棒”买“钩”,柏杨先生只好“一脚踢出穷鬼去,双手拖进财神来”矣,哀哉。

7. 中国人的膝盖

柏杨先生府上,也有自写对联,上联曰:“咦,啥子地方炮响”;下联:“唉,原来有人过年”。红纸黑字往门框上一贴,人称之为三绝,一绝是柏杨先生的字,龙飞凤舞,铁画银钩。二绝是柏杨先生的词,义理深奥,雅俗共赏。三绝则是柏杨先生的纸,迎风招展,清脆有声。

不过后来有朋友劝曰:“观你文而知你之人,现在文化复兴,尊老敬贤,你可能还有官做的,但看你这一副对联,定是老不正经,就一切都吹啦。”我就又把它撕下。可是今天已阴历正月二十三日,官仍没做成,特介绍出来,以便流芳千古。呜呼,在应景文章中要想不跟着大家走,自己走自己的,都有这么多问题,其他的事就更可想而知矣。

对联文学是中国特有的文学,跟日本的“俳句”一样,都是用洋文怎么译都译不出来的。要想欣赏“俳句”,除了生为日本人外,别无他法。要想欣赏对联,他也得生为中国人,而且还得对文学有相当深入的研究。普通一个洋大人,埋头二十年三十年学中文,别的文学大概可以弄懂,却很难弄懂对联也。尤其是中国的对联,比日本的“俳句”更难,不但求其音节的美,更进一步的,还求字的对称——包括音的对称,声的对称,形的对称,义的对称,词性的对称,动静的对称,性别的对称。一个研究中国文学的中国朋友,有时候用了终身之力,都搞不通。

正因为如此,对联不但在文学上占有重要地位,因为读书人纷纷当官的缘故,所以在政坛官场上也占有重要地位。平常日子,脑筋里就一直想着这玩意儿——不是想对联,就是想作诗,而诗的骨干也离不开对联。大家一窝蜂地酱在里面,国计民生就成了破鞋啦。中国几千年来都没有长足的进步,恐怕跟官儿想对联的时间多,想政事的时间少有关。《坚瓠二集》上有一则故事,一位姓赵的朋友,当了太守,一天在街上看见有人用"命纸"在那里糊制灯笼,"命纸"者,阴历年流行的神仙画像也,不禁出了一个上联曰:"命纸糊灯笼,吉星高照";可是却怎么都想不起下联,气了一晚,不在话下。第二天,有一位老头前来向他呈献日历,他的灵感立刻来啦,拍案大叫曰:"头巾顶日历,太岁当头。"把那个倒霉的老家伙吓得屁尿直流。呜呼,阿基米德先生当初也是想了几天几夜,最后从水缸中一跳而起,光着屁股满街大叫的,可是二人沉思的内容,却相差太远矣。

当然,遇到了对联大师,并不见得就一定非倒霉不可,也有竟然死里逃生的,只看运气如何罢啦!《驹阴冗记》上说,韩雍先生在江南做巡按之官,夫明王朝的巡按,等于军阀时代战地军法处长,可以随时随地祭出法条杀人。有一天,他阁下正在问一件官司,众死囚跪在堂下,面无人色,他高高坐在堂上,问着问着,忽然神智迷昏,作起对联,只听他朗声吟曰:"水上冻冰,冰积雪,雪上加霜"。吟到这里,想不起下联,就像着了魔一样,闭目启唇,喃喃不休。一个死囚福至心灵,乃叩头曰:"小的愿对。"韩雍先生曰:"好小子,能对上来,饶你不死。"死囚曰:"空中腾雾,雾成云,云开见日。"韩雍先生大喜,提笔一挥,饶了他的尊命。

呜呼,这算啥话?法庭之上,乃生命、自由、财产、荣辱得失之所,也是是非曲直,有理没理裁判之地,可是法官老爷却老僧入定,只想对联,打官司朋友把冤情哭诉了半晌,好像把黄汤灌到驴屁股里。而该死囚因何成了死囚?是杀他父亲母亲判死刑的乎?是放火抢劫判死刑的乎?抑是先奸后杀判死刑的乎?古书的作者对法律的尊严没提一个字,对那些枉死的冤魂和痛彻肺腑的家人亲友,也没提一个字,反而把这种混蛋举动,称之为佳话,真是婊子养的也。

当然,也确实有佳话的,吾友纪晓岚先生,有一天接见他的一个学生,该学生见了这位尊而多金的老师,当然磕头如仪。

——插嘴中的插嘴:中国人的膝盖是天下最不值钱的东西,动不动就跪,见了大官跪,见了长辈跪,见了有钱的更跪。洋大人的膝盖就尊贵得多矣,他们似乎只全跪上帝或半跪帝王,而且也只限于跪。而中国五千年传统的跪文化,不但要跪,还要磕头如捣蒜。大家伙必须看见这种节目,才能过瘾,而小家伙也必须表演了这种节目,才觉得安全。清王朝一位头子爱新觉罗弘历先生,就因为英国特使马戛尔尼先生不肯跪而大发雷霆,但马戛尔尼先生不像中国官之软骨头,不肯跪就是不肯跪,僵到后来,马先生让了步,但要跪也是洋大人式的跪,只跪一条腿,不能采取中国式的两条腿忽冬一声的跪,至于把头努力撞到地板上,喊曰:“天王圣明,臣罪当诛!”更是提都不要提。

西方也有不把人当人的情形,但比较起来,程度上有其差异。孙中山先生革命,不但革掉了帝王,也革掉了小脚、宦官、辫子和跪拜磕头。有些酱缸蛆正在用劲复古,千万手下留情,别把这一类的古也复了出来,那就不好意思啦。

8. 异人来访

社会上现在流行登堂入室打饥荒,柏杨先生遇到最精彩的一次就发生在阴历初八日,一位长长头发的年轻朋友,登门造访,先拉同乡关系,再叙述他怀才不遇兼身染重病,然后顺手牵羊开口曰:“柏老,你是乡前辈(是乡“前”辈抑乡“贤”辈,当时心情紧张,没听清楚),而在下举目无亲,不能看我饿死呀!”我曰:“你怎么失业的?”他曰:“我的肾脏炎很重,老板给了我三个月薪水遣散啦,几个月下来,身无一文,只好投奔你老人家,千万救我一救!”说罢就要哭,我急曰:“别哭,别哭,大数目我可没有,小数目一定效劳。”他曰:“小数目,小数目。”我看他实在可怜,就把小孙女的压岁钱偷出来五十元,双手捧上。谁知道不捧上则罢,一捧上就碰了钉子,他双目凝视着我满是青筋的尊手，面露不悦之色，淡淡曰："这五十元够干啥，给小妹妹买糖吃吧。"我本来要发气，可是正好家中无人，怕他开揍，只好忍了又忍曰："那么，你以为我可以帮助你多少？"他曰："至少也得五百元。"我大惊曰："五百元？老哥，我要写一万字才能挣五百元，敬请原谅，实在没有力量。"他不慌不忙，环顾了一下四周，开腔曰："柏老，看你的家具都不止五百元。"呜呼，这算啥话，我既不欠账，也不拍卖，怎能对我的家具估起价来。可是他却一会儿软一会儿硬，最后把小孙女所有的压岁钱一百五十元全部偷出来给他，他还是非二百元不走。我只好请他明天再来，他怀疑地一味摇头，我指天发誓曰："我要报警，就是龟儿子。"第二天，他果然又来啦，两百元就跑到他腰包里。

——一直到今天为止，小孙女还没有发现她的压岁钱失了踪，老妻那两天适时地上街买菜，也不知道有这项助人壮举。这些时忧心忡忡，一旦东窗事发，婆孙二人联合起来，我老人家的胡子危矣。

所好的是这种严肃的节目不多，大半都很有礼貌，其理由不外是："病啦。""要到南部去，只差十五元不够买票。""失业太久。"一个月总要碰上三五位，也有一个人来上两三次四五次的，但来六七次的却没有。可能已找到了工作，也可能自尊心使他再度挺起脊梁。

柏杨先生虽然穷得连骨头都叮当作响，但对找上门的朋友，却有坐地分赃之风，来者不拒，少则十元，多则一百元至二百元。阴历年前，一位自称是吾友冯沅君女士的儿子，小伙子约五十余岁，去《自立晚报》找我三四趟，最后一次才把我捉住，不由分说，破口就骂，把我骂得晕晕乎乎，报馆朋友也一齐围上来观看山景，以为当初他救过我的命，现在我阔啦，就忘恩负义了啦，我却固不认识他也，而也从没有听冯沅君女士有这么一位不姓陆的儿子。但该小伙却以为我故意避不见他，就跟我老人家豁上，结果还是俘了我二百元走。阴历年过后，他又驾临，给了小孙女四块钱压岁钱，又俘了三十元而去。前天送来两副他写的对联，一副给《自立晚报》总编辑罗祖光先生，一副给我老人家，笔触苍劲，不亚名手。从谈话中，看出他是一个好人，天真爽快，才华四溢，只不过酒害了他。

穷兮兮朋友中，多半是游击队，猛不防杀出程咬金，俘个十元二十元，或一百元，迅速撤退，以后虽鸡犬之声相闻，也老死不相往来。几年前曾有人当面举手发誓说，他回高雄后，一个月内如不把钱寄还，就叫汽车压死。我坚决地请他收回成命，为这可怜的几块钱出车祸，而且压死他阁下的司机先生，也没坏过良心，为啥让其吃人命官司乎？

但穷兮兮朋友中的正规军就不然矣，结结实实，以硬碰硬，这个月来啦，下个月又来啦；这个星期来啦，下个星期又来啦。柏杨先生有个学生，某某大学堂毕业（他的毕业文凭就带在身上），十八年前，在台湾省政府人事处，当过一任大权在握的科员，大概升官没升上，或其他原因，觉得有点委屈，向顶头上司大发了一阵虎威之后，就不干啦（他宣传说是他不屑与那些混蛋为伍，自动自发辞职的；但那些被他称为混蛋的人，则宣传说是把他免职的）。这些都无关紧要，关紧要的是，他一不干就十八年。吾友王宝钏女士熬寒窑熬了十八年，而这个小子却向我打饥荒打了十八年，不过王宝钏女士熬了十八年就熬到了头，而这个小子熬了十八年仍熬个没完。记得他失业后不久，第一次开口借三百元。呜呼，阁下记得十八年前三百元的购买力是多少乎？三百元可供一个人十个月的伙食。以后随着岁月的逐增而渐减为一百元、八十元、五十元、三十元。从前年起，我就严格规定，每月十块钱。实行下来，颇有成效，盖只要到了月初，他阁下往面前一站，我就把钞票往他手里一塞，两个人大眼看小眼，谁都不说一句话。可是到了去年夏天，该小子说话啦，认为一个月前来看望一次老前辈，未免礼貌不周，发誓要一个星期看一次，于是就涨价到四十元矣。但“衣裳之会”如故，见面交款，点头而退，有古君子揖让之风，良可佩也。

好在是这种正规军不多，一个人如遇上四五个这种正规军，恐怕终有一天去跳淡水河。

写到这里，两位读者老爷的限时信同时驾到，一位曰：“柏老，柏老,你真是个活圣人,有丰富恻隐心呀。”另一位曰:“台端当然可以舍施,你有的是钱。”一位朋友也巴巴打电话曰:“老哥,你这么努力一宣布,我才知道你竟如此善良慈悲,好像你是耶稣的老弟,目的何在?是炫耀你阔了乎?抑示意小民歌功颂德乎?”

这些话都沾点边,但我誓死反对要当圣人的学说,盖我宁可去当小偷,也不愿当圣人,不要说当圣人啦,就是说我有圣人之相,对我就是一种侮辱,准有一天把他骗到小馆,暗暗地放点巴拉松到他碗里。

9. 一文钱逼死英雄汉

至于说借机会宣传我自己很伟大,似乎也未可厚非,除了猪先生,谁不愿自己很伟大哉。只不过有些人愿意被人发现,有些人心急如火,自己嚷嚷出来罢啦。至于说我阔,阔当然阔,但还不到钞票满场飞的程度,而且说实在的,我如果有大家伙们千分之一那么阔,我对穷兮兮朋友,就不给分文,宁可去开个工厂或编一部跟《大英百科辞典》一样的《大中国百科辞典》,再不然我拿它去委托一个大学堂研究汉语拼音化。

这些都是废话,言归正传。我老人家所以这么做,只不过希望略表人与人间的温情。盖一个人如果不到万不得已,绝不会厚着脸皮去向一个陌生人,赔着笑脸,说上一火车有伤自尊的好话。不特此也,他还面临着被狗咬的危险,和被侮辱被轰出去的危险,甚至被三作牌“请”到警察局谈谈的危险。但他仍这么做,说明他实在是走投无路,不得不出此下策,只要有一条小径可走,他不会伸这种手的。而在伸手者和掏钱者之间,伸手者是光脚,掏钱者是有鞋穿的也。

俗云“一文钱逼死英雄汉”,一帆风顺,不知稼穑艰难的朋友,固然很多。但更多的人历尽沧桑,一个坎坷接着一个坎坷,一个嘴啃地接着一个嘴啃地,鲜血淋淋,遍身鳞伤,懦弱者自杀,刚强者充满了对人类和社会的憎恨。正月初八日那位非五百元不走的朋友,我就训他曰:“老弟,别凶,请想一想,你凭啥向我要?我又为啥给?”他当时就嘟嘟囔囔,说不出话。呜呼,柏杨先生来者不拒,只是不愿使一个在严重困苦中的人,对人生绝望。帮助他活下去,帮助他保持正常的心理,使他觉得人间仍有可留恋之处,使他的自尊不受到难以复原的伤害,使他将来有力量时,也能同样帮助其他倒霉分子。正规军那个小伙不断闯到柏府,老妻就起了疑心,有一次瞪眼曰:“老头,你有啥把柄落到他手上,非应付他不可?”大概老太婆看洋电影看多啦,认为小伙正在勒索。此不知柏杨先生者也,我宁可身败名裂,杀头如切瓜,也不接受勒索,锅砸了大家吃不成,他别想把我挤到桌子底下,而他坐到桌子上吃。

尤其是,敝阁下只不过小小的帮助,十块钱不过买十个烧饼,实在没有“理由”不把人当人。明知受骗,也照样舒服,他一定有不得不骗的苦衷,区区屁数,也实在没有“理由”去刺探别人的隐私。

不过,特别声明的,上述的柏杨先生各项仁心义行,到今天为止,就完全取消。以往种种,譬如昨日死,以后种种,譬如今日生。穷兮兮朋友千万别认为我老人家真好呀,闻风而来。从今天开始,我可是一毛不拔,开国骂固然一毛都不拔,磕头如捣蒜也一毛不拔,事关血本,绝不通融。

游击队式的穷朋友,大多数都是一时命运不佳。吾友秦琼先生想当年就曾潦倒旅途,逼得把马都往外卖,当马卖不出去的时候,他阁下就向店主东要赖,要钱没有,要命一条,但最后他仍不得不硬着头皮去拜访单雄信(柏杨先生可不是单雄信,不但不是单雄信,简直啥都不是,穷朋友别瞎了眼,认为我像我这几天宣传的那么伟大,特再声明,请再备案)。缺少盘费的固然多是假的,但也可能有真的,固然有拿了十元就去宝斗里嫖上一嫖的,但也有真正地买了车票,另奔前程的。人在困境时,一句温暖话都可拯救他,更何况一点实质上的帮助乎?即令受人骗,也比骗人强。

也有些穷朋友,在接过银子时,声明将来一定报答,前已言之,我一听这话就非等他收回成命才准他抽腿,非是我读圣贤书太多啦,而是我怕养成天天指望别人报答的习惯。盖本来没打算他报答的,他宣传非报答不可,我的心里就会一直痒痒,这对敝健康,有莫大影响,我既不是傻瓜,岂容他坑我哉。不特此也,连他阁下姓啥都不问,问啦也如春风吹驴耳,一字不记。同样道理,一旦深入脑海,就难免不耿耿于怀。釜底抽薪的办法是,一手付钱,一手握手,送到门口,鞠躬而别。

——报答不报答不是决心问题,跟"孝"一样,是天性厚不厚的问题。天性厚的,他口中说不报答,到时候一股劲往上冒,仍忍不住要报答。而天性尖锐的朋友,当时他的的确确十二万分要为你死的,可是过了些时,等你倒了霉,需要他援手时,他忽然觉得当初没有你,他一样能阔,厌恶之情,油然而生,想不忘恩而不可得。吾友李德裕先生,他阁下年轻时,当过一任县长,曾救活一个死囚,这比柏杨先生小家子气的十元八元,重得多啦。后来李德裕先生在宰相任上垮了台,名列逆党,狼狈逃窜,经过一个小镇,该死囚已很有钱啦,当下迎到家里,待若上宾。于是乎有那么一天,夫妻二人灯下商议,太太曰:"他对你恩重如山,怎么报也报不完,这样下去,如何了局?何况他是个问题人物,咱们留他这么久,将来万一事发,岂不吃上官司。届时家破人亡,身败名裂,就糟了矣!"死囚先生大惊曰:"思不及此,这便如何是好?"太太曰:"俗云:大恩不报,不如一刀两断,杀了算啦。"死囚先生一想对呀,乃派一名家人前往执行。想不到该家人却是另一型的,听到耳里,气得肠子都炸,把这个密谋悄悄告诉了李德裕先生。李德裕先生魂飞天外,连夜落荒而逃。

死囚先生暨夫人接到报告,认为事态严重,乃重金礼聘了一位刺客,把男主角的角色颠而倒之说了一遍——在该故事中,死囚成了李德裕,李德裕成了死囚。刺客先生勃然大怒,拔剑而往,一直追赶到一座破庙里,正碰上李德裕先生长吁短叹,埋怨不该有眼无珠,乱救人命。这才弄明白是怎么回事,这一怒比前一怒更大,重新折回,无巧不成书,死囚夫妇正在那里庆祝斩草除根,永绝后患哩,刺客先生就不客气地杀了个净光。

10. 大恩不报

该死囚太太的那句“大恩不报”,真是警世绝句。在专制时代,也有同样的绝句,那就是“大功不赏”,要赏也只能赏你一刀。不过“大功不赏”跟政治制度有关,“大恩不报”则全是人性问题。记得电视上演过《江湖奇士》影片,男主角巴特·莫特逊先生,有一次千里迢迢,回到他跟一个小子合伙开的酒吧,一进大门,一个漂亮的女侍就向他使了一个眼色(在电影法中,漂亮的小姐总是一下子就爱上了男主角的),莫特逊先生立刻提高警觉,果然,该合伙的小子打算杀了他而把全部股份吞下去。经过一番惊心动魄地打斗,莫特逊先生最后把该小子制服,问他为啥下此毒手。你猜该小子说啥,他不但毫无愧色,反而理直气壮曰:“好啦,我知道你救过我的命,又给我钱叫我在镇上开店,可是我一看见你就想起你对我恩重如山,无法报答,我受不了这种压力。”

呜呼,这算他奶奶的啥逻辑?大概属于张献忠式逻辑。吾友张献忠先生对他的新科状元爱到极点,一天不见就会发疯,结果索性杀了他。看情形一个对人有恩的人,似乎一直站在刀口上,不要说可能惹来杀身之祸,即令想保持友情,恐怕也是很难。盖他在你阁下眼前,总觉得浑身不自在,有时候把牛吹到嘴边都得自动咽下,因为只有你晓得他当年跪地讨饶的丑态也。——你发誓说你不晓得都不行,他心里明白你是晓得的,距离自然就越拉越远矣。所以正人君子常劝人不可救人,就是有鉴于救人的结局不可预料,救对啦固可成为生死之交,救错啦反而增加一个敌人,和增加社会上的暴戾之气。

但也常看到另一种现象,有些人不过顺手牵羊,或蜻蜓点水地扶了人一把,就一辈子念念不忘,认为对方应该杀身以报,即令死啦,也得变犬马以报。柏杨先生这辈子不知道听过多少人义愤填膺地大骂别人忘恩负义,节骨眼大概都在这上。记得有一次,参加一个宴会,谈起"人心不古"的时候,一位朋友立刻声色俱厉地努力抨击另一朋友曰:"那小子,他没饭吃的时候,一家大小挤到一间小草房里,寒冬腊月,孩子都没鞋穿,谁他妈的理他?是我借给他五万元做生意。如今做大发啦,汽车洋房,就六亲不认,昨天我跟他调五千块钱的头寸都不肯,我给他跪下都不肯。"一面说一面摇头,其他的人也跟着摇头,好像人心真坏到不可收拾,非把头摇掉,不足以起死回生也。

偏偏我老人家知道其中内情,他阁下讲的一点不假,全是事实,毫不过分,被抨击的那小子穷途潦倒,没人看一眼的时候,该朋友确实痛痛快快地出过五万元巨款。而也确实就在昨天,该朋友去调五千块钱头寸时,那小子也确实死也不肯。

问题是,在句句真言、事事实情的下面,另有别的句句真言,和别的事事实情。说来话就长啦,该小子早在十一年前就把五万元加上三分可怕的高利,如数奉还。除了请他们一家大小吃了几百次观光饭店外,还送他十套以上的西装,送他太太十打以上的玻璃丝袜和旗袍料,以及无数昂贵的化妆品。十一年以来,每年过年,每个孩子都是五百元的压岁钱。但更主要的是,他已陆陆续续为该朋友调了十七八万元之巨的头寸,全都遭了退票,不得不自己赔出来,几度濒于倾家荡产。呜呼,这不叫帮助,而叫投资矣,该朋友就靠五万元的投资,就想收回取之不尽、用之不竭的长期利润,这种大恩大德,真是难以承受也。

有一次,一个朋友曾对我喟然曰:"这年头,人总是想朋友对自己的坏处,从不想朋友对自己的好处。"这话有它的真实性,也是一种由衷的感慨。但同样也十分真实,也使人由衷感慨的是,人也总是想自己对朋友的好处,从不想自己对朋友的坏处也。世上张献忠式逻辑固然有,似乎不太多,盖人心总是肉做的,天理和人性,往往战胜。但世界上总是记得自己对朋友好处的人，却非常普遍，所以到处都闻喟然之声，无以名之，名之曰“养猪之叹”，对朋友的帮助，不是发自油然而生的爱心，而是发自理智的投资，准备对方一旦肥啦，好吃红烧蹄膀。你如果胆敢在挨刀时左躲右闪，哇哇乱叫，那你就是忘恩负义，应为天下人所不齿。

青年守则上有一条曰：“助人为快乐之本”。嗟夫，只要自己快乐，就是报酬矣，不必再求别的报酬；再求别的报酬，就是做生意啦。有些人只记得借钱给人，忘了他因此一借，而人也借钱给他，也忘了借该钱时曾侮辱戏弄过人的自尊。有些人只记得给人介绍过一个工作，却忘了在介绍该工作时曾强奸过人的妻女——而他竟然不叫强奸，不是忘恩负义是啥。

金圣叹先生有《不亦快哉》大作，其中之一是：“有朋友来访，喃喃欲语。知其困乏，急拉到无人处，诘以所需，如数给之，并问够否，云已可解危，再三称谢而去。不亦快哉！”呜呼，这正是帮助人的本质。再重复一遍，“不亦快哉”，心里舒服就是收获。

《梦溪笔谈》上有则故事，宋王朝京官们贬出去后，差不多都再度召回，再当大官。有一次，谏官李兢先生被谪到湖南，范亢先生工于心计，就变卖家产，倾囊相助，李兢先生当然感激涕零，而范亢先生也义声远播。想不到上帝偏偏吃他的豆腐，李兢先生到了贬所，竟一命归大。该书作者评曰：“凡人不可有意，有意即差。”呜呼，这不叫大恩大德，而只叫烧冷灶。烧冷灶是一种赌博，也是一种投资，这种“烧冷灶”跟“养猪”一样，怎不烦恼丛生乎？

三年之前，台北郊区高级住宅区发生过一件血案，一个男佣人用枪击毙了他的女主人，于是乎舆论大哗，异口同声地责备该佣人忘恩负义，心同禽兽。翻底牌的结果，原来该佣人是被他的男主人、女主人带来台湾的，来的时候年纪还小，大概只有七八岁，大概是个孤儿，流浪无依，两夫妇菩萨心肠，就把他带在身边。来到台湾之后，在家中做事，一直做到血案发生。好啦，仅这一段经历，就够他身背招牌，游街示众的啦。

然而天下事总不那么简单,他就是一头野兽,经过十几年豢养,也不见得会忽然翻脸——不过前天报上就有一则新闻,一个马戏团的狮子忽然发了神威,把驯兽师几乎咬死,所以还是不抬这种杠,这种杠抬起来我就认输,盖人总是人也。当时报上也略微透露,二位当主子的老爷、太太,并没有把孩子送到学堂念书,也没有把他当成人,只不过当成世界上最便宜的奴隶。转眼间他已二十多岁,日夜埋头在小庭园中,不但终身为奴,而且衣不蔽体,食不果腹,动不动就被骂个狗血喷头。理由很简单,俺要不带你出来,早就被共产党杀啦,你还敢要求上学?你还敢要求工钱?打你骂你,你还敢分辩顶嘴?咦,反啦反啦。

柏杨先生说这些,不是歌颂该可怜的孩子杀得好,杀得妙。请别在这上找碴,他杀人自有法律制裁他。我们只是研究这种大恩大德,叫人如何去报答乎?偶翻《鹤林玉露》,上面有一段议论,且抄几句:“韩信未遇时,识之者惟萧何及淮阴漂母耳,(萧)何之英杰,固足识(韩)信,漂母一市娼,乃亦识之,异哉。”《鹤林玉露》的作者罗大经先生,是个有名的酱缸蛆,这一段“异哉”,古书上类似这种的记载,车载斗量。那就是,帮助困苦中的朋友时,一定都是看准了他将来可以大富大贵,才算有见识。换句话说,要投资就得找个有利润的事业投资,漂母救济韩信先生,只不过看他将来要大富大贵。古书上“未遇时”三个字特别多,其目的似乎都在对方将来一定“遇”上。夫“遇”者,“阔”也,我们只能在其中闻到功利味,闻到养猪味,闻不到爱心味也。呜呼,如果漂母看他将来不会大富大贵,大概就任凭他饿死矣。孟轲先生曰:“恻隐之心,人皆有之。”看来有些人并没有恻隐之心,而只有投资之心,养猪之心。狄仁华先生说中国人有丰富的同情心,恐怕不包括这些。

不过,望报不望报也是天性厚不厚的问题,有些人固然总是念念不忘人家的坏处,有些人固然同样总是念念不忘自己对人的好处,但也有些人把帮助人的盛典视为过眼烟云。——柏杨先生虽声明过不望报,但心里却是望报的,不过表面上故意装腔作势罢啦,唯恐读者老爷误会我老人家也天性甚厚,特此声明。

11. 硫磺虫

硫磺虫有一种气质:"当他要斗臭某一个人的时候,他对那个人什么都加以曲解、侮辱,甚至那人的德行。"三十年代的文坛上,凡是不听从摆布的作家,全都被斗得臭而不可闻也。

随着时代的进步,传播工具花样繁多,每一位读者老爷,对他阅读的作品,应该都有判断的能力,啥是"骂",啥是"抨击",啥是"斗臭",又啥是"说理"。如果"骂"和"抨击"混淆不清,"斗臭"和"说理"化合为一,那只有伸出鼻子,让硫磺虫牵着走。

——以"骂"为例吧,现在有没有这种现象,我不知道(其实我是知道的,不过越来越滑,假装不知道罢啦),但军阀时代以及更前的时代,却颇为风行。吾友李鸿章先生和冯焕章先生,就颇为喜欢念这个经,凡是被他客客气气,待若祖宗的,一转身就会踢个嘴啃地;而凡是被他痛骂一顿的,准可升官。在这种传统文化之下,电影镜头就层出不穷,君不闻某些小家伙乎,刚从大家伙那里出来,见人就用一种唯怕别人不相信的声调喊曰:"刚才被骂惨啦!""嗨,又挨了一顿骂!"非他无耻也,乃"打是亲,骂是恩",表示该大小二家伙之间,已到了家臣程度。虽被"干了老母",照样喜形于色。其他连挨骂都挨不上的朋友,就知道关系已经淡啦。

这种误解使人眼花缭乱。于是乎,明明是抨击,却被当成了"骂";明明是"斗臭",却被当成了说理,如果读者老爷都发挥起判断力,则硫磺虫就英雄无用武之地矣。

上星期一的电视《影城疑云》,题名已忘之矣,演出一个女明星的故事。该女明星以黄花闺女的身份,跟某大亨订了婚(这里说明一点,她倒是真爱他的),经报纸一嚷,一个小伙找上门来,该小伙竟是她的合法丈夫，她每星期寄给他七十五元美金，买他守口如瓶。七十五元美金合三千元台币，呜呼，这就等于一个月一万二千元，柏杨先生如果有这么一个长期饭票，不叫我开口我就不开口，可是这就没有电视好看啦。该小伙一听说太太跟大亨订了婚，食指大动，开价五万元美金，给钱就离婚。女明星拿不出这么大数目，该小伙就搬到她豪华的花园洋房里住，对外说是她的“保镖”，虽不同床，可是他却寸步不离，对任何来访的客人都摆出一副流氓嘴脸，一律挡驾，他的目的就是要逼着那位女明星受不了，早日拿出买路钱。

也是合当有事，那一天，一位“屎橛杂志”的主编先生登门拜访，小伙把他结实的身子堵住大门，说女明星不见客，事实上该女明星最喜欢跟记者们打交道。屎橛大王大惊曰：“这简直不像是她啦。”但不像也不行，仍被轰出大门。他阁下一不做，二不休，趁人不备，就从后窗爬进去，左翻右翻，翻出了该小伙的长期饭票——那张跟女明星的结婚证书。大喜过望，偷了就跑。

接下来的镜头是大亨上场，他已经知道了他未婚妻的底蕴，也知道该保镖是她的现任丈夫，更知道那张结婚证书落到谁手里。但他也确实爱她，就去找该屎橛大王，找的结果跟《影城疑云》的第一男主角白莱先生也去找的结果一样——那就是，没有结果。屎橛大王一定要发表，他曰：“没有办法，读者喜欢这一类的文章。即令这文章毁灭了一个人，甚至毁灭了一个家庭，也木法度。”

弄到后来，那位现任丈夫的小伙因失去了长期饭票，急得发狂（不但五万元没啦，他妻子对他恨入骨髓，连每星期七十五元也没啦），也找上门来，小伙凶恶成性，不管那一套，照着屎橛大王一枪，要了他的尊命。

社会上这一类的故事太多啦，我们只不过借眼前的例子，说明人们的心理，都是喜欢别人被斗臭，喜欢别人丢人砸锅的事情被暴露，尤其是喜欢看看有名气的人屁股上的痣的也。

厨川白村先生曾对这种狗吃屎心理，加以分析，他曰：“人们所以希望看到别人隐私，因为别人暴露了他自己幸而没有暴露出来的罪恶。"大家都偷东西,但你偷东西的事宣扬开啦,人人皆知,而柏杨先生偷东西的事,却是世间第一等伟大的秘密,我就会非常快乐,因为我就可以痛骂你这个家伙简直是下三滥,而掩盖我老人家也是下三滥也。

以美国人现代观念之高,还免不了有这种毛病,可看出这种毛病的严重,但这也正是我们应努力之处,应超越之处。

12. 开　揍

最近社会上揍记者的风气很是盛行,佳音频传,国人无不吃惊,认为这算啥话,我们是民主社会呀。但柏杨先生却一点都不吃惊,一则我一向以圣人自居,泰山崩于前而色不变,美女哆于侧而心不跳。二则也是我见多识广之故。想当年军阀时代,揍记者真像揍一条毛虫,自以为有身份的人还不亲自动手哩。吾友张宗昌先生曾一怒把邵飘萍先生执行枪决,现在不过挥挥拳头,有啥稀奇的哉。这都是时代进步太快,害了中国人,以致少见多怪,如果仍停滞在军阀时代该多好,揍了等于白揍,被揍的记者不但不敢吭声,说不定还要送个"不杀之恩"的匾给凶手。

半个月来,第一桩开揍的盛典,发生在台北夜巴黎舞厅,一位记者老爷,因跳舞跟该舞厅大班老爷杨西湖先生发生冲突,于是该厅经理老爷于德洪先生手下的保镖同志,把该记者诱到街上,另一位记者老爷看情形不对,叫曰:"怎么,你们打人呀!"保镖同志一听,好小子,你叫啥叫,就顺手牵羊。揍的结果是二位躺到医院,其中一位的尊眼有失明之虞,现在还在台大医院哼哩。

这件开揍盛典的原因很复杂,不是几言几语可以说得了的,现在法院正在审理,由法律去裁判他们的是非可也。我们只是说,娱乐场所用这种手段对付顾客,似乎噪音太大了点。特别声明的是,我们不反对娱乐场所雇保镖,盖娱乐场所是典型的是非之地,规规矩矩的客人固然有,耍无赖的客人也会往外冒。一种曰"狗仗权势型"焉,这型朋友,不是地头蛇,就是可以整人的人,等而下之,跟地头蛇和可以整人的人沾点亲的人,你不如俺的心、随俺的意,咱们就张果老倒骑驴,往后瞧吧。一种曰"狗仗财势型"焉,大爷有的是钱,俗不云乎,有钱能使鬼推磨,你不买账,我就叫你推磨看看。另外一种就不入流啦,曰"狗仗光棍型",说他没权吧,他固有点小权;说他有权吧,如果硬碰硬,也大发不到哪里去。说他没钱吧,固有点小钱;说他有钱吧,努力挤也挤不出几滴油水。这一型的朋友最大的特点是仗着他是光棍,想用最少代价,或根本不出代价,去换货色十足的"面子"。

这三类耍无赖的朋友,任何一类在娱乐场合堂堂出现,都是一颗一碰就响的炸弹,所以娱乐场所不得不雇保镖同志,必要时来一个"兵来将挡,水来土掩"。越是民主自由的社会,这种现象越是普遍,所以娱乐场所雇用保镖,有其必要。夜巴黎否认它有保镖,无论在理论上和事实上都不可能。我们同情它有保镖,犹如同情孤立在郊区的深宅大院有几条狼狗先生一样。治安机关似乎不必责备,也不必查禁,责备固责备不出啥名堂,查禁更是查禁不了,如果社会有一天进步到根本没有耍赖的客人,而他们请保镖干啥?吃了烧包药乎。

我们同情娱乐场所雇用保镖同志,甚至无可奈何地也赞成这种保镖制度,盖凭天地良心说,那种地方,如果没有几个满脸杀气的彪形大汉坐镇弹压,耍无赖的朋友真能把天花板都翻过来。

——写到这里,柏杨先生对年轻小伙子有个建议,娱乐场所者,包括妓院、舞厅、歌厅,无一不是销金窟,非钱不行,而且把全世界的银子灌进去都灌不满。去玩的目的是消遣,而不是斗气,一个人应有勇气数数自己的钞票,没有"钱"而想在那些地方脸上光彩,恐怕光彩不起来,即令对方不得不笑脸承欢,心里固恨入骨髓也,这恨入骨髓就是定时炸弹,等你时背运去,该炸弹就响啦。常听有些以光棍自居的朋友悲愤填膺曰:"他妈的,老子从前一进门,他们把屁股撅多高,现在老子才不过——才不过调了差,他就翻脸不认人。"呜呼,知道不知道那撅多高的屁股里积蓄了多少愤怒和轻蔑乎哉？娱乐场所就是花钱的地方，铁定的有钱就是大爷，没钱就是瘪三，没钱就不要去，要去就得花钱。好像清华大学原子研究所召开原子能会议，那是一个研究原子的地方，你如果不懂原子，就不要参加，要参加就得有两把刷子，不能耍无赖进去，宣读了一遍九九表，就非叫人家心悦诚服地鼓掌不可。

柏杨先生谈了这么多，只是同情保镖的设立，但不同情保镖揍人，遇到一些非揍不可的场合时，则推出去可也。揍两拳表示一下这里没有甜头可吃，这里不是软柿子，以后别乱捏可也。而竟然把顾客打成重伤，便不可也。夜巴黎舞厅曾散发传单，说那两位记者先生如何如何先挑衅的，即令这些指控是真的，也不能构成揍出重伤的理由，即令舞厅是一种防卫，这防卫也过当，何况顾客已到了大街之上，也谈不到防卫乎。一个娱乐场所的保镖同志，把顾客追到门外，这种走着进来，爬着出去的威风，一旦滋长，舞厅不叫舞厅，而叫土匪窝矣。在堂堂闹区，光天化日之下，公开地开山收徒，不见血不收刀，恐怕真有路断人稀的一日。

——柏杨先生真是走运，那天我如果也赶上现场，也哀号曰："打人了呀！"今日写不成专栏矣。

生意是"和为贵"，做生意而雇用保镖，情不得已，未可厚非。但保镖也者，应只是消极的，功用在阻吓，而不是积极地出击，积极出击就是土匪窝——用现代话讲，岂不成了暗杀公司乎？据说，夜巴黎的保镖同志不支薪，也没有签约，而只是些地痞流氓，平常白玩，遇有节骨眼，老板眼角一瞄，他们就挺胸而上。这眼角一瞄真是传神之举，如果拍成电影，就一目了然啦，现在既然没有拍成电影，所以要抓他们的证据就有点难。但有一点，老板如不能说出那些保镖白吃白喝的代价是啥，恐怕就脱不了手。于此顺便建议所有的娱乐场所老板，直接请保镖也好，间接玩地痞流氓也好，必须加以约束。那就是，揍人时无论如何别超过两拳，像这一次把顾客揍成这种样子的土匪作风，实在胡涂加三级。

13. 又是开揍

第二桩揍记者的盛典最引人入胜，国联电影公司演员刘维斌先生，把记者老爷刘泽平先生，诱到他摆的八阵图里，先下最后通牒，再挥尊拳，把刘泽平先生揍得严重内伤，现在跟前一案的男主角一样，也躺在医院雪白的床上哼，而且因有高血压的老毛病，这一顿臭揍，血压就更高。

我们说这桩开揍引人入胜，得从“前三皇”“后五帝”介绍起，读者老爷才能明白。现在所有的读者老爷，因为天天看报的缘故，当然都明白啦，但过些时，没有看到报的读者老爷，就难明白矣，所以还是要介绍一番。此事的起因，跟国联公司的另一位女演员江青女士有关，写到这里，我老人家得插一句嘴，有关也者，并不是桃色方面有关，千万别往歪地方想，而是跟她的伙食有关。报上说，江青女士不在公司搭伙，要求公司退还伙食费。呜呼，现在的形势跟想当年“西施时代”不一样啦，“西施时代”，国联老板李翰祥先生跟江青女士水乳交融，说啥都行。自从江青女士嫁了人，李翰祥先生就暴起三角眼，而一个小伙计得罪了大老板，那就等于得罪了阎王爷，即令有啥好吃的，也没啥好看的矣。别扭已闹了不少日子，于是乎前一天，为了伙食问题，《中华日报》有一段报导，这一段报导促成了特别节目。且抄该报导于下，以免贵阁下手忙脚乱找报纸。

去年底，国联公司取消了伙食团，将原有的饭厅，改装成会客室，因此停止在公司做饭。在伙食未停止之前，凡是由香港来的国联员工，每月由公司津贴六百元台币，作为伙食费用，伙食团结束后，则改发伙食津贴六百元。江青是随国联由香港来的演员之一，但在她结婚之后，因为不在公司吃饭，那一份伙食津贴，不能干折拿回家去。

但自一月份起,国联停伙,所有香港来的员工都改发六百元伙食津贴,江青想别人都可以拿,她也应该可以拿,因此她跑到国联会计室,问出纳小姐,她是不是也有六百元。

会计小姐告诉她,上面没有交出她的名单,她没有那一份津贴。她奇怪为什么她会没有,她也是由香港来的,大家都有,她应该也有,过去因为伙食团没有取消,她不好意思要那笔伙食费,但现在伙食团取消,改发伙食费,她应该也有一份才合理。但站在她旁边的国联一位男演员,却阴森森地说:"你如果跟刘家昌办好离婚,住到公司里来,一定也有你一份。"这句话把江青气得直发抖,但也没法子吵架,只好回家。

这段报导并没有指出任何一个人的名字,但做贼心虚,那位阴森森先生首先如芒刺在背,于是乎毒从心头起,恶向胆边生,熟筹密虑,布下了天罗地网,然后打电话给那位蒙在鼓里的倒霉记者刘泽平先生,"请"他到"舍下"谈谈。刘泽平先生还不知道大祸临头,晕晕乎乎,应邀而往。

他阁下的中伏场面,和阴森森先生的英勇表演,各报纸都有报导,再抄一段台北《民族晚报》——

当时屋子里只有刘维斌一人,约莫过了两三分钟,国联编剧宋项如才敲门进入屋内,这时,刘维斌态度很不友善地问刘泽平:"你所写国联、江青新闻内,提到一位男演员对江青说:'你如果跟刘家昌办好离婚,住到公司里来,一定也有一份。'这位男演员是谁?这段话是谁说的?"刘泽平不愿对刘维斌的问题作答,刘维斌当即表示:"如果你不说出来,恐怕要闹笑话。"刘泽平说他当时并不在意,随口回答:"笑话也不必闹了,我们是法治国家,你认为我写得不对,你可以去函报社更正,或是去法院告我。"据刘泽平回忆当时的情形,刘维斌大声地吼了起来:"我没有空跟你打官司,我对法律并不重视,我服的是拳头。"这时,刘维斌从椅子上站了起来,脱下了西装上衣。刘泽平目睹此情,他说:"我是不受威胁与利诱的,别说拳头,就是刀、枪对着我，我也不会告诉你新闻来源的，你别像审问口供一样地审问我。”“你不说就别出大门。”刘维斌说。刘泽平不愿彼此真的伤和气，于是，他站起来，“好了，失陪了，我要走了！”他一边说一边走。正当刘泽平离开座位，拟从宋项如走出大门之际，刘维斌跳了起来，冷不防地一拳打在刘泽平的额前，接着又连续向左眼、右眼、嘴角等处，打了三拳。刘泽平说，他知道刘维斌是拳击选手，他打不过他，所以，他没有还手。正当刘泽平被打得头昏目眩之际，宋项如赶紧叫道：“怎么可以这样打人？”据刘泽平说，他在宋项如的帮忙之下，才逃出了刘维斌的家门。刘泽平现在已向有关方面报案，一方面疗伤，静待处理。刘泽平的太太，昨晚听说她的丈夫被演员殴伤，忍不住热泪夺眶而出，匆忙带着小女幼儿，赶到台大医院照顾。

呜呼，君见过篮球比赛时的拉拉队乎，众声赞曰：“打得好，打得妙，打得小秃呱呱叫。”真可以转赠给我们这位可敬的阴森森先生。医生说，刘泽平先生可能从此得下了头痛之疾，一用脑筋就头痛，果真如此，阴森森先生可买支鞭炮放放，以资庆祝矣。

国联电影公司是一个新兴的公司，老板李翰祥先生也是一个办法四射人物，过去在邵氏公司当伙计时，受够了气，如今当了老板，媳妇熬成了婆，就把过去受够了的气，原封不动地套到自己媳妇头上，失宠的被打入冷宫，得宠的就仗着后劲，认为天下无敌。

——柏杨先生想插一句嘴，夫一个人在当媳妇时痛恨婆婆的横蛮，在当了婆婆之后，却原封不动地套到自己的媳妇头上，乃人格的不统一，是我们社会停滞不进的主要原因。这种人对被迫害的愤怒，不是正义的，也不是愤怒迫害的本身，而只是愤怒怎么老天没眼，叫他受迫害而已。一旦他可以迫害人啦，他就大悦。国联公司似乎以勇于揍人闻名于世，报上说，就在上个月，也有一位演员老爷挥过老拳，把一位记者老爷（好像也是《中华日报》）揍得抱头鼠窜。

14. 拜拳主义

这一桩隆重的开揍，与前一桩隆重的开揍，本质上又有不同。前一桩被揍的朋友，还可以说纯是私人行为惹起的，而这一桩被揍的朋友，却纯是为了公事。夫演员打记者，并非空前，但打到重伤，打到脑震荡，就空前啦。柏杨先生还是老论调，一个人实在忍不住，挥上两拳，以示义愤填膺，未尝不可，但总不能超过两拳，即令超过两拳，也只能使出婆娘拳，而阴森森先生过去是有名的拳击选手，幸亏他阁下生在"说不准学"的中国，如果生在夷狄之邦，若美国焉，若英国焉，恐怕会大祸临头。盖夷狄之邦有这么一条规定，凡是拳击选手打人，统统以谋杀论罪，盖拳击选手的尊拳，普通人的骨架子是承受不起的也。

阴森森先生揍人已够精彩，而更精彩的是他那两句话，一曰"我对法律并不重视"，一曰"我服的是拳头"。但那拳头必须是大拳头，若匹夫之勇，拍案而起，关起门才天不怕地不怕，拳头的力量就有限啦。尤其是，如果人人都有这种正确的观念，只服拳头，则阴森森先生危矣。靠你那一小撮人，还敢在街上走路乎？势必有更多更结实的拳头奉还也。人都是长大的，没有谁是被拳头揍大的，玩刀者死于刀，玩枪者死于枪，拜金主义者终必给金殉葬，拜拳主义者终必栽到另外更狠的拳头上。

当然，阴森森先生也有他心如火烧的道理，盖记者老爷掀他的底牌，使他在老板跟前有失宠的危机。老板一看报纸，好呀，你原来也是一脸忠贞学，在背后戳我的屁股呀，就前途有限，后患无穷矣，他怎能不跳高哉？报上说，阴森森先生跟刘泽平先生本来是好朋友的，而刘泽平先生在报上，也经常对阴森森先生赞扬，而每赞扬一次，两人的友情就增进一次,一直增进到这次没有赞扬啦,才翻脸不认人,这友情想起来真没意思。

李翰祥先生对江青女士的嘴脸,包含着复杂的感情,我们管不了这一段,但有一段是十分明显的,由这一次老拳,可看出节骨眼何在。好像一切问题都发生在江青女士结了婚上,如果她阁下不结婚就好啦。既然不幸结了婚,如果她能闹个婚变,把臭男人一脚踢,也能恢复原状。否则的话,那就一步一个坑,叫她栽得脸肿唇青,以便回头是岸。如果她胆敢仍不后悔,恐怕那坑还要深些,说不定里面还会放些手榴弹之类。

——于是顺便建议演员老奶,要结婚时千万仔细思量,或者给柏杨先生一块钱,让我给你出个主意。其实这主意并不值一块钱,一句话说完,那就是,最好别结婚,江青女士就是前车之鉴。

写到这里,有一句哀求的话,叟言无忌,各位大爷千万别对我开揍,就是仅只两拳也别揍,敝人从头糟到尾,一拳就捅个窟窿,不如大人不把小人怪吧!

自从阴森森先生露了一手之后,台北市影剧记者们联合向国联公司要求保证安全,如果每位演员老爷都是拜拳主义者,大家就得天天穿铠甲去采访啦。国联公司老板李翰祥先生已表示准予备案,并宣布把阴森森先生记大过两次,停薪三月。还声明,凡在该公司"内",绝对不准动武殴斗,否则职员解雇,演员走路。这已经很够朋友啦,盖拜拳主义者在公司"外"动武殴斗,若阴森森先生者流,是在他舍下下手的,公司当然管不着,社会上也没理由要求公司管,做父母的还管不了孩子在外生事,何况只不过做生意开铺子乎?

第三桩对记者开揍的盛典,发生在桃园。这一桩与前两桩又有不同,前两桩记者老爷蒙打手爱戴,荣幸地担任了男主角,而桃园这一揍,每下愈况,记者老爷堕落为配角矣。不过配角虽是配角,其光荣的受伤程度则一。这件事情起因于一家戏院,原来桃园龟山乡苦苓村宏声戏院老板郑天宏先生,因为领不到使用执照,就率领了人马,男男女女,二十多个人,杀奔桃园县政府,把土木课课长游进益先生揍了一顿,课员老爷王景湖先生上来劝架,也被干了两下。报上说,几个回合下来,土木课伤“亡”惨重,被攻击的目标有杨锡麟先生焉,有黄明城先生焉,有赵光山先生焉,有林俊国先生焉,有邱进川先生焉,三作牌同志也免不了,有苏学先生焉,有穆培义先生焉,有吴恕人先生焉,有高鹏飞先生焉。另外,还有两位记者先生焉。

这两位倒霉朋友,一是《工商日报》记者刘洛文先生,一是《新生报》记者王夫先生。其中以刘洛文先生最为出色,他一看这场面真伟大呀,赶紧照相。呜呼,这岂是照相之地? 于是,除了把照相机隆重取消外,还恭请他阁下躺到医院床上。

——揍了半天,当事人倒没啥,到医院搽点药走啦,局外人却拔了尖,真是有幸有不幸也。但柏杨先生又要建议啦,年轻人遇到这种场合,千万别照相,要照的话也别明目张胆地照,偷偷地照可也。摄影记者如果有电视上“无敌情报员”那种打火机照相机,就妙不可言,你揍你的,俺吸支烟总可以吧,于是喀嚓一声,场面就上了镜头。但在还没有配备齐全前,务请提高警觉,至少要做到一点,那就是,照了就跑。

这种开揍盛典的来龙去脉,我们不管,郑天宏先生当然是自以为有气,才揍之以出气的,有些官儿实在气势凌人,但揍总不是办法(不过仍是老意见,即令揍也不能超过两拳,超过两拳就成了土匪啦),而且这两拳也得把握一点,冤有头,债有主,记者老爷既没有帮拳,揍他干啥? 而更把他揍成重伤,似乎开车开到岔道上。

这桩开揍盛典演变到最近,又出了花样,郑天宏先生还写了一封信给桃园县县长陈长寿先生,扬言要如何如何,警察局因该恐吓信用的是郑天宏先生的自用笺,疑心不会是他阁下写的,盖“无头信”的特质就是“无头”,一旦“有头”,就是“有头信”,而不是“无头信”矣,天下固没有这种傻瓜,用真名真姓去写恐吓信也。这种事,在第一桩开揍盛典发生后,《自立晚报》也曾遭遇过,有些貌似三山五岳的朋友,跑到《自立晚报》,拿出流氓特有的凶恶嘴脸,警告曰:“你们再敢在报上攻击夜巴黎舞厅,以后可别想出大门。”

这种恐吓只有吃了迷糊药的朋友才干得出来,再套句前面说过的话,人都是长大的,没有谁是吓大的也。但因为各人的智慧不同,说不定会有人以为吓吓也真能吓得人屙屎。

不过,我倒跟三作牌的见解一样,颇疑心该恐吓信并不是郑天宏先生写的。甚至于,我老人家还疑心那是郑天宏先生的仇人写的。明知道该信写出,一定搞得鸡飞猫叫,用之以陷害郑天宏先生也。同样的我也疑心那些三山五岳的朋友,跑到《自立晚报》撒野,说不定也是夜巴黎舞厅仇人栽的赃,以便增加对该舞厅的反感。

三桩开揍盛典介绍已毕,似乎有一项预感,现在才不过三月底,已发生了三次,以后的九个月日子,谁也不敢担保天下太平,故我们可以把今年隆重定名为"记者挨揍年",记者并不是特殊分子,挨揍有啥稀奇的,不过,往常开揍,都是光脚的揍有鞋穿的,这三桩开揍,却是有鞋穿的揍光脚的。记者老爷跟一文不名、被逼得走投无路的穷小子,当然有若巨大富翁,不但有鞋穿,还穿的是八百元一双的。但要是跟三位拜拳主义者摆在一起,就未免可怜兮兮啦。呜呼,光脚的揍有鞋穿的,固然是暴戾之气;反过来有鞋穿的揍光脚的,这暴戾之气就更为严重,而且好像有点缓不济急,赊的不如现的,揍了再说之感。反正老子有的是银子,尔等穷汉,"丢人不丢钱不算破财",俺大爷则"丢钱不丢人不算丢脸"。君子不见从前枪毙犯人,都要五花大绑,游一阵街,示一阵众乎?目的在于镇压别的坏蛋。开揍的意义大概也在这上,以便别的爬格纸动物触目惊心,否则的话,俺就动手,打你个脑震荡。反正势大财大,势大就坐不了牢,吃不了官司,财大顶多赔你几文。听说各案都在和解,有的更是已经和解成功。这年头,有钱真好。

不过,有一个意见得再重复一遍,暴力镇压不是万灵药,从前小民想造反,有灭九族、灭十族之刑,杀人如山,血流成河,但造反的事件仍乱往外冒,哪一个王朝不是被造反得不见了的哉?何况用两只拳头,对付芸芸众生,恐怕是揍不完的也。

15. 变

昔吾友齐国大夫晏婴先生奉派去楚国当大使,楚灵王芈熊围先生请他吃饭——也就是国宴。现在的国宴,全是理智的,男女老幼,每个人背上都绑着一根铁棍,挺得笔直,谁都不肯说一句真心话,脸上露着从模子里浇出来的千篇一律的笑容,你为我的国家干杯,我为你的国家干杯,然后再为两国永久的友谊喝一杯。反正酒都灌到自己的尊肚里。而古时候的国宴则不纯粹是理智的,更多时候还是感情的。春秋时晋国上军元帅郄克先生,鲁国上卿季孙行父先生,卫国上卿孙良夫先生,曹国大夫姬首先生,四个人凑合在一起,出使齐国。这四位全权代表虽然都有点来头,名闻国际,可是郄克先生是一个瞎子,只有一只眼;季孙行父先生是一个秃子,头顶光光,像大学堂穷教习;孙良夫先生是一个跛子,走起路来,一摇一晃,好像美丽的钟摆;姬首先生则是一个隆重的驼背。齐国皇太后——齐顷公姜无野先生的娘萧女士,童心不退,想要开开眼界,就在高台之上,观看景致。到了国宴那天,四国大使在台下经过,瞎眼的荣誉侍卫官是瞎眼,秃头的荣誉侍卫官是秃头,跛脚的荣誉侍卫官是跛脚,驼背的荣誉侍卫官是驼背,于是乎,双双对对,对对双双,萧老娘忍不住前仰后合,左右侍女,也都咭咭呱呱。这种女高音传了出来,四国大使才发现真相,第二天不告而别。这一别不当紧,四国在这四位重臣设计之下,终于组成联合兵团,向齐国进攻,把齐国打得落花流水,几乎连根都拔。

堂堂国宴中出现这种节目,也只有姜无野先生跟他娘想得出,他们老祖宗姜子牙先生在地下如果看了当天报纸,准会气活。但那个时代却是流行在国宴中恶作剧的也。吾友晏婴先生在芈熊围先生的酒席筵上,就碰到这场面,吃着喝着,忽然有几个三作牌,押解一个囚犯从殿下经过，芈熊围先生扯高嗓门问曰："嗨，那囚犯是啥地方人呀？"三作牌也扯高嗓门对曰："齐国人。"芈熊围先生又问啦："他犯了啥罪呀？"三作牌曰："强盗。"芈熊围先生有理不让人，问晏婴先生曰："老哥，你们齐国人怎么都喜欢当强盗呀？"

这简直是瞎胡闹，国宴当中，怎会冒出来绑赴刑场的场面？即令冒出，从芈熊围先生跟三作牌的一问一答，便是甲级傻瓜也会知道那是演电影的。如果遇到柏杨先生，一时情急，恐怕只有张口结舌，说不定还骂出"干你老母"。但晏婴先生到底学问冲天，徐徐对曰："我听说江南的橘子，移种到江北，就变成枳子。所以会这么变，环境使之然也。齐国人在齐国不当强盗，到了楚国，却喜欢当强盗，恐怕跟楚国有关。"弄得芈熊围先生下不了台。

橘子是啥，人人皆知，但枳子是啥，便不见得人人皆知矣。犹如豆浆油条是啥，人人皆知，臭狗屎是啥，人人就不知啦。盖大家都吃过豆浆油条，有谁吃过臭狗屎的哉？每年秋天之后，沿街都是卖橘子的，从没有听说有谁卖枳子的，便是想吃也吃不到。据说枳子长得跟橘子差不多，只是略小一点，略苦一点，皮略厚一点。晏婴先生说的是变种故事，《考工记》曰："橘逾淮而北为枳。"是不是真的因水土不服，就变了种，有赖植物学家给我们说明。柏杨先生想，变种的可能性恐怕很少，古之人也，大概看它们的长相差不多，就认为准同一个老祖宗啦，可能两者应该是两回事。

不过，南方有南方特有的气候和土壤，北方有北方特有的气候和土壤，橘子一到了淮河以北，虽变不成枳子，但该北方橘树所结的橘子，却是瘪三橘子——其干其硬，其涩其小，其垂头丧气，仅只看看都会使人不忍下咽。孙观汉先生曾巴巴地从台北把中国特有的大白菜种子带回美国，在他匹兹堡的后菜园中种了起来。到了应该丰收的时候，白菜虽然仍是白菜，却是可怜的白菜，瘦瘦的焉，瘪瘪的焉，其无精打采之状，幸亏孙先生有无限的祖国之思，才吃得津津有味，但他的夫人劳拉女士是美国人，没有祖国之思的，恐怕就皱眉啦。

这种变，是一种不知不觉的变，橘子从淮南搬到淮北，变成了枳子。大白菜从台北搬到匹兹堡,变成了瘦白菜。同样的,从美国搬到台湾来的东西,也同样会大变特变,变成了四不像,甚至变成了八不像,一百二十个不像。洋大人的银行到了台湾就成了当铺,洋大人斑马线到了台湾就成了陷阱,洋大人的自由到了台湾就成了拜拳主义,洋大人的法治到台湾就成了自由心证,洋大人的三权分立到了台湾就成了"司法行政部"隶属"行政院",洋大人的保证责任合作社到了台湾就成了谁都没有责任的地下钱庄,洋大人的监理所到了台湾就成了晚娘窝,人寿保险公司到了台湾简直几几乎要成为诈骗集团。等等等等,名称繁多,不胜备载。原因何在,一时也说不清,但总跟酱缸有关,纵是一条龙,酱到酱缸里,也飞不动;纵是一只虎,酱到酱缸里,也跳不出。非它们不是龙不是虎,它们固是生龙活虎,可是千年老酱把它们酱住啦,酱得晕晕乎乎,龙失去了腾云驾雾的本领,虎也失去了翻山越岭的本领,最初可能还不服气,可是日子久啦,等到龙酱成了虫,虎酱成了老鼠,也就心甘情愿啦。

举其中监理所跟人寿保险公司两项研究研究吧。呜呼,洋大人监理所,是一个公路安全机构,绝不是发财机构,也绝不是"整人为快乐之本"的机构,更绝不是保险公司的代理商。可是这玩意儿一到了台湾,就成了另一个模样。前天上午,一位朋友去办练习驾驶执照,拉我老人家和另外一个刚从美夷回来的小子,跟他作伴。仅只两个小时,我就决心买条麻绳上吊。后来想一想,上吊也没有用,也就自动撤销原意,但肚子则更膨胀。

中国跟日本的唯一差别是,日本模仿西洋,模仿啥像啥,中国模仿西洋,却模仿啥不像啥。同样的铁甲船,日本成了海上五强之一,中国却在炮筒上晒衣裳,甲午之战,稀里哗啦。同样的派遣留学生到西洋学手艺,伊藤博文先生回日本后,允许他大展鸿图,拯危救亡,辜鸿铭先生回中国之后,你挤我挤,把他挤得只好去教书。同样的,洋大人各机关衙门,都有服务台询问处的设置,中国官崽一瞧,这玩意儿妙不可言,就在屁股后直追,各机构也弄一个服务台询问处摆之。一旦到演习的那天,或是大家伙前呼后拥地光了临,服务台真是服务台,询问处也真是询问处,要草纸都有,问天上有几颗星都能和颜悦色,对答如流。可是真正小民需要服务,需要询问时,恐怕那张晚娘脸比车掌小姐还难看。这当然也难怪,面对着将来要分一份家产的前房孩子,她怎能欢喜起来哉。小民固然不是前房孩子,但你自以为不是没有用,她以为你是你就是。

台北监理所服务台,恐怕是全中国最可观的一个,别的衙门服务台,顶多晚娘脸,可是台北监理所服务台上的男先生和女小姐,还兼办其他高尚业务哩。柏杨先生去的那天(3月30日)上午,8时30分左右,朋友前往排队,我老人家正站在一旁发呆,忽然发现奇景,一位可敬的服务台老爷,瞪着一块钱那么大的眼,问一个站在柜台外茫然无主的客人曰:"你保了险没有?"客人曰:"保啦。"服务老爷曰:"哪一家?"客人曰:"第一保险公司。"服务老爷一听这话,脸色大变,厉声喝曰:"你为啥一定要第一保险公司?你说,你说。"客人还有啥说的,只好急曰:"哪家都是一样,我没成见呀,官长,你说哪家好?"

以后的话我老人家就听不清楚啦,一则自从前年起,耳朵有点聋,医生说这是年龄的关系,没法治疗,只有买个助听器才行。可是美国造的助听器要新台币一万多元,抽了我老人家的筋当麻绳卖,也不值这么大数目。二则服务老爷的尊手忽然拍到该客人的尊肩上,脸上笑容可掬,说话的声音非常温柔,也非常低而且细,该客人接着是勇猛地点头,于是服务老爷的态度就更亲切。不禁大奇,直到现在,我都弄不懂他阁下的嘴脸变得何其快耶?我想他肚子里一定有什么变压器之类。

还有一点弄不懂的是,监理所岂尚兼保险公司的掮客乎?该客人如果坚持着非在第一保险公司保险不可,他将会遭遇到啥?如果不兼掮客,服务老爷为啥那么恨第一保险公司?如果兼拉保险,则佣金是归监理所,抑下到他阁下私人的腰包里乎?

16. 狼 群

监理所是晚娘窝,该窝乃大窝,大窝中还有小窝,第一小晚娘窝是服务台,第二小晚娘窝似乎是医务室(名称是不是叫“医务室”,柏杨先生气得头昏眼花,记不清楚啦),该室内女晚娘占三分之二,男晚娘占三分之一。我老人家说那里也是晚娘窝,严格地说,并不十分正确,盖男女晚娘对外虽全体团结一致,英明地摆出晚娘架式,对内却笑逐颜开,和善得不得了哩。

吾友在排队的时候,柏杨先生就把尊脸贴到窗玻璃上往里乱看,只见一位窈窕淑女,正在洗脸盆里洗她的玉手,洗毕之后,再用一条天下奇脏的毛巾,徐徐擦她的玉臂(顺便建议当权派官崽,那条毛巾实在太脏,好像刚用来擦过饭馆的桌子。最好换上一条新的,也是体恤下情之道。如果该毛巾是自备的,则就更要建议啦,似乎洗涤干净为宜,我敢跟那位窈窕淑女赌一块钱,该毛巾上恐怕至少有五千万个细菌,对冰肌嫩肤,恐怕有伤害也)。该窈窕淑女一面用该肮脏的毛巾擦她的玉臂,一面跟其他几位女晚娘咭咭呱呱,高谈阔论。有的说做毛线衣如何,有的说做衣服如何,有的说带孩子如何,就是没有说工作如何,一旦说工作如何啦,尊脸立刻像窗帘一样地拉了下来,好像和那些前来办理申请的可怜分子,都有血海深仇,必须换出可怖的面孔,才心安理得也。

这时候其中一位女晚娘正在给一个可怜分子作“方向盘测验”,一面娇声喝曰:“你这么笨,还开汽车,怎能不压死人?”一面用玉手中的铅笔不厌烦猛敲桌子,把可怜分子训得面无人色。该室内种种测验,在各位男女晚娘讲起来,当然了如指掌,可是受测验的人却是平生第一次碰到,似乎应该略微讲解,等可怜分子定神之后,再加测验。过了一会,换了一个白衣服老头,领着一个西装革履的年轻人坐上去,没有一分钟,白衣服老头就大怒曰:“你怎么搞的,这么简单都不会?”把该西装革履挖苦得手足无措。呜呼,简单不简单,不能这么下定义,把该白衣服老头弄到柏府厕所间,他也会发现很是复杂也。

——该白衣服老头似乎一直面带杀气,使人起敬起畏,我想他阁下的年龄似乎可以退休啦,即令年龄仍可熬一熬,但他阁下的工作情绪,也可以卷铺盖矣。

呜呼,“不耐烦”似乎是中国人的特质,吾友拿着他的申请单,请他们加盖一个图章,晚娘脸立刻冷冷曰:“这个我们不管。”吾友曰:“为啥不管?”晚娘脸曰:“不管就是不管,你告我好啦!”噫,小民去啥地方告晚娘呀?

吾友上午在监理所泡了两个小时,不但没领到练习驾驶执照,反而等于没有泡,他阁下手执申请表,努力排队,好容易挤到窗口,晚娘曰:“去买印花。”好吧,买印花就买印花,买印花回来,又是一条长龙,于是再排,又好容易挤到窗口,晚娘曰:“到医务室盖章。”好吧,盖章就盖章,到医务室盖章的结果,当然是没有盖上章,盖监理所不承认卫生所的证明,好像卫生所是法国人开的。吾友急得跳脚,跳脚的结果是更增加晚娘对他的刁难,固办不了事也。那位从美夷刚回国的朋友皱眉曰:“我在芝加哥考驾驶执照时,连考带领,没有用到一个钟头,而且他们的办事人,都是和和气气的,好像我不是外国穷留学生,而是美国的大家伙。”当时我就瞪了他两眼,这种人无以名之,只好名之曰不开窍,如果一个钟头就能办妥,小官崽就没威风啦。而且我也颇疑心他存心不良,故意破坏政府威信,于是就跟他站得远远的,以示忠贞。

但我也奇怪,把可怜分子折磨得这么跑来跑去,对晚娘有啥好处哉?难道晚娘真的就能多长几两肉乎?当天下午,这位朋友又去啦,而且又把我老人家拉去壮胆。去了之后,照样排队,一直排到两点四十分。二十二,二十三,二十四,三个窗口仍空空如也,连个老鼠都没有,但窗口之内却人头攒动,吃茶的焉,吸烟的焉,聊天的焉,一个个都恢复了人性,只有排长龙的朋友像踏到火炭上。一个台湾朋友骂曰:“干你老母,爱郎去困啦。”另一个四川朋友也念念有词曰:“那么一点点空,就去搞一下。”我老人家一向都是非常正义的,以他口出不逊,急忙怒目以视,他反而以为我同情他,诉苦曰:“格老子,上午十一点半她就收拾小包走啦,叫我下午来,她们的时间值钱,老子的时间不值钱,肏她先人板板。”

——对不起,我是照本实发,我想那些早退兼迟到的小姐,恐怕耳朵天天都会发烧。

准时上班而肯体念小民的,只有十五号窗口的那位小姑娘,她看大家在外边急得不成样子,就赶过来帮忙。呜呼,可惜不知道她的姓名,中国人是一个最容易满足的民族,仅这一点善意,窗外的长龙就有说不尽的感激矣。

——要声明一点的,我可跟十五号窗口的那位小姑娘无怨无仇,不是存心敲她的饭碗。基于反淘汰定律,众晚娘一旦发现她受到赞扬,恐怕她要被挤垮。写到这里,心中颇戚戚焉,但愿上帝与她同在。

这些不过是几个小时观山观景来的,并没有深入,读者老爷来了不少指示迷津的信,一一拜读,除了叹气外,又想上吊。嗟夫,政府花钱请些晚娘脸来专门为政府制造仇恨,这道理就深奥难懂矣。

17. 发 烧

柏杨先生家乡有句俗话,曰“痛疮热病”,探病的朋友在听了别人诉苦之后,总要这么说上一句,安慰安慰。意思是说,尊疮如果不痛,或者已经躺床啦,竟然仍不发烧,问题才严重。如果尊疮奇痛,而又浑身都烫,那就没啥,可放一百二十个心,用不了多久,就又活蹦乱跳矣。

我老人家一直疑心这个谚语的真实性，夫任何谚语（这里特别强调“任何”，没有老滑头“大多数”），都是人类智慧兼经验的结晶，绝不会有错，即令有错，也是虽不中不远矣，不会有啥大错，更不会坑人。但这个四字谚却有点不对劲，疮痛啦就没啥，则砍杀尔也是痛的，而且痛得要命，难道也没啥乎？害病只要发烧就没啥，难道烧到八十七度也没啥乎？大概乡下人不知天高地厚，没见过多少病也。

但这些年来，柏杨先生自梦见吾祖柏拉图先生授我一支八彩笔之后，学问大增（昔江淹先生和李白先生梦到的都是五彩笔，我老人家必须多出三彩，才能表示不同凡品。反正是唬人，要唬就得狠点唬），想一想这四字谚语，固也是敲也敲不烂的真理，盖虽然是安慰的话，同时也是警惕的话。身上任何一个地方痛啦，就是危险的信号。体温一旦超过三十八度，也同样是危险的信号。剑及履及地请医生吃药，容易痊愈。一个人如果天生异禀，既不知道痛，也不会发热，恐怕要糟。

——据说世界上确实也有这种异禀之人，猛一想这种人真舒服，普通人忽冬一声，尊头撞到南墙上，看他哎哟哎哟叫得热闹吧。而异禀朋友却满不在乎，真叫人羡煞也。我老人家小时候就亲眼看见过不怕蝎子螫的，蝎子螫他就像螫到木头上，这种人对毒蛇大概也能避邪。问题是，撞到南墙上不痛，蝎子螫啦也不痛，固然妙不可言，但如果把腿砍啦也不痛，就非常严重。纽约有个年轻人，冬天睡觉，翻身时把尊脚伸到火炉上，第二天睁开虚脱的尊眼一看，脚没有啦，盖烧掉啦，如果不是医生来得快，他连命也没有矣。这种异禀分子最大的危险是永远得不到“痛”和“烧”的信号，以致无法及时治疗。最普通的现象是，他可能因手指上割破了一个小口而流血至死。不幸吞下一大把大头针，他虽不在乎，可是大头针并不因他不在乎而不刺穿他的胃壁。

问题的关键就在这里，痛固然难受，烧也使人昏迷，但它的功用却是亮出红灯，让一个自以为很健康的人，知道大事就要不好。治得早,治得恰当,就恢复健康。如果假装没有看见,或者看见啦觉得没啥,拖延下去,小病变成大病,大病要了尊命,到五脏六腑都臭啦,念咒都来不及矣。

人的身子会亮红灯,社会也会亮红灯,行业同样也会亮红灯。已经警告你有了毛病,再不吃药打针,开肠剖肚,岂不要烂了乎?人身烂啦不过自己死亡,社会或行业烂啦,小焉者坑坑小民,大焉者能使国家陷于混乱,政府陷于解体。这不是柏杨先生危言耸听,故意扯嗓门。带着血的史迹,点点斑斑,固叫人紧张也。人之异于禽兽者,在于人能在错误行为中吸收教训,如果大脑都酱成了水门汀,连教训都不能吸收,还说别的啥哉。

台湾的人寿保险公司,五六年前,就像大雨后的"狗屎苔"一样,纷纷往外乱冒。"狗屎苔"的学名是啥,我们不知道,只知道其模样很像一把小伞,可是不能吃。为啥不能吃,我们也不知道,只是从没有见过谁吃狗屎苔的,大概有毒,也大概其味不够高级。春夏之际,一阵雨后,墙角阴暗处或石头四周,有的是这玩意儿,乡下人认为那是因为狗先生撒了尿才长出来的,喻其来路不明,后劲不足也。

我们说人寿保险公司五六年前如"雨后狗屎苔",而没说如"雨后春笋",实在是这些时心里有点别扭,盖笋还可做出名菜,长大了至少可长成竹子,而狗屎苔发展到顶尖不过仍是狗屎苔。呜呼,当人寿保险公司如雨后狗屎苔般,纷纷往外乱冒的时候,互相竞争,不但互相竞争,而且凶恶竞争,为了争取客户,各家都雇了妙龄女郎,既娇又嗲,除了不跳脱衣舞外,啥手段都使得出。柏杨先生两年前就有这种艳遇,艳遇的结果是迷迷糊糊地在国光人寿保险公司,保了个五年期的一万元的险,一个月缴一百五十九元,迄今已缴了三十一个月啦,缴得我筋疲力尽。有一次朋友们聚餐,谈起保险来,我得意洋洋宣布这项伟大投资,想不到全体哗然曰:"啊呀,还有脸说哩,大家伙的一条狗也不止保一万元。"真使我老人家伤心。不过屈指细数,再过二十九个月而仍朕躬康泰的话,就可结结实实领回已缴的一万元,一万元合美金二百五十元,够我老人家过一阵六亲不认的日子啦。

柏杨先生这一万元的保险，按照该公司的规定，在期限之内，如果害了霍乱，一命归天，保险公司就赔偿两万元（这可比得上一条狗先生吧），如果不是横死，而是大限已到，寿终太平间，则以"全保险期间月数之比例乘以保险金额给付"（这是一句"行话"，行外人很难弄懂，又因为迄今为止，还没有死过，所以也没有前往领取的经验，到底可拿到多少，只有凭天断）。如果没有死，而受了伤，则给五千元，受了重伤，好比说一条腿没啦，则跟大限已到，寿终太平间一样给钱。

18. 见血封喉

柏杨先生自从保了人寿之险，国光公司就很信用地每月派员前来收款。该员客气非常，见面就鞠躬，一个月一百多元，他阁下就要跑上一趟，实在过意不去。我乃是有钱之人，有时候钱多得受不了，就一次付给他两个月的，最高的时候，索性预缴三个月，他阁下的礼貌就更周到啦。这跟电视机分期付款不同，盖电视机已搬到家里，付起来未免心疼。而人寿保险却是老鼠拉木杆，大头在后面，希望无穷也，这些时一想起再过二十九个月就有一万元收入，精神即为之大振，而且肚胀不可开交时，念及驾崩之后，老妻暨小孙女可以凭尸领款，也颇心安理得。

不过，最近忽然有点心惊肉跳的感觉，盖有些人寿保险公司出了花样。报上说，有些人寿保险公司，在开始时派员收款，倒是非常信用本位的，但等到眼看就要期满，暗室之中，密谋起矣。大概是几个绝顶聪明之士，交头接耳一商量，认为最美妙的事莫过于眼看就要期满的客户，忽然鬼迷心窍，拒绝缴保险费啦。则合约一撕，已缴的钱就下了绝顶聪明的腰包。称心如意，还有逾于此者乎？不要说有五万十万二十万的保险啦，就像柏杨先生，只保一条狗的价钱一万元吧，等到缴了八千元之后，忽然拒绝再缴保险费，则已缴的八千元就等于掉到水井里。一个人八千元，十个人八万元，一百个人八十万元，一千个人八百万元，一万个人八千万元。噫，不能再算下去啦，再算下去我老人家的心脏病就要爆发。绝顶聪明人士真是洪福冲天，坐以待币，纵使家里有个印钞票机，都不好意思印这么多也。

问题是，用啥办法使可怜分子忽然鬼迷心窍乎？任何一个天衣无缝的构想，如果不能实行，只能称之为一厢情愿的连绵春梦，再白痴的客户既然已勒裤带勒出了八千元，便是下手去偷，也会再偷二千元。绝顶聪明之士，大概是喝人血长大的，一想就想出了见血封喉的绝招。

喝人血长大的见血封喉绝招是，忽然间不派人收款啦。客户们差不多都为了生活，手忙脚乱，除非电影上那种靠勒索保险为生的男主角，谁天天屈着手指数日子哉。于是乎，恍恍惚惚，过了限期。好啦，喝人血长大的就是等你过了限期的。到了限期届满那一天下午五点钟，墙上的钟当当当当当一响，你阁下指望着仍可领回的八千元，就咕咚一声掉到喝人血长大的裤裆里啦。该喝人血长大的坐在梁山泊忠义堂上，用御手把算盘一拨，噫，张三先生过期啦，八千元入库矣；李四先生过期啦，八万元入库矣；王五先生过期啦，八十万元入库矣。面对着前仆后继的一些糊涂虫，心里一高兴，说不定马上就唱起歌来。

这个“限期”是法定的界线，等到客户恍然大悟，已来不及矣，有法律做喝人血长大的后盾，便是请太白金星当法官，都赢不了他。盖法律只管你越限不越限，逾期不逾期，不管喝人血的派人收款不派人收款也。想出这一着的朋友，真是黑社会高手，盖派人趋府收款，不是服务周到，而只是养成客户一种被动的好习惯，以为人寿保险公司真是把他当成活宝。谁知道他就是要你产生这种心理，才好揪你的小辫子也。报上说，这种现象已造成无数纠纷，但喝人血的固安如泰山。你说啥，俺没派人来收？笑话，合约上哪一条规定俺必须派人收款的？你阁下应该像太太小姐算准自己的月经日期一样，也算准截止日期,诚惶诚恐来本公司缴钱才对呀。你又说啥?俺干没你的钱,你那几两碎银子,连买个轮胎上的螺丝钉都不够,送给俺俺都扔到水沟里。

如此这般,情理法三样,喝人血的就占了三样,倒霉分子只好占额外的干瞪眼一样。另外还有一样,那就是吵架,吵架当然吵不出来钱。但虽然吵不出来钱,却吵出来社会问题,立法院已经有立法委员提出质询,而舆论也不断有人抨击。《自立晚报》上个月的"方块文章"就曾提出三项强烈主张,一曰:凡是不继续派人收款的,应视为已收款论。二曰:凡是过了限期的,应准许补缴,补缴啦合约就继续有效。三曰:凡是不赔偿或到期不退钱的,应以诈欺及扰乱战时金融罪,把喝人血的交付军法审判。

这三项主张痛快淋漓,等于照喝人血的拦头一棒,柏杨先生跳着高赞成——但却是原则赞成。

19. 用重典

俗不云乎:"治乱世,用重典。"用重典对不对,属于另外一个问题,即令对的话,也必须有一个前提,那就是,不能借着"用重典"而努力栽赃,使被重了典的人含冤莫伸。只要做到这一点,则重一点典,也未尝不可。好比说,现在重了典啦,凡在街上吐一口痰的,一律处决,我老人家忍不住吐了一口,拉出去砍掉尊头,虽然一肚子气,也没啥可说的。但如果我老人家并没有吐痰,而是另一个家伙吐的,我只不过在那地方练习练习咳嗽罢啦,也拉出杀掉,就不是用重典,而是用乱典矣。用乱典的结果是,表面上天下太平,愤怒的火焰却在社会深处燃烧,必然有一天把用乱典的朋友烧得少皮没毛。

抗战前后,河南省就出了一位治乱世用乱典的别廷芳先生,他的辖区有五六个县,真是夜不闭户,路不拾遗,前往视察的大头目,无不啧啧称赞。只有柏杨先生觉得有点不对劲,举一个例子就可以看出为啥不对劲。当时传播很广的别廷芳先生轶事中,有这么一件,一个小孩顺手折了一棵麦穗,别廷芳先生就把他枪了毙,他的理由是:"这小子,这么一点年纪就偷东西,长大了还得了乎?"在这种畸形心理之下,遂产生了像油炸西瓜一样,表里不一的畸形社会,结果别廷芳先生烜赫一时的所谓"宛西"钢铁江山,只能使手无寸铁的小民口服心不服,一旦有一点点外力,就稀里哗啦,跌个粉碎。

人寿保险公司派员收款,恐怕少不了有些客户拖延的,我就看见过一位朋友,向收款员呐喊曰:"明天来,明天来。"收款员曰:"先生,你昨天叫我今天来的呀!"朋友曰:"今天没钱。"在他阁下尊眼里,收款员成了打饥荒叫花子矣。除了这种镜头,在意料中的,一定还有其他镜头,盖天下之大,无奇不有,说不定就有人后劲不继,实在无力抗战到底,甘愿牺牲已缴的那几两银子,发狠曰:"给龟儿子买药吃吧!"遇到这种情形,固不应一律咬定都是老板存心不良也。

不过,这只是技术问题。客户拖延,或收款员去一次不在,再去一次又不在,或客人吃了耗子药,搬了家啦;则人寿保险公司应该到邮局寄一封存证的挂号信,通知客户去公司缴钱,用红字警告他说,某日前如果再不送款,他已缴的钱就石沉大海。至少应有这么一封信,才算尽到职责,如果退了回来,则这封信应原封不动保存,以便将来纠纷起来时查证,同时也防喝人血的朋友故意把地址写错,打客人的马虎眼。

我们不是为人寿保险公司辩护,而只是要求调查清楚,弄明白是客人捣的鬼乎?抑喝人血的捣鬼乎?如果是客人自己走错了路,那么走错路的应付走错路的代价。去年柏杨先生看过一场电影,片名偶忘之矣,但因为那位漂亮的女主角竟糊里糊涂跟退职的保险公司调查员睡了一觉,心中很是生气,印象就十分深刻。一对夫妇,丈夫摔飞机的前一天,保险到期,没有再缴保险费,自然无法赔偿。该丈夫急得发疯,号曰:"我只是忙,忘记罢啦,支票早已经开好,你们可以派人现在就到我家调查该支票是不是开好的呀!”经理先生一语不发,只拉下死人脸来对着该丈夫。该丈夫想了半天,狼狈撤退,但从此他就恨透了保险公司,跟太太计议,非发保险财不可,剧情就在这一段怨劲下展开。

该丈夫恨保险公司是没有道理的,任何傻瓜都不能一手补收你一百元,而另一手同时付给你一万元。贵阁下昨天缴了保险费,他今天赔钱,有苦说不出,只有甘认倒霉。而出了事再去补缴,没谁肯干这种卖儿卖女的事也。一个年轻太太打电话给保险公司,说要保火险,老板曰:“你住在啥地方呀,我们明天就把保单送上。”该太太急曰:“那怎么行,火已烧到客厅里啦。”呜呼,我想保险公司恐怕不能为她服务。

但如果是喝人血的在那里捣鬼,就非常紧张矣。前已言之,这显然已成了社会问题,起码是社会问题的红灯,警告要发生社会问题啦。当初保险公司如雨后狗屎苔,纷纷乱往外冒的时候,觉得五年焉,十年焉,好像远在天边,先把钱弄到手再说,说不定只到一半,天就会塌、地就会陷哩。即令天地完整如初,说不定物价飞涨,通货膨胀,则当初一元有一元购买力时收进,届时一元只剩下一毛钱的购买力付出,俺不发财,难道王八蛋发财乎?

偏偏不如意事常八九,眼看着五年十年,匆匆过去,天也没有塌,地也没有陷,物价也没有太涨,通货也没有怎么膨胀,而退钱的日子却像诺曼底登陆的盟国军舰一样,一望无际,逼面而来,烦恼就开始大啦。而也正因为如此,我们才感觉到这不是一个人两个人的保险金被吞没的问题,而是牵连广大,空前诈骗的社会问题。大家满期的日子,既迫在眉睫,一个人两个人的厄运不过只是痛疮热病。如不赶紧治疗,等到几千人几万人的血都被喝到绝顶聪明之士肚子里,恐怕双料的情理法都阻挡不住其后果也。

20. 亮了红灯

我想，有权的主管衙门，在人寿保险公司的疮刚痛，和体温刚上升时，就应下手检查检查，照照爱克斯光。如果错在客户，当然支持人寿保险公司。如果错在人寿保险公司，则就应支持客户。立法委员已在立法院质了询，舆论也颇努力呐喊，总不好意思说木宰羊吧。

——不过到现在为止，人寿保险公司到底归谁管，恐怕说不清。中国官场有一种最起劲的传统是，任何一件屁事，准有“一表八千里”拐弯抹角的亲戚插上一脚，别瞧他无责一身轻，却是成事不足，坏事有余；谁都有权，却谁都无权。你阁下有没有胆量跟我赌一块钱乎，打赌人寿保险公司当初成立，绝不是一个单位依照法令批准的，准定是代表如云通过的也。好比台北市第八信用合作社，忽然倒了闭，小民的支票，一时措手不及，退了三次，法院就下令通缉抓人。可是台北市第八信用合作社却说不付就不付，别看它当初登记时盖章通过的人，如雨后狗屎苔，没事时管上几管的人，也如雨后狗屎苔，但一旦说不付就不付，就各人猛缩各人的头，谁都不敢露脸矣。这跟恰到好处时努力伸脖子，唯恐漏了自己的一份，诚是引人入胜的绝妙对比也。

——于是乎，虽然大家已嚷了很久，虽然人寿保险公司已亮了红灯，势必要等到事情闹大啦，闹得进了棺材，或是喝人血的喝到炸弹上，轰然一声，到那时候，有人被捏着，才会伸脖子也。是不是如此壮观，拭目以待。

保险这玩意儿，在洋大人之国，本是橘子的焉，到了中国，忽然变成枳子，只能怪酱缸太深太浓，把好好的上帝教会，都能酱成诈骗集团。君不见台北“主爱中心”的负责人坐了牢乎哉？但这并不影响它原是橘子,也不影响它原是上帝的教会,因之中国人也没有理由埋怨上帝的教会和保险坑人,顶多只能说枳子坑人,不能说橘子坑人也。

一句话说完,保险也者,不是保险被保的家伙不受损失,而只是用金钱去补偿那种损失,精神和物质往往是相连的,所以即令是精神上的损失,也勉强可以用金钱去衡量。精神领域中最重要的角色是老命,一个人一旦老命没啦,当然四大皆空。但干保险的朋友掐指一算,却能算出贵老命值几两银子,然后照价付款。啥都有价,也是天下怪事,但这怪事也是不得已逼出来的,总比无价要妥善一点也。

老命竟然有价,这是洋大人的发明,周弃子先生曾曰"人大病大,人小病小",老命亦然,大概"人大命贵,人小命贱"也,若柏杨先生的老命,只值一万元,也就是美金二百五十元,比起女电影明星的一条腿值美金二十万元来,简直脸上挂不住。不过人家一条腿跳起舞来,能把别人的钱跳到她银行的户头里,柏杨先生写起文来,却只能把别人写得暴跳如雷,二者自不可同日而语也。

然而,我老人家就是保这一万元的险,也不简单。早在人寿保险公司如雨后狗屎苔往外乱冒时,老妻就怂恿曰:"老头,你阁下这么一大把年纪,应该保个寿险啦,万一有天也来个神岗上空节目,我祖孙二人就有个依靠。"神岗上空节目者,读者老爷恐怕已忘之矣,但在当时固妇孺皆知,来台北参加亚洲影展的陆运涛先生跟台湾几个四五流头目,在台中县神岗乡上空飞机失事。老妻发表这番言论时,正逢神岗上空节目发生不久,故尔顺手牵羊,并不是说我老人家的地位忽然高涨,也可以陪飞陪葬。而是说我每天在赤日之下,跑来跑去,万一民航公司又有一架既不老也不旧的飞机掉下来,而又很正确地掉到我的尊头上,就不如早日保上一险。

不过,我仍是迟了将近一年,才保一万元。盖我老人家不是没有见过世面之人,从前阔时,固也曾保过寿险的。世纪初叶时,我在张勋大帅麾下当官,就应朋友之劝,保了一万元的险(那时一万元的购买力,高于现在一百万。以脚踏车为例,那时一万元可买一千辆三枪牌，现在的一百万元，顶多买八百辆而已），时间是二十年。那时候人寿保险可能还不流行，喝人血的大概也不准备到时候要赖玩狠，所以挑选主顾，就好像岳母大人挑选女婿，年过六十的老头，虽然壮得像一匹小白马，也打回票。柏杨先生那时正是十八岁姑娘一朵花年龄，进得人寿保险公司大门，就被一个穿白衣服的家伙剥去衣服，在胸脯上乱敲一阵，接着量体重，量身高，看脸色，又被勒令吐了口痰，屙了泡屎，最后又叫尿到一个罐子里，名目繁多，不及备载。一直到了第三天，通知来啦，说我老人家朕躬康泰，乃天下第一等货色，这才收钱。有很多小子，看起来满面红光，却是金玉其外，败絮其中，检查的结果是棉花店失火——免谈，你缴双倍的钱他都不要。

想不到时代真是进步，雨后狗屎苔的人寿公司，却有孔丘先生的气魄，自行掏钱以上者，有保无类，管你得了砍杀尔没有，管你接了阎王老爷的请帖没有，反正你只要给俺钱，俺就保你险。

21. 保险诈骗

柏杨先生投保一万元的人寿险，当时就立定决心，只要人寿保险公司把我叫去检查身体，我一进门就打一个飞腿，叫当权派瞧瞧，一个人生在乱世，能活到我这么一大把年纪，真不简单，怎能说死就死乎？不过我准备了那么久，也没有打成飞腿。前已言之，现在的保险，连人的长相是啥都不看，只要给钱就行，而且花样翻新，定名曰"储蓄保险"。到了保险期满，而仍然不死，就把所缴的钱如数退回，真是万分慷慨。但说起来固主客两利也，老板阶级每月收进银子，期满后实数发还，净赚利息都够他享福啦，即令或死或伤，顶多不过赔上两倍，其数也微乎其微，如果不花天酒地，玩女人又被女人玩，真是神仙生意。但现在喝人血的搞出的要赖手段，恐怕也跟他们钱来得太容易有关。

——不过直到今天为止,国光人寿保险公司还没有对我老人家暗下毒手,似乎仍一直派员前来收款,于此特别请该公司见怜,要坑就找十万二十万的户头坑,千万别坑像我这种一条狗都不如的价钱。如果把我坑啦,届时我老人家一上吊,老妻带上小孙女去贵公司一闹,就不十分愉快啦。再附带声明一声,我老人家可是天天下午兼晚上,都在家孵豆芽,等天主往嘴巴里掉面包的,而且在保险期满之前,也绝不搬家,四邻为证,立此存照,别找科学根据说找不着我老人家。

无论如何,现在的保险业真是黄金时代,经纪人是嗲声嗲气的太太小姐也好,是一脸正经的大人先生也好,只要往客厅里一坐,把好腿压到坏腿上,侃侃而谈,洗耳恭听之余,芳心忍不住就会大动,叫保啥险就保啥险。不得不羡慕他们晚生五十年,吉星当头,如果早生五十年,可能会皮破血流,被气急败坏的主人翁赶出大门。盖柏杨先生年轻时,风气未开,干保险的朋友招揽保险,好像深入蛮荒的传教士,寸步难行。当时人们对死亡和伤残的看法大概可分为三类:一曰"说不清理",一曰"神经衰弱",一曰"死了管他娘"。三类中碰到一类,险就保不成。

说不清理的朋友,感谢上帝,现在可能死光啦。——不是其他行业上说不清理的可能死光啦,而是只在保险业上,说不清理的可能死光,但从前固多得是也。记得中华民国刚成立不久,北京有个洋大人,带着翻译,亲自出马,最初访问的当然都是西崽之家。夫西崽者,平生最崇拜洋大人,洋大人既亲自驾到,不要说保险啦,就是叫他脱裤子都干。但西崽人数究竟有限,乃逐渐地跟正常中国人接触,就说不清的理,碰不完的钉子矣。

柏杨先生有位舅父大人,就是说不清理的拔尖人物。洋大人请他保险,他曰:"好呀,二百两银子我都保,保我活到九十九。"洋大人曰:"这种险难保。"舅父大人曰:"这种险难保,啥种险易保?"洋大人无奈,只好改变主意,请他保火险,舅父大人变色曰:"看你貌不惊人,言不压众,却能保我家不失火?神仙神仙,稀奇稀奇。"如此如此,怎么说都说不通,除非洋大人现出火龙原形叫舅父大人瞧瞧,而且还对天发誓,保证不乱窜乱烧,他才肯保。洋大人当然变不出火龙来,只好垂头丧气。从此舅父大人就成了那一带坝子上的圣人,大家均尊敬他舌战洋人,没有上鬼子们的当也。

神经衰弱现象今天颇为严重,可推测古时更不得了。也是柏杨先生一位亲戚,新婚的第二天,新娘还没回门哩,就有一位油头粉面(洋大人对付西崽,绰绰有余,对付小民未免不足,以后就很少自己出面,改由买办出面),冒冒失失,登门造访,三句话还没寒暄完,他就说到正题曰:"你阁下刚结了婚,对妻子和未来的儿女,责任重大,最好保个寿险,就高枕无忧啦。"亲戚问曰:"请说说保寿险有啥好处。"油头粉面曰:"好比说,你不幸死啦……"一语未了,只听一声响亮,一只泡着高级茶叶,专门招待贵宾用的茶盅,就很正确地砸到他的尊鼻上,敝亲戚和他的家人一齐跳高曰:"好小子,人家新婚燕尔,大喜日子,你却来发咒!"幸亏该油头粉面跑得比兔子还快,否则不得了也。

同样精彩的,推销火险时,也可能挨上茶盅。现在人心不古,啥都不在乎,刚买了新房子,第一件事就是想到失火。可是从前却不敢想,只要往这上一想就霉运当头。呜呼,你啥话不能说,偏说失火,这不是存心捣乱是啥?不揍你难道揍秦始皇乎?

神经衰弱最怕老实话,不管是恶意的老实话或善意的老实话,也不管是有意的老实话或无意的老实话,反正只要是老实话,他就认为都是包藏祸心。日久天长,包藏祸心也就成了老实话的代名词。不过神经衰弱磨刀霍霍的时候,不好意思说因你说老实话杀你,就只好说你包藏祸心杀你。贵阁下读过一则尴尬场面的故事乎?《笑林广记》上载,一个人好说老实话,别人大厦落成,他去道贺,按了半天电铃,没人开门,他曰:"怎么啦,人都死光啦。"主人出来曰:"这算啥,我花了十万两银子盖的华屋,怎的胡说八道。"他曰:"十万?你唬谁?我看顶多只值七万。"主人大怒曰:"老哥,我并不卖,你讨什么价还什么价?"他曰:"我看你还是卖了好,遇到一场大火,烧个片瓦无存,就一两银子都不值。"

22. 有此必要

从这一次之后,他阁下恶名在外,谁都不敢沾他。有一天,一位百万富翁老夫妇得了个头生儿子,高兴得不得了,大家纷纷往贺,他也要去,朋友不肯,他发誓永不开口,这才算去啦。从头到尾,果然没有出错,大家暗自称奇。临辞行时,主人送到大门,他阁下曰:"有钱大爷,我这次连一句话都没说,你儿子明天抽四六风死啦,可跟我毫不相干。"

遇到这种说不吉利话的人,也算作恶之报。不过如果仔细一想,他阁下说的,哪句不是老实话哉?保险公司似乎就是专干这一行的,不过保险公司比较文明,只隐隐约约兜圈子,没这么抖出来罢啦。

死了管他娘的朋友,多半心神恍惚,觉得今天还过不去哩,以后的事更提都不必提,这种人当然啥险都不会保。好比说,一些追女朋友追得身负重伤的臭男人,一听说保险,准会气冲斗牛。我有个朋友,当他努力恋爱时,天天打听行情,准备从结婚那一天起,啥险都保。可是后来不知道怎么搞的,自从他把女朋友"一脚踢"之后(是不是真的他把女朋友一脚踢,或女朋友把他一脚踢,不必管他),就感到人生没有意思,不如早日死掉,用草席一包,叫狗吃了算啦。有些不知底蕴的经纪人,仍向他大献殷勤,结果一个个碰得头肿脸青。

但从这一类朋友的反应,我们看出,国民保险率是社会安定程度的寒暑表,如果国民们都死了管他娘,只顾眼前欢,不顾后来苦,这个社会绝不会安如磐石。相反的,保险公司如果生意兴隆通四海,财源茂盛达三江,这个社会一定是繁荣的也。

夫保险是一种危险分担,敝阁下保了火险,虽然我的贵府四季平安,十年也没烧过一次,看起来好像把保险费扔到粪坑里,实际上并没有扔到粪坑里,盖万一有一位张先生焉,被烧得一清二白,他就可以拿我们这些火神退位朋友们的钱,重建他的家园。

——关于失火,在古老的没有保险时代的观念里,那是一种天罚。一个人心术不正,作恶多端,玉皇大帝在金銮宝殿之上,生了御气,用手一指,火德星君就跑到他家,烧他一烧,以示薄惩。所以古时候形容霉运,往往曰"一场人命两场火",不垮也得垮,不穷也得穷,因他上干天怒,注定了啦。

但有些人却认为不见得不见得,被烧得一干二净,不但不是祸,反而洪福齐天,不但不是玉皇大帝惩罚他,反而是玉皇大帝提拔他。唐王朝有位进士王参元先生,颇有几个钱,大概钱太多啦,反而使有些人不敢帮他的忙,也不敢推他的荐,原因很简单,中国官场都是假撇清的,有些三角眼散布谣言说,凡帮他的或荐他的,统统都是看在他钱的分上。为了避免栽这种赃,大家只好袖手旁观。想不到有那么一天,王参元先生府上忽然失了火,噼噼啪啪,化为一堆尘土。得到消息的人,一致唉声叹气,以表同情,盖那时没有保险公司,不烧则已,一烧就连根烂,烧掉一文少一文,烧掉一间少一间。只韩愈先生不但没有唉声叹气,以表同情,反而写了一封信恭喜恭喜,其中有一段曰——

凡人之言皆曰:盈虚倚伏,去来之不可常,或将大有为也。凡始厄困震悸,于是有水火之孽,有群小之愠。劳苦变动,而后光明。古之人皆然,斯道辽阔诞漫,虽圣人不能是以必信。

译成白话,就是:"普通人都说,盛盛衰衰,没有一定之规。有些最后颇为发达的,可是他阁下最初却困苦得不得了,有的被水淹过,有的被火烧过,有的受人陷害排斥窝里斗过,受尽各式各样的灾难,然后才渐见光明。古时候的人,往往都是如此。这种道理虽然有点玄而又玄,不着边际,但圣人也不能说不相信。"

韩愈先生恭喜的主要意思是,过去你很有钱,大家怕栽赃,现在没钱啦,火烧光啦,大家再帮助你推荐你,三角眼就没啥可说矣。

这是唐王朝间的事。到了现在,"火烧是福",更成了真理。盖保险业一天一天兴隆,一个人如果保了火险,"有幸"而失了火,那简直比四季平安还有苗头。谚不云乎"越烧越发",这是保险业兴起之前的安慰奖,现在有了保险业,其福就更如虎添翼。君不见有些破烂的房子乎,忽然间大火冲天,好像到了世纪之末,一切都告完蛋。跟主人家有仇的老脑筋看啦,心里好不快活。可是,三个月之后,再往参观,那才是稀奇加三级,一幢更使老脑筋醋浪大作的巨厦,竟在原地出笼。

23. 爆机事件

柏杨先生说这话,不是煽动贵阁下热血沸腾,自己在家放一把火,以求"越烧越发"。贵阁下如果真的放一把火,恐怕是福还未至,祸已当头。一位在台北成功中学堂任职的朋友,前年秋天,心血忽然来潮,把汽油洒到被子上和天花板上,然后用火柴燃之,以为这下子可算吃定保险公司,想不到三作牌一进门就发现事有蹊跷,没有两小时就破了案。他阁下求福的结果是吃了官司兼丢了差事,还赔上烧掉的被子和天花板。盖普通小民,对杀人放火勾当,练习的机会不多,偶尔客串一次,再仔细也会漏洞百出。而三作牌天天面对着这类节目,看得多啦,乃培养出一种专门挑剔的眼睛,你没错他都挑出错,何况你有错乎?那位朋友未放火之前,曾驾临柏府,请我指示机宜。我劝他算啦,实在穷急,宁可乘虚而入,去大户人家俘点啥,千万别放火。他不肯接受,非放不可。呜呼,不听老人言,吃亏在眼前。

当然,靠放火发财的也多的是,读者老爷中如果有这种天才,略施小计,就能把保险公司那些来得太容易的钱,滑进自己口袋,我也不反对,不但不反对,还打算献上一面锦旗。可是如果没有这种天才,像我那位晕晕乎乎的老友,还是三思三思,一个人总不能只看见强盗吃肉,看不见强盗戴枷也。

火险水险,比较容易出花样,人寿险老实多啦,当然也有靠人寿险敲保险公司的。前些时看了一篇紫衣社的冒险恐怖惊险丛书(这个名称真长),便看到这么一个故事。一个人猛追一位空中小姐,就总是坐她值班的那班飞机。有一天,他上飞机时,跟一位面貌严肃的圣崽人物坐在一起,飞机起飞后,圣崽人物把一个小邮包拜托他带到下一个城市代他投邮,其说词曰:"我上飞机时来不及投邮啦,那是我的车钥匙,我们家住在乡下,我太太没有它,就寸步难行。"那人一想,这也是平常之事,当下满口答应。停了一会,空中小姐送来茶点,飞机一颠簸,她的玉手不由自主地向圣崽人物胸前一扶。这也是平常之事,但圣崽人物的气可大啦,大概圣血猛烈沸腾,空中小姐努力道歉,也消不平他凛然不可侵犯的嘴脸。于是她就觉得不对劲,按说臭男人的胸脯虽然没有可爱而高耸的乳房(按,柏杨先生的小孙女就把我老人家的两个排骨乳房,当作电铃,她用手一按,我的尊嘴就得"叮叮"作响,否则就是电铃坏啦,她就要撬开我的尊嘴修电铃)。可是即令是排骨,也不该像铁板那么硬,而该圣崽人物的胸脯,却固是那么硬也。

另外还有别的不对劲,男主角于拿那个小包裹,有点第六感,暗自思索曰:"怪哉,到了下一个城市,他尽可自己投邮,莫非是海洛因乎?"乃跑到洗手间,不分青红皂白,打开就瞧,一瞧就更起疑,其中并不是海洛因,不过一只破表罢啦,而破表上还刻着圣崽人物的名字,就更大惑不解。回到座位上,怎么想都想不出啥道理。而这时空中小姐又走过去,他就跟她到咖啡间,搭讪献媚,空中小姐无意中说出她的困惑,而男主角是当过伞兵的,一道闪光掠过脑海,大惊曰:"他身上莫非绑着降落伞乎?"急忙冲出去,而圣崽人物已到洗手间去矣,他就赶到洗手间,敲门敲不开,照着门就是一脚,门被踢开,圣崽人物已脱掉外套,露出胸前的家伙,果然是个降落伞。男主角叫曰:“好呀,你捣的啥鬼,想逃呀。”

接着是一阵打斗,降落伞被打开,另一个乘客抓起就拴在椅子上,圣崽人物哀号曰:“放了我,放了我,飞机马上就要爆炸啦。”男主角曰:“别鸡猫子喊叫,慢慢地说。”圣崽人物曰:“我的行李里有一颗定时炸弹。”男主角曰:“啥时候爆炸?”圣崽人物曰:“一点二十五分。”而这时已一点整矣。

用不着形容,大家乱成一群没头的公鸡,盖行李放在行李舱,非着陆之后无法取出。而距离最近的飞机场,航程也需要五十分钟。正常降落已不可能,驾驶员乃决定降落在公路上。以后的事不必细表,飞机刚刚在公路上煞住,炸弹就响,其声像在沙土中放一个纸炮,大家被烧得晕头转向,但总算逃出这场灾难。

——写到这里,得插一句嘴,当空中小姐向驾驶员报告飞机上有定时炸弹时,驾驶员一语不发,她心里急曰:“糟啦,他吓呆啦。”却不知他正在思考,他的决定关系着全机人的生命。结果只十秒钟,就决定降落公路,下令与地面联络,腾出路面,并吩咐空中小姐怎么告诉旅客,怎么紧急应付。她佩服之余,叹曰:“现在我才知道公司为什么给他那么高的薪金!”

呜呼,这对低待遇政策——一字并肩王待遇政策,真是一个耳光,一个责任重大的人,他应该有相当高的收入,使他无后顾之忧,而能专心一意面对着他的工作。把责任大的或责任小的待遇拉平,是一种假平等。故事到这里完结,圣崽人物的目的是诈骗寿险,他跳伞而去,而飞机爆炸后,大家一团肉酱,谁也分不清谁,只他的破表却在,就可以弄一笔钱到手矣。

这当然是一篇小说,但任何小说都是从人生中提炼出来的,寿险也有诈骗,大概道高一尺,魔高一丈也。

24. 横冲直撞

保险业是一个最现代化的学问,有些大学堂里,专门设有“保险学系”,一学就是四年,而四年只不过才入了门,离登堂入室还有一大截路,比柏杨先生写杂文难得多啦。中国目前的情形,因为产业还不够十分发达,所保项目,寥寥无几,似乎只有寿险、火险、水险、汽车险,屈指可数。但在产业茂盛的洋大人国里,却是“有险皆可保,无保不成险”的,啥险都有人保,只要你想得出典故去投保,就有保险公司英勇承担。前已言之,有的女电影明星专门保她的玉腿,她的一条玉腿就抵四百条柏杨先生的老命,一旦她的玉腿断啦,就拿美金十万,一旦该玉腿被她男朋友的香烟烧了一个疤,该疤恐怕就值三万五万。歌王平·克劳斯贝先生是靠喉咙吃饭的,他就把他的喉咙保了险,保险额多少,一时想不起来,其实想不起来,正是我的福,一想起来,恐怕非气死不可。这些还是正常的,有些名女人还保她的脸上不生皱纹,生了皱纹就拿钱。有些运动员保他的肌肉弹性不坠,一坠也照样拿钱。

有险就保,而也有人肯保,并不是洋人都是傻瓜,而中国人都聪明绝伦。羊毛出到羊身上,他们把复杂的算盘左打右打之后,必须算得有利可图,才肯让你填单子。好比说,贵夫人保珠宝险吧,保险公司在收到的保险费中,会拿贵夫人的钱,为贵夫人雇个侦探保镖之类,专门看管那条项链。杀头的生意有人做,赔钱的生意没人做,我们远隔重洋,尽可为洋大人放心也(说来泄气,有些外强中干的过气名女人,混到最后,除了一条钻石项链充场面摆谱外,其他啥都不剩,往往做下手脚,假报失窃,敲保险公司一笔,不过这种手段不容易无懈可击。仍是老话,三作牌是干啥的,察言观色,三问两问,就问出来底细)。

正因为保险的项目奇形怪状,很多是我们这个半封闭的社会从没有听说过的,所以多少有点格格不入,酱缸蛆尤其吃惊,连声喊曰:"不像话,不像话!"呜呼,保险业是社会的安定力量,保险业越发达,人心越踏实,道德水平也越高。阁下不常看报乎,汽车撞伤了人或撞死了人,总是落荒而逃,把伤者遗弃路边,实在是太狠了点也。

提起车祸来,最近三天,就有两位朋友躺进了医院。一位在警察广播电台当差,上个星期,三更半夜,下班回家,走到台北市民权东路,遇到了煞星,台湾汽车股份有限公司董事长,一手扶着一个老朋友,一手扶着方向盘,谈谈笑笑,好不潇洒,大概是该老朋友指点曰:"就是这个巷子呀!"于是董事长老爷那么一转弯,吾友就很隆重地来个狗吃屎。董事长老爷这时镇静如恒,探头往外观看山景,是不是想开溜,不便以小人之心度君子之腹,反正无巧不成书,正好该朋友另一个同事骑摩托车在后边跟着,乃跳过来叫曰:"咦,你真神气呀,连车也不下。"这才送到马偕医院。不过董事长老爷事后倒很爽快,一口答应负责到底,而且每天都亲自前往探视。现在该朋友住着头等病房,大概要把千年老疾都一齐养好吧。

第二件车祸就没有这么惬意矣,也是三更半夜,一位在民防电台当差的朋友(真抱歉,又是电台),走到九台街,一辆出租车从巷口飕的一声蹿出,饿虎扑羊一样扑到该朋友身上,当下就栽倒在地,人事不省。这还不足动人心魄,动人心魄的是该司机老爷一看撞到了人,生死不卜,又一看四周一个鬼影子都没有,此时不跑,更待何时。油门一踏,就溜他娘的啦。谁知道千算万算,不如天老爷一算,这场弃尸惨剧,竟被黑暗中的善心菩萨看到,而且记下了车牌。

该朋友被善心菩萨救醒后,说了一句电台的电话号码,即又昏迷,现在仍躺在徐外科医院受其穷罪。那辆出租车司机自以为这下子可算脱了钩,白碰白压,十分得意,万不料车牌已抄发各地交通警察,没出三天,活活捉住,原来是一中车行的尊车。

——顺便建议各位读者老爷,以后如遇到一中车行的出租车,看它远远而来，千万早一点爬到树上，万一附近没树，爬到电线杆上也可以，否则把你撞得筋断骨折而又跑掉，就不好意思啦。

美国的车祸，如果撞伤了人不顾而去，是以谋杀论罪的，至少有五六年的牢狱之灾。中国流行说不准学，该司机老爷如何判刑，我们不知道，只知道一中车行老板迄今为止，还没有照过面。他阁下大概是江湖大学堂出身，反正是反正啦，随你的便。

徐外科医院就在马偕医院附近，凡是被车撞而又逢马偕医院恰好客满时，就地取材，都送到徐外科，仅这几天工夫，据说徐外科就抬进来五六个鲜血淋淋的倒霉分子，都是出租车的成绩。柏杨先生颇有点怦然心动，打算凑几十两银子，在徐外科隔壁开一个柏外科，等徐外科客满时，我就可以大批收容，一则发点小财，二则既然政府车祸没办法治本，理应帮忙治治标。

台北出租车简直成了祸害，在街上横冲直撞，杀气震天。按规定市区内行车不能超过四十公里，我敢赌一块钱，恐怕没一辆出租车不超过四十公里的，不要说四十公里，能开在六十公里以下，就很文明啦。原因当然很多，主要的似乎仍是赶时间、拉生意，所以马路上超车的几乎全是出租车，从小巷子猛冲出来的也几乎全是出租车，而且说停就停、说拐弯就拐弯，好像马路是他自己家的。

出租车闯祸的结果固然是被撞的人吃亏，但司机自己也不见得就安如泰山。有位朋友，倾家荡产，凑了几万元，又向人借了几万元高利贷，买了一辆出租车，挂名在开发车行，刻苦经营。有一天，也是晚上，还下着毛毛小雨，客人要一辆车去新竹，大家都不愿去。为了多赚几文，他阁下就去啦。结果在新竹附近，跟一辆迎面而来的大卡车英勇地撞上，车子粉碎，人也粉碎，剩下哭哭啼啼的孤儿寡妇，真是何苦来哉。

25. 更可怕的事

减少车祸的唯一方法是严守交通规则。洋人车祸中最主要的原因是酗酒，这一项在中国并不常见，所以我们的车祸应该比较少才对，不过因为中国人有不守规则的传统性格，车祸反而更高。这是五千年传统文化中最特殊的部分，一种牢不可破的肤浅和虚骄。稍微有点成就，就尾大不掉；稍微有点头脸，就表演特权；稍微会走啦，就自以为他随时可以飞。于是乎，不过只有一千公里的开车经验，就自以为车子在他手中能横着走。常看到有些司机老爷，口衔香烟，两眼瞇成一条缝，沾沾自喜于他的技术和车子的性能，一起步就六十公里，而且故意地以分毫之差，擦过行人或别的车辆，真叫人连昨晚上吃的番薯都呕出来也。

但我们也不能专门责备司机，比汽车更要使人冒火的还有别的——若机器三轮车焉，若摩托车焉，若人力三轮车焉，最后还有行人焉。机器三轮车比出租车还可怖，若干年前，台北市政府社会局长李蕴权先生，就是丧生在机器三轮车之下。它可怖的地方是煞车不行，它所以说撞上就撞上，非不煞车也，而是煞不住也。一种机器推动的玩意儿，纯靠手煞车的力量去煞那可怜的中轴，好像用麻绳去拴飞机一样。这种车最好禁止，如果不能禁止，则政府应该帮助它把煞车弄结实，尤其机器三轮车后面有两个突出的直角钢架，小伙子开得兴起，忘了钢架，呜呼，真不敢想。

摩托车现在也要考驾驶执照啦，这是一个好现象，但规定五十西西以上的才考，于是商人就推出来一种四十九西西的。我想考也可，不考也可，考起来只不过使监理所的威风更大，晚娘脸更凶。但要考的话，似乎应该规定，就是一西西半西西的也照考不误，以求安全。

不过主要的是,应该加强管理。有些烧包朋友,骑着那玩意儿,就像骑着飞弹,在车如流水马如龙的马路上,作之字形飞驰,认为他那玩意儿除了上天之外,简直啥都可以办到。还有些"全家乐"朋友,前前后后,坐满了人头,喀嚓一声,死亡的死亡,断腿的断腿。嘉义有位先生载着母亲撞死;台北中山北路昨天就又发生一桩,一个家伙,带着太太和四个孩子,全部报销。这种乱坐人的节目,必须取消,天下才能太平。

人力三轮车比较收敛一点,而且淘汰之期,在所不远,车夫朋友,也都支持一天算一天,但愿他们早日转业。不过有些地方,也能气出鼓胀来。

说来又是话长,今年(1967)年初时候,一位朋友开了一辆车经过台北南京东路,偏偏一辆三轮车竟然踏上快车道,遇到红灯时,它领头停下。该朋友忍不住心头之火,就用保险杠照三轮车的屁股,那么轻轻一顶。三轮车夫回头一瞧,一语不发,把三轮车踏到慢车道,下了车,转过玉体,又回到原处,把袖子一卷——读者老爷莫急,他袖子一卷不是打架,而是就往该朋友车前一躺,结果花了五十元才买他爬起来。

另有一件供贵阁下娱乐的事,发生在前年夏天,柏杨先生于该天到台北厦门街找朋友借钱,就看见了一幕。一个眼看就要倒霉的家伙,开着他的老爷汽车,停在平交道栏杆外面,恭候火车通过。他倒是没有撞人的,可是,他不撞人,人却撞他,一辆风驰电掣的人力三轮车,从后面赶来,煞车不住,从旁边擦过,勇敢地撞到该老爷汽车的车头上,车夫先生的袖子被粉碎了的照后镜刮破,当然也流出来一点尊血。好啦,这就够啦,他下了三轮车,悲惨哀号,好像美国印第安人已驾临台北,要剥他的头皮。人群闻声云集,一齐怒吼曰:"你们有汽车的人没有一个讲理的,把人撞成这个样子,还不在乎呀,拉下来揍他。"该倒霉分子只好赔了一百二十元。

这两个故事使人垂头丧气。南京东路那么一撞,当然欺人太甚,但三轮车踏到快车道上,同样也欺人太甚,而快车道上突然出现了三轮车,三作牌却没有看见,就未免难为情啦。厦门街一剧,证明中国人已丧失了思考和判断能力,只论强弱,不论天理国法,穷苦的三轮车夫如此,蠢血沸腾的群众如此,二抓牌不用说,更是这个调调。呜呼,除非你有势,你就很难有理,有理也没处说,说啦也没有用。中国人最大的特点是,不按事实判断是非,只按直觉判断是非。脚踏车撞了行人,脚踏车再有理也没理;汽车撞了三轮车,汽车再有理也没理;汽车撞了行人,那就更没有个完。

同样情形,行人不守交通规则也是车祸的主要原因,一个十八世纪农业社会的腿,最好走十八世纪农业社会的路。要走二十世纪工业社会的路,似乎就得换上二十世纪工业社会的腿。有些朋友走路就好像得了低头疯,《儒林外史》马二先生逛庙会,形容曰:"他不看女人,女人也不看他。"低头疯则是"他不看车子",如果再碰到"车子也不看他",就头破血流矣。

26. 压死活该

在农业社会中,交通不便,行人稀少,普通一个县城,来来往往,不过那么几个人,而且都是步行,你撞我一臂,我碰你一肩,没啥了不起。偶尔有个骡车经过,立刻万人瞩目,早就避开啦。同时骡车的速度比起汽车,简直不能比。即令没有远远避开,临时一跳,也还来得及。这还是较大的城市,如果较小的城市,像甘肃河西走廊的那些县份,若山丹,若玉门,在十字路口站了半天,都难看到一个走动的影子,景象凄凉,更不在话下。在这种马路上,当然怎么走都可以,直走固没人说啥,横走倒走,也悉听尊便,除非忽冬一声掉进水沟里,不会有其他祸事也。

有些人到了纽约,有点不惯;有些人到了台北,也有点不惯;不要说噪音能把人吵疯，仅只到大街上走那么一趟，他的尊腿如果仍是十八世纪的腿，他就得十分痛苦。现代的尊腿在穿过马路时，就得跟贼先生一样，眼观四路，耳听八方，身手利落，当机立断，如果仍坚决地复古，安步当车，早晚会有一辆汽车感动得猛吻他阁下，以示拥戴。

报上说警察局已对十八世纪的腿，采取行动，有若干乱走的朋友，被罚扫大街，这是一个菩萨心肠的处罚。但柏杨先生不赞成扫大街，盖扫大街类似体罚，于法无据，而执行者要面对着受罚者，势必严重地伤害了受罚者的自尊心，会结下无聊的仇恨，产生无谓纠纷。而且一扫就是几个小时，等于妨碍自由——而且是侮辱性的妨碍自由。只要罚钱就行啦，这比挖他的肉还要使他心痛。有人说，罚钱有缺点，有钱的朋友根本不在乎。我想这只是技术问题，不是原则问题，一个拥有三千万元的哼崽之辈，罚他一块钱当然不在乎，但罚他两千五百万元，他就在乎啦。当然，法律上不可能罚这么多，但可以罚到最高额。它主要的好处是只叫他心疼，而不会引起他对三作牌私人的反感。一个十八世纪的腿，经过两次严重的罚款，准能把它变成二十世纪的腿。

柏杨先生忽然想建议立法院，应该制定一条法律，凡二十世纪的汽车撞到了十八世纪的腿者不罚。给汽车司机颁一面锦旗似乎不像话，但总不能罚。盖错不在他也，社会上必须有是非，“是”就是“是”，“非”就是“非”，不能因为外在的大小不同，连是非都跟着变。

仍是一句老话，只要遵守交通规则，车祸就绝对可以避免——至少可以减少到最低限度。四十公里的时限是随时可以煞车的，凡煞不住的都是超速。行人如果有两条二十世纪的腿，他就不致晕晕乎乎，乱闯乱荡。

中国同胞撞伤或撞死了人，往往撒丫子就跑，而美国同胞便很少这种现象（不是真的一个都没有，请别抬这种瞎杠），非美国同胞全是神仙，中国同胞道德沦丧，而是有两种原因，使美国同胞比较厚道也。一曰，他们在车祸中可以得到是非的判断，司机老爷不怕不可理喻主义，只要有理，他跟被撞的家伙一样，同受法律和舆论的保护；不会像在中国,只要汽车撞了人,司机就铁定地要倒霉。二曰,美国同胞样样有保险,一切都由保险公司负担。呜呼,一个司机老爷,月薪能有几两银子?不小心出了节目,真是哭皇天都没有用。前些时一个小孩子被撞驾崩,除了棺材费外,还赔了四万元,一个司机要想赚到四万元,恐怕得四年的时间不吃不喝。如果没有撞死而只撞伤,麻烦似乎还要更大,司机老爷惊恐之余,把鲜血淋淋抱到台大医院急诊室,而台大医院是有名的杀人找不到凶手的地方。古人有先礼后兵之法,台大医院虽然是国立的,却是先钱后医。司机老爷当下就得卖裤子,以后的日子就更难过,仅医药费就受不了,仔细一想,还不如当初一溜了之。正因为后患无穷,所以有些司机老爷能溜就溜,假如每辆汽车都有意外保险,他就实在没有溜之的必要,盖无孔不入的保险,能使人类善性的本质,得到鼓励和发扬。

我们的人寿保险,已出了花样。产物保险,也非常奇怪,嘉义大地震,保险公司竟然联合拒付;宜兰大火,保险公司也竟然联合拒保,说出的理由一火车都装不完,其实两句话就包括尽啦,曰:“万方有罪,罪在客户。”汽车保险有没有撒赖的,柏杨先生不知道,将来如果好运当头,当再向各位读者老爷介绍。

嗟夫,每个行业都有每个行业的基本规范,这规范在外行人看来,既稀松又平常,但在本行业之中,却十分严重,不但十分严重,而且关系着该行业的兴衰,当这些基本规范或被制定为法则,或被容纳于行为,成为本能的一部分时,我们可以根据这些规范被遵守的情形,来判断当事者的价值和分量。

好比说吧,“盗亦有道”,强盗朋友对局外人固然吹胡子瞪眼,乱搞一通,但强盗朋友自己人之间,照样讲道德说仁义。皇帝老爷坐在金銮殿上,固然用道德仁义要求他的臣民,强盗老爷坐在忠义堂上,也同样用道德仁义衡量他的伙伴。你阁下一旦走投无路,身无分文,计划偷点什么,想跟柏杨先生光荣合作,由你阁下摸进大门猛俘,由柏杨先生在墙外把风。我如果灵机一动,接了两件钻石项链之后,一瞧三作牌来啦,连暗号也不打,就脚底抹油,而把钻石项链下了腰包,恐怕你阁下捅我刀子时,就义正辞严。

——强盗不遵守规范,就永远成不了伟大的强盗。

27. 抄风和套风

文坛上也是如此,作家学者虽不是强盗(这可不是说作家学者的人品比强盗高,而只是说作家学者们的胆量大多数都比强盗小),但作家学者们也有基本的立身之道。不管写得好也罢,写得坏也罢,写的是哥哥爱妹妹鸳鸯蝴蝶派也罢,写的是谁看啦都出汗的现代派意识流也罢,有一点必须要大义凛然的,那就是,不能当文抄公或文套公,不能抄别人的作品,也不能套别人的作品。再名震世界的作家,一旦发现他的作品是抄别人的,或套别人的,他就砸锅矣。以莎士比亚先生之尊,当然举世无匹,谁提起他都会脱帽致敬的。可是一旦泄了底细,他的作品竟然都是——不要说都是啦,只要有一两篇被证明是抄他老友柏杨先生的,他就得卷铺盖。

自从二十世纪五十年代开始,二十年来,抄风和套风颇为茂盛,有些是抄古人的(其实也古不到哪里去),有些则是抄三十年代的,大概英雄欺人,自以为只有他一个人有该秘本,万万料不到,文字的流传,无孔不入,不受时间和空间的限制,"古人"之书,台湾有时候偏偏也有。运气不济时,碰到该死的好事之徒,一对一照,就露了原形。1950 年左右,有位朋友还用其抄品,不断地得什么奖,后来有人恼了火,该朋友遂丢了官,一直倒霉了十五六年,最近才算复兴。但这个活例子并没有使利欲熏心的朋友得到教训,该抄仍是照抄。

抄品大都限于理论,如果死缠活缠,还可缠出来一点理。至于创作,就无法抄矣,但虽不能抄,却可以套,一套就是一本,比小孩子玩尿泥还兴趣盎然。这种例子,如车载斗量。再过些时,柏杨先生一急,真打算列出一张表来,以便读者老爷引经据典。呜呼,军人不能冒功,文人不能抄袭,这是最基本的规范。当一个文人,可以偷,可以抢,如果走桃花运,也可以乱爱,甚至乱爱得刀光血影(当然,最好不要刀光血影),如果大发雷霆,也可以杀人,甚至也可以被绑赴刑场,执行枪决。但是,绝不可以抄,也绝不可以套,为了急于成名,或为了急于弄几两银子,猛抄猛套,天老爷注定他要坍台。

——作家学者,不遵守作家学者的规范,就永远成不了伟大的作家学者。

保险这一行业最崇高的境界,应该是一旦付保险金时,不但付得迅速,而且付得痛快。喝人血的那种地头蛇想法,固然顽劣,就是缠到最后,虽然不得不付,大概心里始终觉得别扭,那股办不完的手续,也属于耍赖。据说有些保险公司在付保险金时,好像该倒霉客户故意坑他,就心怀不共戴天之恨,能凶就凶,能刁就刁,倒霉分子或倒霉分子的亲属,哭哭啼啼去领钱时,就好像抽了他娘的脚后筋。

在一个有理可喻的国度里,保险公司是以"迅速""痛快"为号召的。有一则小幽默可以启示他们奋斗的目标。在某一个场合里,两家保险公司经理碰面,甲经理曰:"敝公司是美国第一流的,客人上午断了气,中午就把保险金送到他尊府。"乙经理嗤之以鼻曰:"天乎,这慢成啥啦,昨天有位客人从十八层楼跌下来,经过七楼敝公司窗口时,我们就把支票塞到他喊哎哟的嘴里。"

中国小民是被欺弄惯了的,如果遇到这种硬塞的镜头,不跌死也会笑死。即令上个月出事,下个月拿到钱,就可能喜欢得昏倒在保险公司的柜台上。这故事应作为中国保险公司的座右铭。有一点似乎请考虑的,发财的道路很多,走正路照样可以发财,不一定非走歪路不可。喝米汤照样可以长得又白又胖,不一定非喝人血不可。保险公司如果用"迅速"、"痛快"建立信誉,它的业务同样兴隆,逞凶耍赖,只是杀鸡取卵的眼前欢,中国人事业所以到处都是昙花一现,而很少立百年之基的(更不要说万年之基啦),虽是个人悲剧,也是国家悲剧。

——保险公司不遵守保险业的规范,就永远成不了伟大的保险公司。

报上有一则关于车祸消息,说政府正在考虑,凡车祸发生后,司机停车救人的,应减轻处罚。呜呼,这是一个好意见,提出这意见的先生,柏杨先生应向他作一个大揖。不过我真是越活越两眼漆黑,今天才知道法官老爷过去对停车救人的司机都是下了狠心的。记得十五年之前吧,有一位军车司机,在台北街头撞倒了一个孩子,把他抱到医院求治,但孩子仍是死啦,该司机竟被游街枪决。嗟夫,他阁下如果当时跑啦,查出捉回,又该有啥更严厉的处罚乎哉?对肇祸逃走的司机,理应严重地处罚,甚至五马分尸,都未尝不可。但对停车救人的司机,应视他当时的行为,给予减轻,而且在录取了口供之后,立刻交保。中国很多立法委员和很多法官老爷的心理,似乎只会逼得人必须重复犯法才会安全,这不是良法,而是恶法。前曾言之,行贿受贿同一处罚,不但根绝不了红包,反而使贪污分子更猖獗,使官场更腐败,真不知立法的人脑褶纹里,啥时候塞上石炭的也。

28. 唯一武器

世界上任何一件事,分类越简单,内容也越复杂;分类越精细,内容也相对的比较单纯。学图书馆的朋友都知道,书籍如果只分为两大类,好比说,只分为文学的和科学的,恐怕你去借一本书,管理员先生能找上三天。而必须一分再分,三分四分,分到明察秋毫,管理员先生才能在书海中瓮中捉鳖,手到擒来。

人的分类亦然。想起来上帝真是低能,只把人分成两类,一类是男人,一类是女人,实在有点单调,如果分成七八类,甚至几百几千类,这世界早就太太平平矣。不要说分得这么多啦,仅只再多一类,跟若干低级动物一样，有一类是男女同体的，用不着焦头烂额地穷追，也用不着锣鼓喧天地结婚，更用不着气急败坏地离婚，一高兴就自己努力生出一个胖娃儿，岂不减少许多纠纷乎？可惜上帝没有柏杨先生这么聪明，只会大而化之，分成两类，这世界就乱成一片矣。圣人曰："食色性也。"唯物论者相信经济是社会发展的原动力，但也有人相信男女间的关系是社会发展的原动力。历史书上可以看到，几乎一半以上的大小事件，都和性密切相连。往往是这样的，男女二人，只要上床睡上那么一睡，历史就会向另一个方向跑。

这两天正在拜读七海游侠丛书《海底沉船》，一个江洋大盗，专门打捞沉船上的黄金，使得保险公司赔得吐血，派出去的侦探，全成了肉包子打狗，有去无回。最后决定派一个如花似玉出马，其理由是："向人性最软弱的一方面下手。"结果该阴鸷毒辣的江洋大盗，犯了他平生第一次错误——但这第一次错误就足够啦，因为干他那种勾当的朋友，第一次错误也就是最后一次错误。

历史是人类行为的纪录，而人类行为不但受经济的支配，也受性的支配。吾友武曌女士不声不响地就把唐王朝搞不见啦，代之而冒出了一个南周王朝，她的唯一武器就是"性"，把皇帝丈夫李治先生，玩得兜兜直转。吾友希特勒先生年轻时曾有一个漂亮的女朋友，爱她爱得要命。不料被一个犹太小伙撬了去，是该小伙的钱比希特勒先生多欤？抑人比希特勒先生正派欤？都不关紧，关紧的是，希特勒先生终于失了恋，这一场失恋使他把犹太人恨入骨髓。后来他发达啦，他的这层深入骨髓的恨就扩大为政治行动。这理由当然是说不出口的，就只好拣些说出口的理由说，好在说出口的理由多得很也。

这些史实，当然其大无比。对于个人来说，性就好像船上的舵一样，简直更立竿见影，该舵只要轻微地动那么一动，船头就立刻改变方向。这一改变，可能从歪路驶上了航线，完完全全地进入港口。也可能从正路斜刺里滑过去，冲到乱礁恶浪之中。刺激当然很刺激，而且随流而下，迎风招展，大概也真舒服舒服。不过问题是，将来要把船再驶出来，恐怕很难。

男女间的关系,因为分类简单之故,所以每一对男女,都是一个盘丝洞。蛛网密布,有银丝的焉,有金丝的焉,有黑丝的焉,有红丝的焉,有乱七八糟其他各式各样丝的焉,盘根错节,绕成一团;纵是死圣人兼活圣人,都解不开;纵是关云长先生复生,手执青龙偃月刀,也无法一刀两断。表面看起来,一男一女,简单明了,实际上一点也不简单明了,其中学问可是大啦,比较起来,什么核子原子,简直全是幼儿园。只有柏杨先生自命不凡,以为自己是大学生,可是长到老学到老,最近也打算申请退位。盖人性上的弱点,各有不同(谁要说谁没有这种弱点,那算有前途,我马上就去买一块冷猪肉塞到他嘴里),对这种弱点的反应也各有各的一套,张三有张三的焉,李四有李四的焉,王五有王五的焉,赵六有赵六的焉,于是乎,麻烦大矣。

邵氏公司坐第一把交椅的导演秦剑先生,和邵氏公司也坐第一把交椅的女明星林翠女士,闹了婚变。香港和台北两地的报纸,左一个新闻,右一个特写,大登特登。有的说秦剑先生豪赌成性,把这也卖掉,把那也卖掉,把太太卖得心酸。有的说林翠女士另有男友,过阴历年时都不在家,寻刺激去啦,而且男朋友不仅一个,还有两个,两个还表演过醋火中烧的拜拳主义。到了后来,一面倒责备秦剑先生的新闻一天比一天多。又到了后来,洗刷秦剑先生的新闻也在同一个记者的笔下上了报。

呜呼,天下婚变多矣,离婚也多矣,但必须是名人,才能在报上热闹一阵(当然啦,如果动了刀子,或下了毒药,小人物也照样可以上报)。从前蒋梦麟先生就为了跟那位可敬的太太离婚,使得若干道貌岸然努力紧张,这些道貌岸然认为,以蒋梦麟先生的道德学问,和在国内外受人尊敬的学术地位,不应毫不顾惜自己的声誉。秦剑先生在报上刊载消息之初,也有如热锅上的蚂蚁,认为对他的声誉影响太大。

29. 婚 变

一个人对影响自己声誉的事，天经地义的最好不要做。问题是，离婚并不影响声誉，只有酱缸蛆才认为离婚影响声誉，也只有硫磺虫才用离婚攻击别人的声誉。中国古时候是不承认离婚的，而只承认"七出"之条，所以吾友朱买臣先生的妻子要跟他散伙，并不能站在平等地位离婚，而只能逼着丈夫写"休书"。这就跟学堂和学生的关系一样，学堂可以开除学生，学生不能开除学堂，丈夫可以"休"妻子，妻子不能"休"丈夫。学生当然可以开除学堂，但他总不能在他寝室门口贴张布告，说他把学堂开除啦。即令他贴啦也没有用，必须等到学堂把他开除，他才算正式丧失学籍。

朱夫人明明不是丈夫"休"她，而是她"休"丈夫的，但她却逼着丈夫"休"她，不明底蕴的人，仅凭形式，一定认为是丈夫把她踢走，而她阁下也可以凭着这张证明文件，到处委屈曰："不是我不跟他过呀，是他不要我的呀，呜呜呜……"呜呜呜者，鼻涕一把泪一把的喉音也。

然而，时代的巨轮已把这种畸形观念辗得粉碎，二十世纪初叶以来，法律改变，不准乱"休"，要散伙就平等离婚。所以，蒋梦麟先生在众嘴吵闹中离了婚，并不影响他的声誉，不但不影响他的声誉，反而为中国人对婚姻纠纷的处理，立下一个崇高的榜样。他的智慧和抉择，他那种肯承认错误的高贵气质，以及他对那些落后观念表示唾弃的大无畏精神，更增加中国人对他的崇拜。

秦剑先生的婚变，不像蒋梦麟先生，蒋梦麟先生什么都不担心，而秦剑先生则什么都担心，不但担心影响他自己的声誉，也担心影响他太太的声誉。虽然真相已经大白，虽然记者老爷又打自己的嘴巴，证明他并没有卖这卖那，虽然他爽爽快快同意离婚，眼看着太太远走高飞，但他没有对太太有半言半语诋毁的丑话。呜呼，如果换了柏杨先生，早骂起大街来，把踢我的那个死女人斗得一钱不值矣。君不见电影明星莫愁女士死后，她的前任丈夫把她的裸体照片都印到书上乎，只不过想步林黛女士丈夫的马蹄，赚几文钱而已。对照之下，秦剑先生的情操真挚而深远，已达到了有些人不能了解的境界矣。

这当然不是说林翠女士万罪集身，辜负了秦剑先生，夫妇们由二位一体，亲亲密密，过着过着，忽然你走你的阳光道，我走我的独木桥，当然可能是其中一个人好到了尖，而另一个人坏到了底，但更有可能是，双方共同促成。

世界上只有一个地方是一个人好到了尖，而别人坏到了底的，那就是官场。大家伙永远“天王圣明”，小喽啰永远“臣罪当诛”。君不见一副长对联乎，上联是恭维大家伙的，曰：“大人，大大人，大人高升，升到三十六青天，为玉皇大帝盖瓦；”下联是糟蹋小喽啰的，曰：“卑职，卑卑职，卑职该死，死在十八层地狱，替阎王老爷挖煤。”盖瓦者，比玉皇大帝还要高那么一级；挖煤者，真是不值钱到了底矣。

这副对联把官场中群崽乱舞的镜头，形容得淋漓尽致。夫官场是个最顶尖的权势崇拜狂的所在，不但权大理大，而且权大啦道德也高啦，自然非爬到玉皇大帝头上不可，权小的或没权的挨脚分子，只好钻在阎王老爷屁股底下，鬼鬼祟祟挖煤。

夫妇之间，很难这么一面倒，很难丈夫盖瓦而太太挖煤，同样也很难丈夫挖煤而太太盖瓦，假如真有这种节目，一个人凶暴得像魔鬼，一个人善良得像天使，恐怕他们很难离婚。正因为有时候对啦，有时候错啦，才会有社会新闻。

酱缸蛆总是念古的，不管这“古”是千百年前的古，或不过只是十年二十年前的“古”，反正只要是“古”，他就心向往之。眼见离婚的案件层出不穷，酱缸蛆就忍不住喟然叹曰：“人心坏啦，从前之世，哪有离婚这种伤风败俗之事。”从前之世，离婚当然很少，盖臭男人一手遮天，法律和道德不但允许他猛娶小老婆，还用实际行动鼓励他猛娶，女人如果反对丈夫娶小老婆，她就是“妒妇”，而妒妇是天地所不容，人人得而整之的焉。明王朝常遇春先生的太太就是一个这样的“妒妇”，朱元璋先生曾送了两位宫女给常遇春先生，常遇春先生连正眼都不敢看。有一天，大概实在心痒难熬，夸奖一句曰：“好白手。”好啦，常太太立刻下令把该二位宫女小姐的好白手砍掉，用金盘送给丈夫，以便他努力欣赏。常遇春先生这一惊非同小可，半天都魂不附体。正好朱元璋先生派人找他，他就去啦，却是心不在膛，精神恍惚，朱元璋先生疑心他要谋反哩，盘问之下，原来如此，大笑曰：“这简单得很，且请稍坐，我替你解决。”一会儿工夫，端来一碗汤，黏黏糊糊，浑浑浊浊，内容颇为复杂的样子，朱元璋先生曰：“喝吧，老哥，这是妒妇汤。滋味如何？”常遇春先生回到家里一看，太太没啦，原来朱元璋先生已把她大卸八块，剁成肉酱，赏给他阁下喝到尊肚里啦。

30. 两个伟大的酱缸蛆

在男人可以一手遮天的时代，当然用不着离婚，轻则休之，重则杀之。娘儿们如果既不肯被休，又不愿被杀，那么只好过畜牲生活。念念不忘这种“古”，实在他妈的也。

宋王朝的程颐、朱熹二位先生，是两个动人心魄的伟大酱缸蛆，以这两个酱缸蛆为中心的酱缸思想，“嫁鸡随鸡，嫁狗随狗”，以及“好马不配双鞍，好女不嫁二夫”，实在是一种吃人不见血的畜牲思想。问题是，被吃的虽然惨不忍睹，动嘴吃人的却老是舐着嘴唇，觉得余味无穷。现在仍怀念“古”的朋友，大概就是这种吃了人而又舐着嘴唇的孽种。呜呼，不要说别人，就是柏杨先生，对这种“古”，就恨不得它早日复兴，盖老妻乃三心牌女人，其貌不扬，实在越看越有气，如果时代又回到了“古”，我明天就再娶一个如花似玉，而且不仅娶一个，很可能不娶则已，娶上了瘾，就一娶七八个。

——读者老爷中一定有人怀疑糟老头的经济力量，现在连一个阿巴桑都养不起，怎么能养七八个呀。呜呼，这只是技术问题，只要原则确定，技术固好解决也。我把她们职务分类，能洗衣者去挨家包揽洗衣，能唱歌者去歌厅唱歌，能生孩子者去大公馆当奶妈，届时把我老人家养得又白又胖，编辑老爷就是跪到我的破鞋之前，我都不再写一个字；而发高烧的一脸忠贞学，再努力也无法给我罩帽子矣。据正史上说，自从柏杨先生不再乱写，国民就非常之乐，国本就非常之固，政府的威信就非常之发扬光大啦（但我又有点担心，一旦到了那天，发高烧的一脸忠贞学没功可邀，不知道又要靠整谁才能吃饭也）。

不过，酱缸文化往往是没有原则的，更往往是只对人不对事的，所以酱缸蛆和硫磺虫，只敢找自以为对方不敢还手的捏，对炸弹是不敢捏的。说句老实话，大家伙几乎一半以上都离过婚，酱缸蛆和硫磺虫却缩手不迭，不但不敢捏，还努力歌功颂德，说他阁下离得好，离得妙。所以在这方面，我们的进步仍然其慢如牛，只不过没有天主教那么顽强，任凭谁都一视同仁。

今天报上说，女明星索菲亚·罗兰女士跟庞帝先生的婚姻，罗马法院仍认为不合法，无他，意大利是天主教国家，不准离婚的也。庞帝先生偏偏有过前妻，这就麻烦啦。于是乎，事实上是一回事，法律上又是一回事，两人在墨西哥结婚，意大利马上控告他们犯了重婚罪，逼得他们不得不宣布，墨西哥那场结婚无效。

意大利这种搞法，混蛋加三级，但也难怪，因意大利是天主教大本营，天主教首领迄今为止，仍是意大利的私产。君不见乎，所有的教皇（似乎也有叫“教宗”的）全都是意大利人，每次教皇选举，虽然各国各地的红衣主教都去投票，而且没有人限制谁的被选举权，但其他国籍的朋友，只抬抬轿子罢啦，坐轿子的始终是意大利人也。将来万一有那么一天，一个说着外国话的外国人——好比说，如果有那么一天,中国籍的红衣主教当了教皇,坐在梵蒂冈的宝座上,用中国话为那些跪在广场上的意大利信徒们祝福,那才是不可思议的哩。

在索菲亚·罗兰女士的婚姻上,天主教那种死硬而落伍的教条,充分地暴露出来。今天报上说,她跟她丈夫已取得了法国国籍,而在巴黎结婚啦,不啻打了天主教一个耳光。不过,读者老爷中有敢跟我老人家赌一块钱的乎,在可以预见的将来,意大利准会有准许离婚的法律出笼。我老人家这话不是瞎说的,而是俨然学院派的,报上另有一则消息,天主教本来也激烈反对节育,可是最近这道绊脚石的防线也开始崩溃啦,天主教教廷生育控制顾问委员会说,每个人都有权决定生孩子的数目。

天主教反对离婚,当然有它充分的理由,这理由用不着介绍,想也想得出来。若夫妇的结合是上帝的旨意焉,若可以巩固家庭的安全焉,若可以增进社会的安定焉,若可以加强对下一代的保护焉,等等等等,大概万变不离这些项目。问题是,一对互相恨入骨髓却不能离婚的怨偶,他们当初的结合,恐怕不是上帝的旨意,而只是魔鬼的旨意。家庭不但不能巩固安全,反而会稀里哗啦,四分五裂。社会不但不能安定,反而会冒出更多的惨案。对下一代不但不能保护,反而会使下一代过得更惨。

(柏老按:到了1980年,天主教真的选出了一位波兰的教皇若望·保罗二世,可惊可贺。至于意大利离婚法案,在我老人家坐牢期间,大概是二十世纪七十年代,也经国会通过。天主教拼命反对都反对不掉,大势所趋,谁都挡不住的也。)

31. 杀　手

大概是五年之前,台北上演过一部电影《意大利式的离婚》。各位读者老爷大概都看过啦。

这是一部意大利语发音的影片。在一个不懂任何洋话的中国人听起来,意大利的爆炸音似乎特别多,尊口一张,就好像一连串响声震天的鞭炮。法语虽然一度成为国际语,但挣扎音似乎也特别多,本可以轻松一点的,却非常努力往外"崩"不可,若"早安",英文曰"猫儿拧",法文就曰"崩有";若"晚安",英文曰"一蚊叮",法文就曰"崩刷";若"午安",英文曰"鼓得脓",法文就曰"崩雨衣",把人崩得直咬钢牙。日本话更不要提,不是说出来的,而是喷出来的。现在台北每场电影放映前,都有日本"本田机车"的广告,那个"哼达"的发音,真能把人哼出屁来。西班牙文要好听些,英文也似乎比较顺耳,只有韩文最柔和,两个韩国朋友就是一起吵架,也都珠圆字润。

意大利语虽然听不习惯,但《意大利式的离婚》却是值得一看的好电影,对意大利那种虚伪而有害的不准离婚的僵尸制度,予以无情的揭发和讽刺。故事是一对夫妇,女主角爱男主角爱得要命,可是男主角却一直在动他表妹的脑筋,离婚既不可能,他就生出斩草除根的毒计,用种种方法,使女主角跟她的旧情人见面,她是爱丈夫的,当然不会动摇。可是,芳心的寂寞加上旧情人的死缠活缠,再加上男主角故意给他们制造机会,用不了多久,两人就打得火热。做丈夫的一发现戴上了绿帽,大喜若狂,正要下手,想不到太太竟跟旧情人跑他娘的啦,这个羞辱比他预期的要大得多,但也正好帮助他行事。于是,他阁下天涯追踪,追踪到一个海滨,掏出手枪,把"奸夫""淫妇",砰的一声。

杀了人当然坐牢,坐牢就坐牢。在电影开始时,就有一个伏笔。一个女人为了丈夫跟人通奸,而把丈夫也砰的一声了的,人们为她的英勇行动,欢呼赞扬,连法官都觉得杀得过瘾,该女人只判了一年徒刑。男主角在未杀"奸夫""淫妇"之前,本来是人人唾弃他的,杀了"奸夫""淫妇"之后,立刻成了盖世英雄,法官击节称赞之余,也只判了他一年(大概是一年)。一年期满,他高高兴兴地出了狱,高高兴兴兼称心如意地跟表妹结了婚。

呜呼,这就是《意大利式的离婚》——谋杀。当一个意大利人真是一种刑罚,离婚的唯一办法只有这条血淋淋的路。

那位男主角有了妻子而仍打表妹的主意,虽然不对,但对不对是另一个问题,而他变了心又是另一个问题,他的不对理应由他自己承当罪和罚,不应由他无辜的妻子承当罪和罚。酱缸蛆和硫磺虫看了这部电影,真不知有啥感想。大概免不了大骂该男主角王八蛋,可是王八蛋却娶了如花似玉,而贤淑的妻子却惨死枪弹之下,都是酱缸思想逼出来的也。

酱缸思想除了产生谋杀外,还产生偷偷摸摸的情人制度,一个严格的一夫一妻制的国度,反而成了多夫多妻,除了得不到法律的承认外,没有谁觉得有啥不对劲,使道德受到腐蚀,比美国那种容易离婚的社会,更濒临危机。

怨偶的形成,原因很多,但发作起来,似乎免不了有人要先动脚,于是该先动脚的,遂成为酱缸蛆和硫磺虫纠缠的目标。如果再加上本身的利害,和感情上的沸腾,那就更表现得痛心疾首。但就怨偶本身而言,对方既成了王八蛋,而仍死守着,有啥意思?与其委委屈屈,提心吊胆,甚至打打闹闹,暗起杀机;则远走高飞,总比尊肚上挨一刀要好也。报上顷载嘉义一件谋杀亲夫案,亲爱的妻子要求离婚,丈夫却是吃定了她,最后她把巴拉松放到他碗里。去年云林也发生过这种事,亲爱的妻子把也是硬不肯离婚的丈夫诱到田里,并肩而坐,大概少不了一阵上洋劲的镜头,丈夫老爷还以为她回心转意哩,想不到姘夫老爷却从背后照他尊头上就是猛烈一棒。

这两位现代的潘金莲都吃上官司,但古时的潘金莲运气就好得多啦,她阁下似乎更狠,请她丈夫武大郎先生吃的是古老的毒药砒霜,七窍流血,胃如火烧,在床上翻腾着直叫曰:"打铃,救我一救!"不叫还好,这一叫她就索性用棉被蒙住丈夫的头,一屁股坐到他胸口上,活活闷死,惨哉。

要说潘金莲女士天生的狼心狗肺,你就是用硫磺棒把我老人家打一顿,我也不信(打得实在受不了,信啦,也只是口信心不信,这是小民们无可奈何的口降心不降主义，终身奉之，作为最后防线）。我想她阁下所以采取这种意大利式离婚，实在是除了动用砒霜外，找不出摆脱武大郎的第二个方法。如果她阁下生在现在，有大亨西门庆先生给她猛出主意，花大价钱雇一个大律师，告武大郎"精神虐待"，甚至于还可以拉下脸皮告他"性无能"，再豁上一笔"赡养费"倒贴，则何用她阁下亲自下毒手乎？嘉义和云林那两位冤哉枉也的丈夫，如果不抓住不放，也何致弄到那种下场乎？

32. 讲得越多

翻来覆去一句话，我并不歌颂离婚，更不主张谁离了婚就由国家发给他一个奖状，证明他道德高尚，适合潮流。而是，我原则上赞成离婚，尤其赞成互相恨入骨髓的怨偶离婚。至少，在被谋杀或被一脚踢开两者之间，我选择宁可被踢开。如果武大郎先生早知道贤妻大人对他已情消义尽，恐怕早就飞快地在离婚证书上盖章啦，怎么都不会考虑喝砒霜。可能酱缸蛆和硫磺虫觉得他喝喝砒霜也没啥了不起，盖冷血动物对别人的痛苦，都是漠不关心的也。

由蒋梦麟先生和秦剑先生的离婚，拐弯抹角，谈得太远，读者老爷千万不要误会他们若不离婚，太太就要露一手。只在蒋梦麟先生方面，证明他离了婚比不离婚好。而在秦剑先生方面，甚至他太太林翠女士方面，现在虽还没有离成，但一定过不下去的话，离了也要快乐得多。不管怎么，有一点是可以确定的，离婚并不影响两人的幸福和声誉。

这是一个观念问题。农业社会的婚姻，前已言之，表面上看起来虽然稳固，但那是用一种惨无人道，鲜血淋淋的下流手段控制的。其中最大的精义是，女人不是人，女人不但没有人格，简直连狗格都没有，男人怎么整她，她就得怎么受，男人怎么侮辱她，她同样的也得怎么受。正史上多得是，皇帝老爷们一高兴就能一杀一大批，再一高兴就能叫宫女脱下裤子，一字排开，让狗羊跟她们性交。这种畜牲世界，也只有酱缸蛆和硫磺虫怀念备至，认为死也不离真是好呀，小民就无话可讲矣。不仅制度如此，又因为女人没有经济能力，也使得臭男人的气焰不可一世，女人离了男人就没有饭吃，好死不如坏活，她也就只好认啦。

工业社会的夫妇关系是崭新的，我们老祖宗如果复了活，一看见现在的夫妇之道，恐怕大叫一声，重新一命归阴。不要说很"古"啦，就在二十世纪初，你去找朋友，敲了半天门，里面娇滴滴应曰："没有人在家。"盖男人才是人也，女人固不是人也。而现在年头大变，不但是"人"，而且该"人"还是当权派，迎客进厅，又敬茶又敬烟，然后三言两语，话不投机，还没开口借钱，就被轰出去。这种场面，古家伙们不要说没见过，连听都没听过。

最主要的是男女的地位日渐平等，绝对平等当然不可能，有时男权高一点，有时候女权高一点，但，平等的观念却是崭新的，明目张胆地骑到女人脖子上的已很少啦，而且就是想明目张胆地骑，也骑不上。这跟小家庭有关，也跟女人受教育，一脑子古怪思想有关，也跟男人娶太太一定要猛追一阵子有关，也跟离婚制度有关。

偶尔翻了翻旧报纸，上面有一段天主教主教于斌先生的一段话，该话曰："有人用中国的婚姻制度来说明今是昨非，并与相对论拉在一起，其实这是不正确的。因为过去父母之命与媒妁之言的旧式婚姻，并不是是与非的问题，而是风俗习惯问题。即使在旧社会里，婚姻的结合，也并非全是盲目的，其间至少要经过父母的观察，媒人的说明，甚至当事人也会参与意见，加上道德精神的维系，所以男女当事人一旦结了婚，绝大多数都能组成一个美满的家庭。过去，虽然没有离婚的法律，但仍有所谓'七出'的公论，事实上，'七出'在我们过去的社会里，又有几家用过它？"

接着是一阵感叹，再接着就厉声问曰："今天的婚姻又真能算是幸福吗?”并自己作答案曰:“事实上大有疑问。”

于斌先生一席话,使柏杨先生想起一则小幽默。一个星期天,在礼拜堂里,神父老爷讲婚姻生活,把婚姻生活讲得天花乱坠,听众也心花怒放。讲演已毕,大家一轰而出,一个太太向另一个太太曰:“经他那么一讲,我觉得结了婚真不错。”另一个太太万分困惑曰:“真是奇怪,一个人对他知道得越少的东西,却哇啦哇啦讲得越多。”

呜呼,婚姻到底是怎么回事,古之时也,到底美满不美满。今之时也,到底幸福不幸福。和尚最好不要冒充内行,除非他是花和尚。“古”时候的婚姻,当事人虽然参加意见,但那意见的分量跟小孩子对吃药意见的分量一样,小孩子对他自己的吃药,当然可以参加意见,一百个孩子恐怕就有一百个孩子拒绝吃药,但一百个孩子也一百个孩子最后仍得吃之,就是捏着鼻子灌,也逃不了那一劫。儿女胆敢拒绝父母为他安排的婚事,他铁定地要付出可怖的代价——贫穷或死亡,如果他阁下再主动地自己去挑去选,那情势就更严重啦,盖“自从盘古立天地,哪有儿女自定婚”,不仅是违犯了父母,而且是违犯了吃人的礼教,成为大逆不道的乱臣贼子,每个酱缸蛆都可扑而杀之。吾友柳迎春女士,就是一个例子,非嫁薛仁贵先生不可,结果她只好跳井,老头不但不觉得难受,还不准做母亲的哭哩。

要说“当事人一旦结了婚,绝大多数都组成一个美满的家庭”,恐怕于斌先生只在门口望了一眼,没到厨房仔细瞧瞧也。前已言之,这些被酱缸蛆歌颂为美满的家庭,是建筑在女性绝对屈辱的斑斑血迹上。吾友来俊臣先生是唐王朝功力九段的酷吏,有四句名言曰:“每讯诸囚,均称冤抑,一旦处决,咸无异言。”倒霉分子当然没有异言,盖尊头已被砍掉啦。但我们不能因为听不到异言就认为杀得公平,犹如于斌先生不能因为很少用七出之条,就认为古时候大多数都是美满家庭。

33. 一盆糨糊

我们承认古时候用“七出”之条不多，但那只能证明女人更可怜，和臭男人更恶劣，并不能证明他们婚姻生活美满。古之女人，生下来就被道德精神注定要受玩弄受侮辱，在家从父、出嫁从夫、夫死从子，一辈子都不能自己直直脊梁，有灵性有胆量的太太小姐，稍微挺了挺，就“牝鸡司晨”，成了大不祥之物。

于斌先生认为古时那一套不是是非问题，而只是风俗习惯问题，这种话不知道是怎么从他阁下尊脑里想出来的。盖是非和风俗习惯并不互相排斥，好像只要是风俗习惯就是“是”，而没有“非”啦，如果凡风俗习惯都是“是”，则风俗习惯就千万年一成不改，永不会有变化矣。正因为风俗习惯有是有非，所以“是”的才保留，“非”的才被改革掉。缠小脚固是一种风俗习惯问题，难道不是一种是非问题乎？宦官阉寺也是一种风俗习惯问题，难道不也是一种是非问题乎？

最奇怪的见解是，于斌先生认为古之夫妇因为有“道德精神的维系”，所以就如天堂，意思就是说现代婚姻，因为没有或缺少道德精神的维系，所以才乱七八糟。我想他阁下发表这篇言论时，一定没先在尊肚里打好草稿。任何一个时代的夫妇，都有道德精神的维系，这就跟任何一个时代的夫妇，都受法律的保障一样，用不着特别立一专条。不过古代的道德精神也者，实质上只是一种吃人礼教的迫害，女人们在三从四德一面倒的状态之下维系的。现代女人的花样一天比一天多，生路一天比一天宽，就得再靠点别的玩意儿才能维系啦。而且说实在的，古代的“道德精神”，已被酱成一种畸形的东西，爱的成分少，功利的成分多。君不见臭男人一旦翘了辫子，太太就披头散发，哭曰：“我的人呀，我的天呀，我靠谁呀！”再不然就是：“你死啦，丢下了老的老，小的小，怎么办呀！”闻者酸鼻。不过仔细一想，太太们所以哀痛逾恒，好像只是她没有了依靠，没有了办法。如果她可以找到另一个依靠，另一个办法，岂不就兴高采烈欤。这种镜头，是她需要他，而不是单纯的爱他，需要固然含有爱，但也含有功利。

柏杨先生说了这么多，觉得有点掌不稳舵，必须再重复一遍，那就是，我虽然赞成离婚，但并不宣传离婚，尤其不宣传潦潦草草离婚，夫妇们除非已面临到意大利式的危机，仍是以不离为宜，这不是说离婚会影响幸福声誉，而是潦潦草草的离婚，会影响幸福声誉。

离婚好像从熊熊大火的高楼窗口往下跳，与其被活活烧死，不如跳那么一跳，往下一跳固然可能跌得粉身碎骨，但也可能毫无伤害，活得更为快乐。不过，这话说来轻松，但在跳不跳的决定上，在大火熊熊的判断上，就要靠智慧的观察矣。只要有一条生路，就应该挣扎逃生，千万别跳，盖颠之倒之，匆匆忙忙往下跳，固然可能毫无伤害，活得更快乐，但也更可能跌得粉身碎骨也。

我们所指的伤害，有三种焉，一曰声誉上的伤害，二曰心灵上的伤害，三曰经济上的伤害。有一点要注意的，一个人的事业越成功，嫉妒他的人也越多，也就是说，也越有人认为他的成功挡住了他们的路，你是不是真的挡住了他的路，是另一个问题，只要他这么认定挡住了他的路就够啦。呜呼，即令你是个秃子，他都要在贵秃头上栽根头发，以便揪住，何况你自动奉上乎哉？美国总统杰克逊的夫人，她阁下是离过婚的，当杰克逊先生发表竞选演说时，她那个纨绔的前夫如影随形般，一直在台下大叫杰克逊诱奸他的妻子，这种举动虽挡不住杰克逊先生当选美国总统，但我们不能不说这是一种伤害。遇到明白的可以谅解，遇到酱缸蛆和硫磺虫，就热闹啦。所以上流社会也者，夫妇们感情恶劣，三年不说一句话，但遇到宴会之类的公开场合，仍双双对对，亲亲热热地出席。这种上流绅士淑女特有的虚伪表皮，一直维持到宴会终了，等没有人的时候，绅士去找他的“淫妇”，淑女去找她的“奸夫”，公开的各人乱搞各人的。他们所以努力维持表面的平静，就是避免交出小辫子也。

心灵上的伤害有时候是无法弥补的，被动的离婚当然苦不堪言，主动的离婚也会牵肠挂肚，以往的甜蜜镜头总会在脑海里时隐时现。一场夫妻，怎能没有恩重如山之时，这恩就是一个沉重的负担。没有孩子，还算三生有幸，日子一久，可能淡忘。如果有了孩子，那就困难重重。《西游记》上，吾友孙悟空先生保护唐僧，到了八百里狮驼岭，岭上有个狮驼洞，洞里有三个魔头，大魔头张开大口，一口就把孙悟空先生吞到尊肚里。孙悟空就在他阁下尊肚里撒起酒疯，不住地支架子，跌四平，踏飞脚，抓住肝肠打秋千，竖蜻蜓，翻斤斗，乱蹦乱跳，把大魔头折腾得跌倒尘埃，哭爹叫娘。

34. 不可预测

孙悟空先生乃大慈大悲的美猴王，最后忍不住众魔头哀哀求告，只好再钻出来，不过钻出来虽然钻出来，却拔下一根毫毛，吹一口仙气，喝声“变”，即变成一条绳儿，只有头发粗细，倒有四丈多长，把一端拴到妖精的肠子上，打个活扣，该活扣不拉不紧，一拉就紧，一紧就痛，然后从大魔头鼻孔里穿出。大魔头一见他出来啦，举刀就砍，孙悟空先生也不招架，只驾云一溜，溜到山顶，用手把绳一拉，大魔头就痛得往上一腾，跌落在地，把山坡下死硬的黄土，跌了个二尺深浅的大坑，吓得众魔跪在坡下，齐叫饶命。

呜呼，离婚后的儿女，正是那条绳儿，什么时候想起来，就像孙悟空先生站在山顶上那么用手一拉，什么时候就腹痛如绞。当然，也有儿女之情淡如水的，男人不用说啦，君看过湖南省梆子戏《杀子报》乎？年轻的寡妇为了恋情，连儿子都杀啦，但这种人固少之又少。大多数父母都爱儿爱女爱得不可开交，别瞧离了婚的丈夫或离了婚的太太笑容满面，事实上他们再婚后的生活也真的更为美满，但想儿想女之情,对儿对女之歉,固到死不休也。

经济的伤害也是严重的,有钱的大爷可能不在乎,但中等家庭以下的朋友,就会发现陷入窘境。仅只赡养费一项,就会使人爬墙。盖付赡养费跟付房租一样,还没眨眼哩,又到了期,刚缴了一次,下一次轰隆轰隆,照着脸上又撞了过来。美国大多数离婚案件,都明文规定,该赡养费必须等到对方另结了婚,才能停止。于是臭男人盼望离了婚的太太再嫁,如大旱之望云霓,有的更不惜雇用流氓,前往猛追,盖实在付不起啦。可是,太太们也不是好惹的,为了赡养费,她就是不结婚,宁可一天换一个小白脸,换得该付赡养费的臭男人叫苦连天。这不能怪她,有个固定的收入总比再找一个丈夫要安全可靠也。

经济上的伤害往往随着声誉上的伤害,和心灵上的伤害而来,即令有钱的朋友,除了经济,也会感到他的前途已跟过去走得有点不同,即令相同,似乎最初一段也疙疙瘩瘩。美国共和党大亨纽约州长洛克菲勒先生,他本来极有希望提名共和党总统候选人的,可是他离了婚,而又跟另一位美人儿结了婚,于是他就当不了候选人矣。这不是他做得对不对的问题,而是敌人攻击不攻击的问题。

离婚的最大危险还不在于上面说的那三条,而在于,再找一个丈夫,或再娶一个太太,不见得一定会比前一个好。当然啦,第一次吃了麻子的亏,第二次准找一个脸上光光的。第一次吃了独生子的亏,第二次准找一个兄弟姐妹一百个的。但问题就恰好发生在这里,就跟历代王朝努力改正前代的错误一样,曹魏王朝皇族没权没势,以致亡国时没人吭一声;晋王朝就大封宗室,以便将来有人可吭,结果你吭我吭,吭出了八王之乱,把晋王朝吭垮。唐王朝的藩镇兴盛,每一个藩镇就是一个小型独立王国;宋王朝警戒在心,把各将领的兵权取消,而把全国精兵聚在京城,以为这一手万无一失,谁知道国防因之空虚,大金帝国洋兵洋将打过来,把两位皇帝老爷活活捉住。

改正上一次的错误不能保证下一次不再发生别的错误,而上一次的错误也不见得真是原则性的错误。麻子也有好的,小白脸也有糟的。独生子也有好的,群生子也有糟的也。穷光蛋固然受罪,百万富翁恐怕免不了受气。丑陋的固然难以入目,漂亮绝伦的恐怕那一顶——甚至几顶绿帽子,难以消受。认识不了几个字的固然面目可憎,学问奇大的恐怕会翻脸不认人。小职员固然捉襟见肘,一辈子都熬不出啥名堂;大家伙恐怕会心比天高,不知道啥时候会挨上一踢。作家固然既穷又硬,自命不凡;科学家恐怕会整天跟他的实验室为伍,失魂落魄。

柏杨先生有一个女学生,她是五年前结婚的,结婚之前,经常来向我老人家报告恋爱经过。其实她根本不是在恋爱,而只是父母之命,先言明了要娶要嫁,然后才交往的。有一次我问曰:“那小子对你如何?”她侧着头想了半天曰:“他对我百依百随,我想干啥他都顺着我。”我大怒曰:“这有啥值得一提的,恋爱期间,他当然百依百随,干啥都顺着你。我只问你,他是学工的,你偏喜欢文学,偶尔还作两首臭诗,在这上有没有不对劲之处?”她又想了半天曰:“没有,没有。”结果生了一个小娃儿后,大名上了报,她告他天天冷战,他告她不孝公婆,最后离婚。我这位女学生,有沉鱼落雁之貌,闭月羞花之容,所以第二年就又嫁啦,嫁前又来请我指示机宜,并且声明这次这个小子是学文史的,她高兴曰:“这回十拿九稳,他是个大作家。”该大作家我也认识,不禁颇为疑心。果然,就在上个月,她泪人儿一样地跑到柏府,大骂写文章的没有一个是好东西,非离婚不可,再嫁就嫁给医生。我当时就向她哀号曰:“你不能再用这种标准改正你的错误啦,你结一次婚,我老人家送一次礼,你嫁个没完,存心要我破产是不是?”

35. 都有所本

我老人家向该女学生哀号,当然是损她,再嫁也好,七嫁八嫁也好，我都不反对，但绝不可用再嫁去改正前车之覆，更不可肯定下一次就聪明啦。仍是一句老生常谈，只要是正常的婚姻，必须有爱情的成分，不但不能像进出口商似的，看货给价，也无法像逛布店的顾主，把一块料子翻来覆去，里里外外，瞧个仔细。呜呼，衣料可以剪下一块用根火柴烧它一烧，考察它是麻的焉，抑是丝的焉，对人便无法用科学方法衡量矣。有些男人对太太凶暴得像张献忠，但等到换了一个太太，却柔如绵羊。有些太太对丈夫阴森得像克格勃，但等到又嫁了一个丈夫，却嗲得使他站不起来。记不得是谁说过曰："你要知道她是不是一个好妻子，只有跟她结婚。"同样的，女人也如此，可套而言之曰："你要知道他是不是一个好丈夫，也只有跟他结婚。"可是等到结了婚，看透了底，再想换一换，年华老去，儿女成群，就很作难啦。

意大利式的离婚，使人心惊肉跳，不要说面临这种危机，就是虽没有这种危机，而长期过着非人的生活，进得家门，就像进了三作牌修理庙，还不如早一天各奔前程，而且越快越不嫌快。盖趁着青春尚在，还可以文化复兴，如果一拖再拖，既怕别人说闲话，又怕影响自己的前途，一旦到了人老珠黄，踢腾不起来啦，就白活了这一生矣。

不过，世界上真正成为"怨偶"的并不多，真正面临着意大利式危机的也不多，真正长期芒刺在背的也不多。有些本来非常恩爱的夫妇，忽然打了一架，忽然就离了婚，这就潦潦草草矣。有些娇滴滴的太太，丈夫还没瞪眼哩，就拉着嗓门号曰："好小子，算我瞎了眼，离婚离婚。"把小包袱一提，回娘家去啦，臭男人正在七窍生烟，再加上一时又磨不开，这个家就非散了伙不可。当然不是每个离婚案件都这么简单，不过结论却差不多都是这么简单的，那就是，事情并没有濒临意大利式的边缘，也并没有长期的痛苦，却被误认为忍无可忍。

夫妻间的痛苦必须是"长期"的，才能形成"怨偶"，像上面说的那种麦秸火式的痛苦，算不了个屁——只有天生的倒霉分子，或觉得麦秸火是一场亘古的巨大灾难，非摆脱不可，才会觉得算个屁的。呜呼,千言万语一句话,一旦成为怨偶,忍无可忍,就不妨离之。但并没成为怨偶,还未到忍无可忍的地步,则最好不离。

台中市读者老爷刘河深先生来信,问曰:"五月一日"倚梦闲话"里,说到朱元璋先生送给常遇春先生两个宫女,后来常太太被朱元璋先生剁成肉酱,因常太太是妒妇。而柏杨先生在别处也谈到李世民先生送给房玄龄先生两个宫女,以后房太太也被李世民先生赐以毒酒,房太太没死。这两个故事,是否有书可考,为何都因丈夫一句'好白手'而遭祸,是否是柏杨先生式的翻译?或两个故事之一是杜撰的?"

柏杨先生写文,写到不可开交,奄奄一息时,为了振奋人心,加强阵容,一时想不起典故,就胆大如斗,杜撰一个。盖"圣言量"越多,越能把人唬得一愣一愣的。不过大多数固都是有点影子的也。也真算我老人家走运,这两则故事虽然有点雷同,却都是"有所本"的。房玄龄夫人吃醋的故事,人人皆知,不必细表。常遇春老婆的妒妇汤,出自《艺林学山》,原文曰——

开平王常遇春妻甚妒,高皇(朱元璋)赐侍女,开平(常遇春)悦其手,妻即断之。开平(常遇春)愤且惧,入朝而色不悦,高皇(朱元璋)诘之再三,始具对。高皇(朱元璋)笑曰:"此小事耳,再赐何妨?且饮酒宽怀。"密令校尉至开平(常遇春)第,诛其妻,肢解之,各以一脔赐群臣,题曰"悍妇之肉"。开平(常遇春)大惊,谢归,怖惋累日。更赐美女数人。

唯一对不起的是刘先生皇封的"柏杨式的翻译",把宫女一人翻译成二人,把"悦其手"翻译成色迷迷赞扬她"好白手",把"悍妇之肉"翻译成"妒妇汤",不是我老人家要独创一格,实在是想当然罢啦。夫杂文(好听一点地说,乃"专栏")是一种快马加鞭急就章,随手拈来,全靠晕晕乎乎的记忆。不能像学院派,可雍容华贵地长期翻参考数据也。刘先生这么一问,使我老人家东找西找,左查右查,真是害人不浅。

但根据“死不认错学”，柏杨先生对这些错误，也有嘴硬学说，盖我老人家猛写杂文，最大的特点是不经过大脑。一定有人说，咦，不经过大脑竟敢写文，你老人家可真伟大呀。非也，非也，而是每个写杂文的朋友差不多都是如此，每天一文，信口开河，有时间得写，没时间也得写；有灵感得写，没灵感也得写；有感触得写，没感触也得写。《笑林广记》上有一则故事，不知介绍过没有，现在再介绍一遍，一位秀才先生作文章时，摇头摆尾，痛苦非凡，他太太曰：“看你写文，比我们女人生孩子都难。”秀才先生叹曰：“你说啥话，写文章比生孩子难多啦。”夫人忙问其故，答曰：“你们生孩子是肚子里有呀。”哀哉，写专栏杂文的朋友，肚子里有也得写，肚子里没有也得写，写着写着，就难免马失前蹄。

36. 无名英雄

就目前写杂文的朋友而言，以何凡先生的资格最老，但一星期只出笼五篇。其他若方以直先生和寒爵先生，是平均分担的焉。文知平先生和屠申虹先生，也是平均分担的焉。凤兮先生为阔大代表，隐居在高山之上，只偶尔出击。我老人家从前是每星期六篇，星期日被“晚祷”专栏挤掉，后来我用种种妙策，包括小报告、窝里斗，再加上和稀泥，终于反败为胜，于是乎“晚祷”没有啦。我就每星期七篇，一年三百六十五天，风雨无阻，看起来真是勇敢万状，实际上却是饿虎扑羊，盖财帛动人心，趁着还有精力，便当仁不让。

既然把绳子缠到脖子上，就比别的朋友更容易说溜了嘴。不过有一点是，杂文在本质上跟学院派的论文不同，杂文只注重方向，而不注重考据，考据应该由有考据癖的朋友去干，杂文无法做到这些，亦不必做到这些，更不屑做到这些。这不是说杂文就不真实，呜呼，天下真实的文章多得很，不限于非字字有来历不可也。好像走路，往东走或往西走，坐火车或坐汽车，是杂文的责任。该路上有几个桥，该桥又是谁搭的，是考据的责任。杂文说有八个桥，该桥是鲁班先生搭的，而考据说只有六个桥，该桥是史密斯先生搭的，固不损杂文所指出的方向。问题只在于这个方向对不对也。

提起"死不认错学"，是一种干屎橛风气，前些时曾向邮局呐喊了一声，说邮局多收钱而面目狰狞。该文刊出后第三天，就大势不好，台湾邮政管理局公共关系室副主任潘大超先生，组长张任昌先生，跟台北邮局支局管理科科长姚岳先生，忽连倒冬，一齐找上门来。我以为要拜拳主义哩，一面胁肩谄笑，一面就要脚底抹油。谁知道非也，而是查了出来底细，一则前来退款，一则前来致歉。我老人家不当人子惯啦，当时受宠若惊，真不知道应该下跪才好，抑自打尊脸才好。

中国最谦虚的机关，似乎只有邮局。其他地方，不要说大家伙啦，就是三四流角色，都自以为君临天下。想当年蔡孟坚先生当中央电影公司老板时，要拍一部电影《黑森林》，小说家墨人先生恰巧也有一本小说叫《黑森林》，就写一封信去打听打听行情，这封信却如肉包子打狗，有去无回。大概蔡孟坚先生觉得该作家往自己脸上抹粉哩。其实即令该作家往自己脸上抹粉，回一封信也不丢人，这种沾沾自喜于自己身份，而实际上不过狗屁焉者，固多如牛毛。

就在前天，报上刊出了邮局的一件怪事，一张从台北寄往竹南的明信片，是1958年1月4日投邮，一直到了1967年4月23日才隆重寄到，整整寄了十年，不要说走啦，就是爬，也爬两个来回矣。这消息使同胞哗然，邮局立刻表示即将彻查，彻查的结果如何，不得而知，可能查得出，也可能查不出。这应该是一个稀奇的错误。夫有时候一封信可以决定一个人的命运，甚至可决定一个人的生死，如果该明信片是如花似玉答应男朋友求婚的，恐怕就要糟。如花似玉准以为臭男人吃她的豆腐，臭男人也准以为那死女人架子可不小呀，各奔东西，如今均绿已成荫子满枝矣，今日才弄清楚阴差阳错，这场公案将如何得了乎？我们盼望早日水落石出，把那位糊涂朋友狠狠地打四十大板。

可是，事情如果反过来想，也可发现邮局的可敬处，正恰恰在此。无论查出查不出，有一件事是可以确定的，那就是，一定有一个人把那张天长地久的明信片重新纳入组织。当他拣起该明信片的时候，可能发出一声惊呼，也可能摇头叹息。但他并没有为了摆脱干系，而把该明信片三把两把，撕了个粉碎。试想一想，如果他阁下三把两把，撕了个粉碎，又有谁得知哉？再试想一想，这种情况，如果发生在鸭子屎机构或鸭子屎人物身上，会有啥结果乎？恐怕早毁尸灭迹了矣。

邮政局同时也是一个无名英雄最多的机构。就在《自立晚报》隔壁的第六邮亭，有一男一女，曰林水火先生焉，曰郑真美小姐焉，亲切而耐烦。亲切已不容易，耐烦更难如上青天（呜呼，中华民族五千年文化，使我们成了一个最不耐烦的民族，这文化必有毛病）。新官上任三把火，三把火放过，就原形毕露，尤其是天天跟一些啥都不懂的三教九流接触的人，简直非有耶稣先生的功夫不可。盖他对自己的业务固了如指掌——他当然了如指掌，他是干啥吃的。可是三教九流却差不多都是瞪眼瞎子，怎能不冒出三丈高的无明之火乎？林水火先生看样子是个刻板人物，每次付给顾客邮票时，一定都把白边撕掉。有时顾客贴邮票贴多啦，就小心撕下来另换另贴，然后第二天把多余的邮票退回。每次为顾客寄报值挂号，都殷殷勤勤，为之贴糨糊盖图章。有些顾客天生的长舌头，七问八问，问得我老人家在一旁都想开揍。但林公却心平气和，一一批点。而最主要的，我老人家已光顾该邮亭一年半啦，二位对谁都是笑容满面，从没有乱摔包裹以示委屈万状，也从没有懒洋洋如春睡初醒。我老人家曾向朋友提过他们的服务精神和态度，朋友曰："这是小事。"呜呼，这是小事乎？恐怕不是小事，而正是中国人所缺少的耐烦气质和历久不变的坚毅气质。但二位似乎很穷，中午时，常常看到林先生吃他可怜的便当，没有几根菜在里面。不过在我们这个社会，凡是守法负责的朋友，铁定的都要很穷，没啥稀奇的也。

我老人家顺便建议台湾省公路局监理处处长王震美先生，暂时不妨鼓鼓勇气，收收架式，教监理所的朋友排队去该邮亭参观参观，也是为老祖宗积点阴德之道，贵阁下以为然乎？